国家发展和改革委员会宏观经济研究院·中国宏观经济丛书(2011)
A COLLECTION ON CHINA'S MACROECONOMY

中国生物质能源产业：突破困境的战略选择

马晓河 等著

中国计划出版社

图书在版编目（CIP）数据

中国生物质能源产业：突破困境的战略选择／马晓河等著．
—北京：中国计划出版社，2013．10
（中国宏观经济丛书．2011）
ISBN 978-7-80242-886-7

Ⅰ．①中…　Ⅱ．①马…　Ⅲ．①生物能源—产业发展—
研究—中国　Ⅳ．①F426．2

中国版本图书馆 CIP 数据核字（2013）第 155782 号

中国宏观经济丛书（2011）
中国生物质能源产业：
突破困境的战略选择
马晓河　等著

中国计划出版社出版
网址：www．jhpress．com
地址：北京市西城区木樨地北里甲 11 号国宏大厦 C 座 3 层
邮政编码：100038　电话：（010）63906433（发行部）
新华书店北京发行所发行
北京世知印务有限公司印刷

787mm×1092mm　1/16　20 印张　359 千字
2013 年 10 月第 1 版　2013 年 10 月第 1 次印刷

ISBN 978-7-80242-886-7
定价：46．00 元

《中国宏观经济丛书》编委会

本书课题组成员

课题组负责人：马晓河

课 题 组 成 员（按姓氏笔画排序）：

于慧利　王君婷　王明姬　任旺兵

张宇辉　姜长云　赵淑芳　高　虎

原松华　黄汉权　蓝海涛　藺雪芹

总　　序

《中国宏观经济丛书》是国家发展改革委宏观经济研究院从每年的课题研究报告中，选出一些为社会各界比较关注的成果，结集公开出版的。从1999年面世，至今已经是第十二套。出版这套丛书，主要目的是向社会介绍宏观经济研究院的研究成果，加强与同行的学术交流，更好地为经济管理部门、经济研究部门和社会各界提供服务。

《中国宏观经济丛书（2011）》共6册，涵盖面向2020年的经济结构调整、中长期经济发展重大变化、中长期减限排机制、生物质能源产业发展、民间金融健康发展和基本公共服务均等化等内容。

由于水平和经验所限，这套丛书难免有不足之处。我们诚恳期待社会各界提出批评意见和建议，以帮助我们不断提高课题研究的水平和丛书的质量。

国家发展和改革委员会宏观经济研究院

《中国宏观经济丛书》编委会

2012年12月

前　言

随着全球能源安全问题的凸显，在国际市场油价高涨以及减排责任的压力下，许多国家开始把发展生物质能源作为实现能源多元化、推动本国经济发展以及参与新一轮国际竞争的重要机遇，发展新能源就成为发达国家重要的能源战略选择。其中，生物质能源以其独特的特性，成为全世界共同关注的一个能源战略新主题。20世纪末期以来，中国越来越重视生物质能源产业的发展，中国的生物质能源产业开始进入快速发展时期，并取得了显著成效。未来，我国生物质能源产业有着极大的发展潜力，也具备了良好的技术前景。但是，作为战略性新兴产业之一，尚处于起步阶段的生物质能源产业发展还面临着诸多困难和问题。面对新形势和新问题，中国生物质能源产业亟待构建系统的政策支持框架。为此，本书在这些方面作了较深入的探索。

本书围绕我国生物质能源产业发展的难题与前景进行了系统研究和分析，全书共分十章，第一章为总论，系统分析了当前我国生物质能源产业的发展现状和供求关系特点，指出了生物质能源产业发展的技术前景和模式选择，以及推动我国生物质能源产业健康发展的政策支持框架；第二章分析了生物质能源在我国能源发展战略中的地位、资源潜力，阐明了生物质能源的未来发展方向；第三章分析了我国生物质能源产业发展面临的矛盾和挑战；第四章分析了生物质能源产业与粮食安全协调发展的现状及面临的主要问题；第五章分析了生物质能源产业服务体系建设的现状、面临问题和对策思路；第六章至第八章分别分析了我国在沼气业、燃料乙醇、生物柴油等方面的发展现状、未来前景和发展思路；第九章总结了国外推进生物质能源产业发展的主要经验和启示；第十章对当前我国生物质能源产业的发展政策进行了评述。

本书是在宏观院2010年度基本科研业务专项资金课题“我国生物质能源产业发展的难题与前景分析”报告基础上编著而成。课题由国家发改委宏观经济研究院副院长马晓河研究员主持，成员以本单位科研人员为主，吸收了部分大学教授和研究生参与。各章撰稿人员是：第一章马晓河、赵淑芳，第二章高虎，第三章蔺雪芹、任旺兵，第四章蓝海涛，第五章姜长云，第六章于慧利，第七章黄汉权，第八章王明姬，第九章张宇辉、原松华，第十章王君婷。田江海对全书进行了审阅。

限于课题组的研究水平和工作深度，书中难免有不当和纰漏之处，敬请各界同仁批评指正。

作者

2013年3月

目　录

Contents

第一章　我国生物质能源产业发展现状、矛盾与政策框架

马晓河　赵淑芳

内容提要：

20世纪末期以来，随着能源安全和环境保护等问题的日益突出，中国开始越来越多地重视生物质能源产业发展，中国的生物质能源产业开始进入快速发展的时期，并取得了显著成效。但是，作为战略性新兴产业之一，尚处于起步阶段的生物质能源产业发展还面临着诸多困难和问题。未来，我国生物质能源产业有着极大的发展潜力，也具备良好的技术前景。只有克服困难，实现两个转变，生物质能源产业才能真正成为绿色经济发展中的重要产业，为此必须构建系统的政策支持框架。

随着全球能源安全问题的凸显，发展新能源成为发达国家重要的能源战略选择。金融危机之后，新能源产业还成为发达国家摆脱危机的战略性新兴产业。发展新能源产业，大力推进低碳经济，已经成为全球共识。其中，生物质能源以其独特的特性，成为全世界共同关注的一个能源战略新主题。在国际市

场油价高涨以及减排责任的压力下，许多国家开始把发展生物质能源作为实现能源多元化、推动本国经济发展以及参与新一轮国际竞争的重要机遇。生物质能源技术的研究与开发已成为世界重大热门课题之一，生物质能源产业发展也成为各国大力扶持的战略性产业。许多国家都相继制定了开发研究计划，如日本的阳光计划、印度的绿色能源工程、美国的能源农场等。技术的持续进步和不断完善，推动着一些生物质能源技术逐渐走向商业化应用，生物质能源也逐渐走向产业化发展。

生物质能源的产业化前景看起来一片光明。但是，即使是在生物质能源技术及其产业化发展走在世界前列的欧美国家，生物质能源作为一个新兴产业，依然面临着技术、成本、市场、意识等多方面的障碍和难题。我国生物质能源产业起步较晚，所面临的障碍和困难更加明显。不厘清这些前提性问题，就无法为生物质能源产业的健康发展谋划出科学的发展路径。本研究重点对当前生物质能源产业发展现状、面临的难题进行深入细致地分析，力图找出症结，打破迷惘，帮助各界进一步清楚地认识生物质能源这一新兴产业，冷静思考，客观判断，科学地谋求产业健康成长和长远发展。

一、中国生物质能源产业发展现状

中国生物质能源产业发展最早起步于农村户用沼气，长期在“改善农村能源”的观念和框架下运作，后在秸秆汽化上也部署了试点，但总体发展比较缓慢。生物质能源还未真正成为国家能源战略的重要组成部分。20 世纪末期以来，随着能源安全和环境保护等问题的日益突出，中国日益关注生物质能源产业发展，中国的生物质能源产业开始进入快速发展的时期，并取得了显著成效。

（一）当前我国生物质能源产业的总体概况

我国拥有丰富的生物质能资源，每年有理论生物质能资源50亿吨左右，其中农作物残留物占一半多。生物质能源是我国仅次于煤与石油的第三大能源，在全部能源消耗中约占15%，是唯一可运输和储存的可再生能源。[①] 生物质能源主要用于发电和转化为液体燃料。目前，产业化较为成熟的现代生物质能源技术主要包括燃料乙醇技术、生物柴油技术以及沼气技术等。生物质能开发利用领域的沼气、生物质发电和生物质燃料乙醇已经呈现蓬勃的发展态势（见表1－1）。在这三大领域，政府也陆续出台了比较完善的产业支持政策和准入政策。

表1－1　全球及中国生物质能源开发利用概况

种　　类	统计年份	中国	全球	中国占比（%）
燃料乙醇产量（万吨）	2007	101	2857	3.54
生物柴油产量（万吨）	2007	8	756	1.06
生物质发电装机量（万千瓦）	2007	300	4850	6.19
生物质发电量（亿千瓦时）	2007	42.5	2394	1.78
沼气产量（万吨）	2007	534	1693	31.54

资料来源：闫强，我国新能源产业发展战略研究，《商业时代》，2009年26期；

注：全球生物质发电量数据是2006年，中国生物质发电量数据来自《2009—2010年中国生物质能产业发展报告》，中国新能源网。

一是沼气工程建设初见成效，农村沼气产业化体系已初步形成。截至2009年年底，全国使用农村沼气用户已发展到3500万户，各类养殖场沼气工程约4.5万处，建成农村沼气乡村服务网点6.3万个。农村沼气工程年产沼气约135亿立方

① 中国工业节能与清洁生产协会等，《2010中国节能减排产业发展报告》，2011年1月27日公布。

米，生产沼肥约4亿吨。与此同时，国家大力支持秸秆沼气的发展，2009年，我国已建成并正常运行的大型秸秆沼气工程约10座，在12个省份安排了16个试点工程，[①] 到2010年，共建设2万处小型沼气工程、3192处大型沼气工程。

二是生物质能源发电迈出了重要步伐。截至2009年年底，发电装机容量达到430万千瓦。

三是液体生物质燃料生产取得明显进展。截至2009年年底，我国燃料乙醇产量接近172万吨，已经在东北三省、河南省、安徽省、河北省、湖北省等9个省的车用燃料中推广使用乙醇汽油。目前，我国已成为世界第三大燃料乙醇生产国和消费国，仅次于美国和巴西。2009年，我国生物柴油企业的总设计产能约为140万吨，当年实际生产生物柴油40万吨，规模有进一步扩大趋势。

（二）我国生物质能源各细分产业的发展现状

1. 沼气产业基本形成

我国以现代方式利用生物质能的起步，是20世纪70年代开始的农村户用沼气池的推广。沼气是可再生的清洁能源，既可替代秸秆、薪柴等传统生物质能源，也可替代煤炭等商品能源，而且能源效率明显高于秸秆、薪柴、煤炭等传统能源。20世纪50~60年代，我国对沼气技术进行了研究和试验。20世纪70年代，由于农村能源供需矛盾突出，国内掀起了沼气建设高潮，但受技术、工艺等因素的制约，总体发展较慢。在20世纪90年代之前，我国沼气发展基本处于试验和起步阶段。20世纪90年代以后，我国沼气建设技术和工艺获得重大

---

① 农业部统计数据，http：//www. moa. gov. cn/sjzz/kjs/ncny/201104/t20110415_1969581. htm

突破，户用沼气在我国农村地区迅速发展。这种因陋就简加工转化生物质能的方式，使得生物质做到了能源、肥料的综合利用，达到了物尽其用的目的，解决了部分农村地区的炊事及照明用能。目前，我国已经成为世界上最大的户用沼气生产国和消费国。而且，这种能源利用方式还获得了联合国的垂青，向许多第三世界国家推广。

（1）技术状况

沼气技术是目前生物质能源技术中最为成熟的技术。在我国广泛应用的生物质能开发利用技术是沼气工程技术。我国拥有的户用沼气池和沼气工程数量居世界之最，大中型沼气工程的数量也居世界各国之最。

（2）政策状况

中央的政策支持使农村沼气事业实现了跨越式大发展。“十五”期间，国家累计投资 34 亿元专项支持沼气建设，直接受益农户达 374 万户。“十一五”期间，中央继续加大财政投入，累计投入农村沼气建设资金 212 亿元，其中 2008 年、2009 年和 2010 年分别投入 60 亿元、50 亿元和 52 亿元。2003～2009年，中央用于农村沼气建设的投入已达 190 亿元，支持建设户用沼气 3500 万户、养殖小区和联户沼气工程 1. 3 万处、大中型养殖场沼气工程 1776 处、乡村沼气服务网点 6. 3 万个。在中央投资的带动下，各地也加大投入，共同推动了农村沼气的快速发展。

（3）市场状况

沼气是目前我国产业化程度较高的生物质能利用方式。农业部公布的数据显示，截至 2009 年年底，全国使用农村沼气用户已发展到 3500 万户，养殖小区和联户沼气工程 1. 3 万处，各类养殖场沼气工程约 4. 5 万处，其中大中型养殖场沼气工程 1776 处，建成农村沼气乡村服务网点 6. 3 万个。农村沼气工程年产沼气约135亿立方米，生产沼肥约4亿吨。目前，我国的沼气产业具有以下特征：

一是产业规模不断壮大。截至2009年，各类沼气生产和服务企业3893个，从业人员3.9万人；2009年农村沼气全行业实现产值247亿元，比2005年翻了两番。①

二是多元化格局基本形成。沼气产业已形成了户用沼气、小型沼气、大中型沼气共同发展的新格局，以及农村户用沼气、养殖场大中型沼气工程、养殖小区和联户沼气工程、秸秆集中供气沼气工程、农村中小学校沼气工程等多种建设模式。

三是沼气服务体系初具规模。2007年以来，中央共投资20亿元，建设农村沼气乡村服务网点7.76万个、县级服务站50个，形成了协会、合作社、公司、个人领办及全托管等多种服务模式，在建池施工、设备安装、配件供应和故障维修等方面发挥了重要作用，促进了农村沼气健康发展。以沼气装备、沼气施工、沼气科技、沼气服务为主要内容的农村沼气产业化体系已初步形成，我国沼气产业已经进入建管并重、多元发展的新阶段。

四是综合效益十分显著。农村沼气建设对改善农村用能结构、促进生态循环农业发展、改善农村环境面貌发挥了重要作用，取得了明显的经济、生态和社会效益。2009年年底，农村沼气年产量130多亿立方米（约为全国天然气年消费量的10%），减排二氧化碳5000多万吨，生产有机沼肥近4亿吨，为农民增收节支400多亿元。

“十二五”期间，国家计划进一步加大农村沼气建设力度，开展沼气工程终端补贴和先建后补改革试点，确保综合利

---

① 黄朝武，农村沼气发展实现新跨越，农村信息报，2010年11月10日，第A4版。

用效益全面发挥，让更多农民受益。

2. 以燃料乙醇为代表的液体生物质燃料产业快速发展

液体生物质燃料是指通过生物质资源生产的燃料乙醇和生物柴油，可以替代由石油制取的汽油和柴油，是可再生能源开发利用的重要方向。“十五”时期是我国生物液体燃料产业的起步阶段。“十一五”期间，大批企业积极投身非粮生物液体燃料产业，加大技术研发、原料基地和生产项目建设力度，对非粮生物液体燃料产业的形成和发展壮大起到了积极作用。

（1）燃料乙醇

20 世纪 90 年代末，我国粮食库存积压严重，当时国内粮库现代化程度低，粮食物流规模小、流量低，北方地区大量富余粮食无法有效地向南方地区输送，造成了储备粮陈化现象。由于陈化粮中含有大量有致癌作用的黄曲霉毒素，所以国家对于陈化粮的流通、采购都有严格规定。而储藏这些陈化粮使国家财政不堪重负。因此，我国政府开始考虑用小麦和玉米等陈化粮生产燃料乙醇。2001 年，当时的国家计委等五部委颁布《陈化粮处理若干规定》，确定了陈化粮的用途主要用于生产酒精、饲料等。由此，我国启动了国库陈粮转化燃料乙醇的工程，开始了对另一项大型生物质能——液体生物燃料的利用。为了消耗大批的陈化粮，并缓解日益吃紧的能源供求，国家投资 50 多亿元，批准在全国建立四个燃料乙醇企业，即安徽丰原生化、中粮生化能源（肇东）有限公司、吉林燃料乙醇、河南天冠集团。我国的燃料乙醇产业由此起步，并迅速发展。截至 2005 年，我国生产了 102 万吨燃料乙醇，仅次于巴西、美国，成为世界上继巴西、美国之后第三大生物燃料乙醇生产国和使用国。2006 年，我国燃料乙醇的生产达到 144 万吨，按照1：3.3比例计算，大概消耗玉米 475 万吨。

随着陈化粮的消耗殆尽，生产原料逐步以玉米新粮为主。

到2007年，玉米新粮在生产原料里的比例已经上升到了86%左右。随着燃料乙醇需求量的增加以及粮食深加工业需求稳定增长，玉米价格日趋增长，在很大程度上限制了燃料乙醇的发展。随着燃料乙醇生产原料由陈化粮转向新粮，乙醇生产企业的成本也随之攀升。① 为鼓励乙醇燃料生产，国家出台了相应的补贴优惠政策，力求保证乙醇厂每吨燃料乙醇有100元左右的利润。即便如此，燃料乙醇生产企业面临的成本压力仍旧很大。而且，执行这项优惠政策，需要国家每年拿出20多亿元来补贴这四个燃料乙醇生产企业。另一方面，考虑到粮食安全的问题，在我国这样一个人口大国不合适发展粮食乙醇。因此，2007年，国家发改委明确表示，将不再利用粮食作为生物质能源的生产原料，② 鼓励以非粮食作物为原料开发燃料乙醇。财政部印发的《可再生能源发展专项资金管理暂行办法》也明确提出："石油替代可再生能源开发利用，重点是扶持发展生物乙醇燃料、生物柴油等。至此，我国生物燃料发展战略发生了巨大转折，从最初的依靠玉米等重要粮食作物发展燃料乙醇，到明确提出坚持非粮为主的生物燃料发展战略。③

"十一五"以来，除原有的四家燃料乙醇生产企业开始逐步向非粮燃料乙醇转变之外，包括中粮集团在内的一些大型国有企业和中小型民营企业也开始将投资目光转向非粮燃料乙醇项目，加大了技术研发、原料基地和生产项目建设力度，一批

① 陈化粮的价格比新粮要便宜，而且陈化粮的水分要比新粮少，因此用陈化粮来提取燃料乙醇的成本比新粮低一些。

② 2007年9月，国家发改委发布《关于促进玉米深加工业健康发展的指导意见》，指出"十一五"期间原则上不再核准新建玉米深加工项目，要求各地立即停止备案玉米深加工项目，而且对在建、拟建项目进行全面清理，对已备案尚未建的项目全面叫停。

③ 2011年4月，国家发改委发布的产业指导目录中再次重申，为保障粮食供应，中国将限制粮食转化乙醇、食用植物油料转化生物燃料项目。

非粮燃料乙醇项目得到建设。截至2009年年底，我国燃料乙醇产量接近172万吨，已经在河南等9个省的车用燃料中推广使用乙醇汽油。

在产业主体培育方面，尽管政策鼓励民营资本参与生物燃料的开发，但燃料乙醇的销售基本还是被大企业“垄断”，中小型生产企业面临着来自原料、市场、大企业等各方面的压力。

（2）生物柴油

在积极推进燃料乙醇开发的同时，国家也鼓励生物柴油的研发。生物柴油是燃料乙醇以外的另一种液体生物质燃料。生物柴油的原料来源既可以是各种废弃或回收的动植物油，也可以是含油量高的油料植物，例如麻风树、黄连木等。

我国生物柴油产业的发展率先在民营企业开始。“十五”期间，一批民营企业陆续建设了以废油为原料的小规模生物柴油项目，例如海南正和生物能源公司、四川古杉油脂化工公司、福建卓越新能源发展公司等都建成了年生产能力1万～2万吨的生产装置。由于这些企业率先在生物柴油行业投资建厂，初步形成了一定的规模优势，其生物柴油产量大约占据了80%的市场份额。大型企业对生物柴油的关注稍晚。在2006年之前，我国大型能源企业中只有中石化在研究生物柴油生产技术，调研生物柴油原料。从2007年开始，中石化、中石油、中海油都先后进入了生物柴油行业中。[①] 以中石油、中石化、中海油、中粮集团为代表的大型企业，主要以取得有战略价值的原材料基地资源为首选，将资金投入能源林基地建设，与地方政府及农户合作种植的能源林项目总量已超过1000万亩，

---

① 中石化开发的生物柴油生产技术在石家庄完成中试；中石油在南充建立研发基地，大力研究生物柴油，并建立中试装置；中海油也在积极运作，与各方联系、合作。

希望能抢占生物柴油行业的制高点。此外，一些国外公司也纷纷进军中国。美国、德国等国的能源巨头都在积极开拓中国生物柴油市场。这些外资企业资金实力雄厚、生产技术和管理水平先进，是本土生物柴油企业的潜在竞争对手。目前，我国的生物柴油产业已呈现民营、外资以及国有大公司共同参与的格局。

为支持生物柴油的发展，中国陆续出台了相关政策和措施。2004 年，科技部启动了“十五”国家科技攻关计划项目——“生物燃料油技术开发”；“863 计划”支持以生物酶为基础的生物柴油合成新技术，同时支持以隔油池垃圾生产生物柴油；国家发改委在 2004 年发布的《关于组织实施“节能和新能源关键技术”国家重大产业技术开发专项的通知》（发改办高技〔2004〕1224 号文）中，将工业规模生物柴油的生产及过程控制关键技术、利用油脂类废料和野生植物生产生物柴油关键技术作为节约和替代石油关键技术予以支持。2007 年国家发改委颁布了《柴油机燃料调合用生物柴油（BD100）国家标准》，这使得生物柴油作为替代能源有了正式身份。经过几年的努力，我国生物柴油产业得到了很大的发展。截至 2009 年，我国生物柴油企业的总设计产能达到 140 万吨。

2011 年 2 月 1 日，国家开始正式实施《生物柴油调合燃料（B5）国家标准》（简称《B5 标准》）。根据《B5 标准》，2% ~5% 的生物柴油可与 95% ~98% 的矿物柴油进行调合，调合后的生物柴油可进入成品油零售网络销售。《B5 标准》的颁布实施，使生物柴油进入成品油零售系统有了合法身份，为生物柴油的健康有序发展提供了有力保障。但是，生物燃料产业要实现真正的规模化发展，还需要国家出台相关的税收、补贴政策，还需要做更多的努力。例如，生物柴油进入零售网络需要有配套设备，比如它是否与汽车发动机等相配套等，目前这些都还处于前期准备阶段。

3. 生物质发电产业进入有序发展阶段

生物质发电主要是利用农业、林业、工业废弃物甚至城市垃圾为原料，采取直接燃烧或者汽化的方式进行发电。世界生物质发电起源于20世纪70年代。当时，石油危机爆发后，丹麦开始积极开发清洁的可再生能源，大力推行秸秆等生物质发电。20世纪90年代以来，生物质发电在欧美许多国家开始大发展。由于中国能源、电力供求趋紧，再加上国内外发电行业对资源丰富、可再生性强、有利于改善环境和可持续发展的生物质资源的开发利用给予了极大的关注，生物质能发电行业应运而生。

为推动生物质发电技术的发展，2003年以来，我国先后核准批复了河北晋州、山东单县和江苏如东三个秸秆发电示范项目，颁布了《可再生能源法》，并实施了生物质发电优惠上网电价等有关配套政策，从而使生物质发电，特别是秸秆发电迅速发展。

2005年以前，我国生物质能发电总装机容量约200万千瓦，主要是农业加工项目产生的现有集中废弃物的资源利用项目，其中以蔗渣发电为主，总装机量约为170万千瓦，其余是碾米厂稻壳汽化发电等。最近几年来，国家电网公司、五大发电集团等大型国有、民营以及外资企业纷纷投资参与中国生物质发电产业的建设运营。生物质能源发电迈出了重要步伐，截至2009年年底，生物质发电装机容量达到430万千瓦，全国已建成投产的生物质直燃发电项目超过15个，在建项目近40个。中国生物质发电行业的发展正在渐入佳境。但是，从世界范围看，我国生物质能发电目前只占可再生能源发电装机容量的0.5%，远远低于世界平均25%的水平，表明我国在这方面还有很大的发展空间。根据国家公布的《可再生能源中长期发展规划》，到 2020 年我国生物质发电装机将达到 3000 万千瓦。

当前我国生物质发电行业具有以下特征：

其一，生物质发电供给总量不断增加。2006 年实施的《可再生能源法》极大地促进了生物质发电产业的发展，投资活动非常活跃。2006 ~ 2009 年，生物质发电的投资总额由 168 亿元增加到 452 亿元，年均增长率在 30% 以上；已投产的总装机规模由 2006 年的 140 万千瓦增加到 2009 年的 430 万千瓦，年均增长率在 30% 以上。2010 年，国家对生物质能发电的各项政策还在完善，各主要企业的在建项目也在顺利进行，根据已核准项目情况，预计 2012 年生物质发电容量有望达到 900 万千瓦左右。[①] 生物质发电行业继续保持较快的发展速度（见图 1 - 1）。

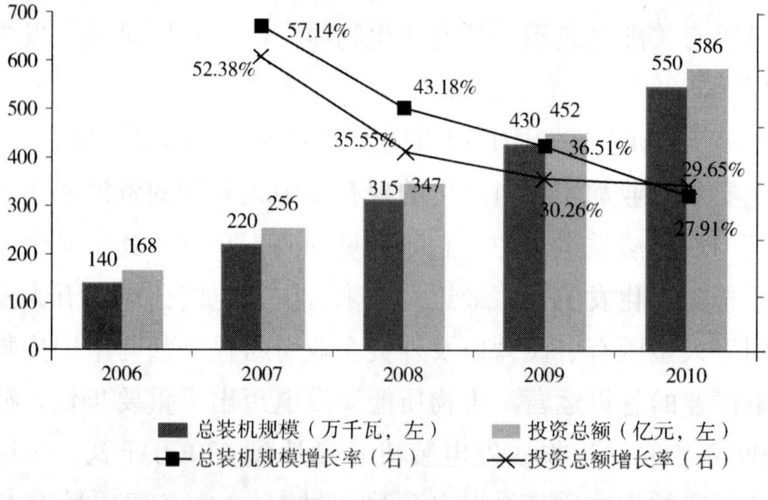

图 1 - 1　2006 ~ 2010 年生物质能发电行业规模指标变化

其二，供给结构以秸秆直燃和垃圾焚烧发电为主。我国生

① 资料来源：《2010 年生物质能发电行业风险分析报告》。

物质能发电技术主要以秸秆直燃和垃圾焚烧发电为主。截至2009年年底，我国秸秆直燃发电总装机容量为265万千瓦，占所有生物质能发电的62%，生物质秸秆直燃发电处于商业化初级阶段；垃圾焚烧发电总装机容量为125万千瓦，占所有生物质能发电的29%。其他汽化发电、沼气发电、混燃发电等所占比例很小，总共占有不到10%的比例（见图1-2）。

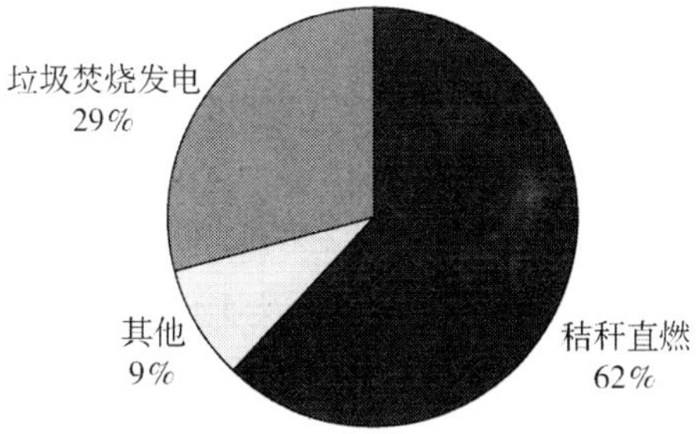

图1-2　2009年我国生物质能发电结构分析图

其三，产业政策得到明确，生物质能发电管理开始步入有序阶段。2008年财政部出台了《关于资源综合利用及其他产品增值税政策的通知》，明确了对农作物秸秆、树皮、废渣等发电实行增值税即征即退政策，2010年7月份，国家发改委发布了《关于完善农林生物质发电价格政策的通知》，明确了生物质发电上网电价，将全国农林生物质发电执行的上网电价，统一调高为每千瓦时0.75元（含税），其中对生物质发电量每千瓦时补贴0.35元。

针对前一阶段生物质发电行业存在的扎堆上马、区域投资过热、布局不合理、重复建设、资源浪费和效益低下等问题，国家发改委于2010年8月发布了《关于生物质发电项目建设管理的通知》，对生物质电厂的布局、建设、准入等进行规范，以引导生物质产业逐步步入良性发展正轨。《通知》提出，要合理规划生物质能发电厂，保证生物质资源，严格核准生物质能发电项目，并要求各地发改委和能源局对已建项目存在问题较多的地区，暂缓核准生物质发电项目，集中力量把已建项目管理好、运行好。原则上，生物质发电厂应布置在秸秆丰富的地区，且每个县或者100公里半径范围内不得重复布置生物质发电厂。《通知》还对生物质电站的建设场址和规模做出了规定：生物质电站建设规模一般安装2台机组，装机容量应与资源量匹配，考虑到生物质燃料的运输半径，一般不超过3万千瓦。

其四，生物质发电盈利能力存在较大不确定性。受行业高成本、低补助、关键技术等因素影响，目前我国生物质发电盈利能力仍然存在较大的不确定性。生物质电厂仍然面临着如何与电网协调所发电量消纳的难题。因此，生物质电厂的布局建设需要与电网的建设规划相协调。"十二五"期间，生物质发电仍然需要得到进一步的政策扶持，未来有望在完善财政补贴、加大科技支撑力度方面获得突破，从而改善生物质发电产业的盈利性。

（三）我国生物质能源产业发展的基本特征

第一，我国生物质能源产业发展政策驱动作用明显。生物质能源在国家能源战略中的地位得到重视，2006年以来，中央出台了一系列支持生物质能源产业的法规政策，成为推动生物质能源产业发展的重要驱动力（参见表1－2）。2006年《可再生能源法》的实行明确了可再生能源的法律地位，把可再生能源作为能源发展的优先领域；中央出台的《可再生能源"十一五"规划》、《可再生能源中长期规划》等一系列产业规划，明确了生物质能源发展的目标和路线；政策的颁布实施极大地提升了国内生物质能源项目建设的信心，民营企业、国有能源企业都加快了生物质能源项目开发的步伐。尽管目前的政策在很多方面还不尽完善，但已经为生物质能源产业发展发出了明显的引导信号。

表 1－2　中国生物质能源相关政策法规

时间	分类	名　　称
2006 年 1 月	可再生能源	可再生能源法
2006 年 9 月	生物质能	变性燃料乙醇及车用乙醇汽油“十一五”发展专项规划
2006 年 11 月	生物质能	关于发展生物能源和生物化工财税扶持政策的实施意见
2007 年 7 月	生物质能	农业生物质能产业发展规划（2007～2015）
2007 年	生物质能	柴油机燃料调合用生物柴油（BD100）国家标准
2007 年 8 月	可再生能源	可再生能源中长期规划
2007 年 12 月	可再生能源	中国的能源状况与政策
2008 年 3 月	可再生能源	可再生能源“十一五”规划
2008 年 9 月	生物质能	关于进一步加强生物质发电项目环境影响评价管理工作的通知
2008 年 11 月	生物质能	秸秆能源化利用补助资金管理暂行办法
2010 年 7 月	生物质能	关于完善农林生物质发电价格政策的通知
2010 年 8 月	生物质能	关于生物质发电项目建设管理的通知
2011 年 2 月	生物质能	生物柴油调合燃料（B5）国家标准

资料来源：作者整理。

第二，生物质能源产业发展市场导向特点显著。生物质能源的进入和推出是自由的，进入者的投资行为、原料采购、产品生产和市场营销，都是由市场供求决定的。政府在生物质能源产业领域的支持政策只是起引导作用，这些政策并不能替代市场的作用。

第三，我国的生物质能源产业已经形成了民营、外资以及国有大公司共同参与的多元化格局。尽管存在国有大型能源企业的部分市场垄断，民营中小企业仍然不可阻挡地成为生物质能源产业发展的一支生力军。

第四，生物质能源发展处于产业生命周期的初创期。从产业生命周期角度来看，目前我国的生物质能源产业基本处于产业生命周期的初创期（幼稚期）。作为刚刚发育的新兴产业，虽然有很多投资者关注，但真正投资于这个产业的企业并不多。进入的企业初创期特征明显，由于先期投入和开发成本较高，产品市场需求规模小，销售收入较低，企业难以盈利。

（四）我国生物质能源产业发展中的问题和障碍

尽管我国在生物质能源开发利用方面取得了一些成就，但是，作为新兴产业，尚处于起步阶段的生物质能源产业发展面临着诸多困难和问题。归纳起来，主要表现在以下几个方面：

1. 原料供应不稳定，资源保障不足

原料不能稳定获得是当前困扰我国生物质能源产业发展的大问题。

一是原料资源缺乏。出于粮食安全的考虑，以粮食为原料的生物质燃料生产不具备扩大规模的资源条件。在坚持非粮生物燃料的发展战略下，生物质燃料生产转为以适宜在盐碱地、荒地等边际土地和气候干旱地区种植的甜高粱、木薯、红薯以及富含纤维素的植物为主要原料。虽然我国有大量的盐碱地、荒地、荒山、荒坡等边际土地可种植上述植物，但目前缺乏对这些土地利用的合理评价和科学规划。目前，局部地区已经在边际土地上种植了一定数量的能源作物（比如西南地区已种植了一定数量的麻风树、木薯等植物），但尚不足以支撑生物燃料的规模化生产。而且，规模化种植生物质能源原料极容易产生与粮食争地、与人争粮的问题。

二是原料收集难度大、成本高。以生物质发电行业为例，欧美生物质直燃发电是建立在现代化大农场基础上的燃料集约供给，而不是分散地加以收购，这有利于保证原料的质量、价格、数量的稳定。而我国的农业资源分散，要面向千家万户的小农户收集原料，质量、价格、数量都很难保证，导致原料的收集难度大、成本高。而各地重复建设生物质直燃电厂，造成电厂之间的燃料收购竞争惨烈，在高成本的拉动下，生物质电厂几乎无一获利。原料集结高成本的问题凸显了以小农生产方式获取的分散燃料与集中的工业化发电之间的矛盾。

2. 研究开发能力不强，技术产业化基础薄弱

技术瓶颈问题表现在三个方面：一是研究力量分散，对生物质能源技术的研究缺乏前期积累和经验，基础研究不足。二是一些技术工艺落后，导致能源转化效率低，转化过程能耗和水耗高，生物转化工艺难以降低成本，实现规模化生产。三是很多新技术仍然处于研究和试验阶段。以粮食为原料的燃料乙醇已实现产业化生产，但以其他能源作物为原料生产生物质燃料尚处于技术试验阶段，要实现大规模生产，还需要在生产工艺和产业组织等方面做大量工作。后备资源潜力大的纤维素生物质燃料乙醇和生物合成柴油的生产技术也处于研究阶段，一些相对成熟的技术尚缺乏标准体系和服务体系的保障，产业化程度低，大规模生物质能源生产产业化的格局尚未形成。

3. 行业竞争激烈，市场管理混乱

在生物质能源产业发展过程中，项目重复建设和过度竞争的问题逐步显现。项目布局的不合理引发了对原料的过度竞争，从而导致项目的投资回报率过低，挫伤了投资人的积极性。例如，生物质能发电厂的燃料供应要求有一个合理的经济运输半径，因此，每个地理区域内只可以建设一家生物质能发电厂。但是有些地方政府却审批通过了在一个地区建设两三家发电厂的方案，造成燃料竞争过于激烈，从而对生物质能行业的发展产生不利影响。此外，由于缺乏有效监管，存在部分生物质能发电厂名不副实、套取补贴的现象。[①] 如果缺乏法规监管，就会导致“劣币驱逐良币”的后果。

由于缺乏技术标准规范和产品标准，导致市场管理混乱，限制了生物质能的大规模应用。国外对生物质能的产品规格要求十分严格，推广应用要经过规范程序。而我国一些企业生产工艺落后，产品质量标准低，还有些企业是自产自销，很难规模化生产，给行业管理带来了困难。

4. 商业模式缺乏创新，难以吸引资本进入

生物质能源企业在实际操作上，往往依托“公司+基地+农户”或者“公司+农户”的商业模式。在投资者看来，这种商业模式实际上就是传统分散农业与规模化加工企业相结合的路线，再加上技术和产品缺少标准化，结果对投资人缺乏足够吸引力，难以使大资本在此集聚。此外，产业内很多企业都是中小型企业，获得银行贷款的难度也比较大。在这种情况下，生物质能源产业普遍存在融资难的问题，产业发展因此受到很大限制。

5. 缺乏广泛的社会认同

生物质能源仍然缺乏广泛的社会认同。

一是产业界对生物质能源的重视仍然不足。资本流向显然对风能、太阳能等新能源更加青睐有加，对生物质能源的重视程度明显不够。相比高歌猛进的太阳能、风电等新能源，活跃于清洁能源各领域的民间及外资创投机构对生物质能源领域的投资热度要低得多。

“十一五”期间，我国新能源产业规模迅速扩大，风电、光伏等新能源产业均保持高位增长，获得了超乎意料的发展速度，生物质能反而沦为鸡肋。中国的风电装机从2006年的2599

① 有些地方将原有的小型煤电厂定为“生物质”发电厂，以套取补贴或者维持这些工厂继续运行。

兆瓦增长到2009年的26276兆瓦，年均复合增长率超过100%，风力发电能力位居世界前列；2006～2009年，中国光伏产业规模从438兆瓦增长到3460兆瓦，年均复合增长率达到94%。在2007年，我国太阳能产业规模已位居世界第一。对比之下，生物质能源产业的发展明显滞后。以燃料乙醇行业为例，中国已经是世界第三大燃料乙醇生产国，然而燃料乙醇的产业规模也仅占全球产业规模的2.8%，产业规模占比远低于太阳能和风能（见表1－3）。

表1－3 2008年全球新能源产业规模和中国产业规模占比

细分产业	2008年全球规模	中国占比（%）
太阳能电池（兆瓦）	6860	40
太阳能热水器（万立方米）	18454	72
风电装机（兆瓦）	121000	13.2
燃料乙醇（万吨）	6560	2.8
生物柴油（万吨）	1300	0.7

资料来源：赛迪顾问，2010年2月。

二是消费者对于生物质能源缺乏足够的认识和热情。能源消费结构的调整并不容易，消费习惯的路径依赖使得多数消费者对生物燃料的化学属性等特征并不了解，面对初入市场的新产品，消费者往往不敢尝试，选择回避。

6. 缺乏完善的市场环境

国内生物质能源产业和市场规模建设不能有效匹配。由于国内对生物质能源市场建设的战略性、长期性和复杂性认识不足，以及生物质能源高额的开发成本，目前生物质能源在国内还缺乏完善的市场环境，再加上电网、燃料运输系统等基础设施建设能力不足，生物质能源的市场发育远低于产业发展需要。这导致生物质能源的市场与产业规模不匹配，产业消化能力不足。

7. 生物质能源产品缺乏市场竞争力

在现行能源价格条件下，生物质能源产品缺乏市场竞争能力。

投资回报率低挫伤投资者的投资积极性，而销售价格高又挫伤消费者的积极性。传统能源市场上，近年来石油价格持续高位波动，我国煤炭业又出现价格上涨、供不应求的状况，很多电力企业甚至因火力发电成本太高选择了弃电。这种局面本来有利于生物质燃料产业的发展。但是，受原料来源、生产技术和产业组织等多方面因素的影响，我国生物质能源的生产成本偏高。其中，原料成本出现明显增加，大大压缩了生物质能源产业的盈利空间。在原料价格大幅上涨的情况下，很多生物质能源项目要实现自主盈利仍然困难重重，即便是中粮集团这种大型国企旗下的工艺设备先进、经营管理较好的大型燃料乙醇企业，也难以实现自主盈亏平衡。在现有技术和市场条件下，扩大燃料乙醇生产需要大量的资金补贴。以甜高粱和麻风树等非粮食作物为原料的燃料乙醇和生物柴油的生产技术才刚刚开始产业化试点，产业化程度还很低，近期在成本方面的竞争力还比较弱。

二、生物质能源产业的供求关系分析

随着我国城乡经济的迅速发展，能源消耗以每年 20% 以上的速度递增，能源供求矛盾日益加剧。由于常规的矿物能源储量有限，各种新的替代能源的开发利用成为一项重大的任务。在各种新型能源中，生物质能源占有重要的地位。分析生物质能源的供求关系及相关因素，能够帮助我们厘清制约生物质能源市场规模扩张的症结，从而有针对性地采取应对方法和措施。

（一）我国生物质能源的生产和供给

1. 生物质能源的供给目标

生物质能是中国“十二五”期间重点发展的新兴能源产业之一。根据中国提出的到 2020 年非化石能源占能源消费总量15%的目标粗略估算，到2020年我国生物质能装机总量将达3000万千瓦，沼气年利用量440亿立方米，生物燃料和生物柴油年产量达到1200万吨。

2. **资源约束下的供给潜力**

作为国家战略性举措，生物燃料乙醇生产在“十二五”期间坚持因地制宜，非粮为主，重点支持以薯类、甜高粱及纤维资源等非粮产业发展。非粮燃料乙醇，尤其是纤维素燃料乙醇将是我国发展利用可再生生物质能源的基石和原料主体。我国拥有大量可种植高抗逆性能源作物的边际性土地，华南、西南各省区均可大面积种植木薯和甘蔗等非粮作物，北方省区则可种植甜高粱，我国已自主开发了甜高粱燃料乙醇生产技术，并在黑龙江、辽宁、内蒙古、山东、新疆和天津等地建立燃料乙醇加工基地。甘蔗是目前世界上用于加工燃料乙醇最为成功的农产品之一，我国南方虽然甘蔗资源丰富，但由于国内市场对蔗糖需求量大，企业生产蔗糖获利高，加之甘蔗乙醇生产成本高，目前我国用甘蔗生产燃料乙醇还是空白。除此以外，还有大量的农作物秸秆可作为纤维素乙醇潜在原料。从资源量来看，我国粮食年产量约为4.5亿~5亿吨，同时产生秸秆7亿多吨。可用于能源等专用植物种植的土地约有1亿公顷，再加上我国南方10亿亩草山草坡，3亿亩冬闲田，每年可生产10亿~15亿吨用于生产燃料乙醇和生物柴油的生物质原料，至少可产酒精和生物柴油约1亿吨。

3. **其他新能源的竞争对生物质能源供给的影响**

“十二五”规划纲要提出，到2015年将非化石能源的比重由4%提高到11.4%，也就是说，到2015年非化石能源消费量要达到4.8亿吨标煤。要实现这一目标，有多种新能源可以选择，包括风能、太阳能、核能、水能、生物质能等。从目前的情况来看，生物质能源在新能源结构中的地位相对于其他能源偏低。政府和投资者对其他新能源的热情大于生物质能源。例如，政府更看重水电在其中的作用，预计到2020年7.6亿吨标煤的非化石能源消费量中，2/3要由水电来提供。① 这一方面是由于对生物质能源的重视不够，另一方面也是由于生物质能源发展受到的制约因素比其他新能源更多，限制了其产业规模的扩张和潜力的发挥。

（二）我国生物质能源的市场需求

1. 我国生物质能源市场需求的影响因素分析

（1）消费者对绿色环保能源的需求增加

随着环保意识和观念深入人心，消费者会逐步选用绿色能源来替代传统能源，对绿色能源的需求将会持续增长。

（2）能源安全需求促进对生物质能源的消费

除了能源消费的环保需求之外，消费者对能源消费的安全性亦有要求。2011年，日本发生核电站爆炸事故，为我国核电站的急剧扩张和核安全敲响了警钟。日本核泄漏事件后，中央做出决定，要求严格审批新上核电项目，调整完善核电发展中长期规划，并暂停审批核电项目。事实上，对于人类能否安全利用核能的问题，国内外长期以来存有疑虑。近年来，由于核电产业投资规模的扩大，核电装备制造产业链受益明显，在巨大的经济利益面前，核能扩张冲动在全世界范围内上演。日本核电事故给全世界正在复苏的核能产业泼了一盆冷水，也令公众对于我国加速发展核电心存忧虑。在这种背景下，安全性高的太阳能、风能以及生物质能源可能会被倚重，进而增加对生物质能源的需求。

---

① 2011年4月21日，国家能源局规划司规划处处长何永健在京召开的第七届中国能源投资论坛上表示，要完成非化石能源占比11.4%的目标，靠核电、风电和太阳能等都无法满足主要的替代选择，2/3要靠水电来完成。

（3）汽车工业发展对燃料的引致需求将持续增长

随着汽车工业的发展，交通部门对能源消费的需求将有巨大增长。据国际能源机构 2008 年预测，在没有重大替代燃料技术突破的情景下，2030 年世界交通部门的能源消费将比 2006 年增加 9.44 亿吨油当量，占同期世界能源总消费增量的 18%，届时交通部门在世界石油总需求中的比重也将增加到 57%。

我国汽车产业自 20 世纪末期以来迅速发展，汽车生产和汽车消费快速增长。2010 年 2 月，中、日、美三国发布 2009 年国内汽车产量[①]数据，中国以 1379 万辆超越日本，首次成为全球第一大汽车生产国。[②] 与此同时，中国也已经成为世界"汽车消费大国"。2011 年，尽管一些鼓励汽车消费的优惠政策已经停止，部分一线城市出台了乘用车限购政策，但二、三线城市正在成为汽车消费的主力（参见图 1－3）。

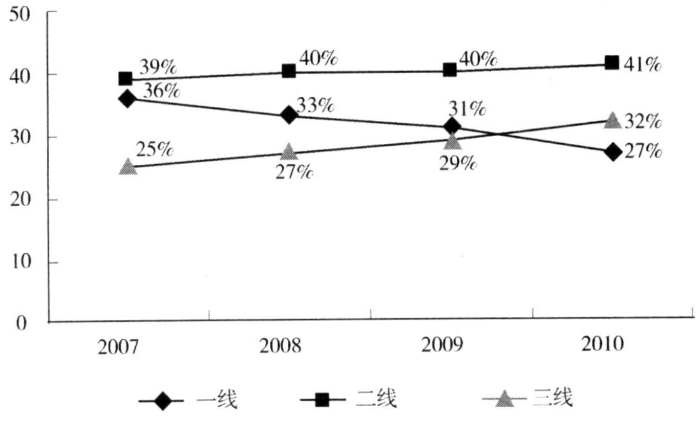

图 1－3　近年一、二、三线城市汽车市场份额变化

资料来源：《2010 年国内成品油市场特点及后期供需和油价展望》，中国石油规划总院。

① 在本国内生产的汽车数量。

② 此前近 20 年里，全球第一大生产国的桂冠一直被美日两国垄断。

预计2011年全国汽车销量将接近2000万辆，比上年增长11%。2010年年底，我国民用汽车保有量已超过9000万辆。伴随汽车消费的增长，对燃料的需求必然增加。预计2011全年表观汽油消费量将达到2.65亿吨左右，比上年增长8%左右。① 汽车消费的放量增长必然伴随着巨大的燃料需求。而石油资源的日渐稀缺以及价格的日益上涨，导致传统燃料消费的压力增大。寻求可替代的燃料是必然之路。而在各种新能源中，生物燃料是唯一的液体可替代燃料。可以预见，未来汽车消费对生物燃料的需求将持续增长。

2. 我国生物质能源的市场需求

2010年我国三大类成品油消费量2.46亿吨，增长12%，高于近十年年均8%的增速。其中，汽油消费7118万吨，柴油消费15729万吨（参见图1-4）。2010年替代车用汽柴油500万~600万吨，占全年成品油消费量不到3%。目前生物燃料的替代效应尚不明显（参见表1-4）。

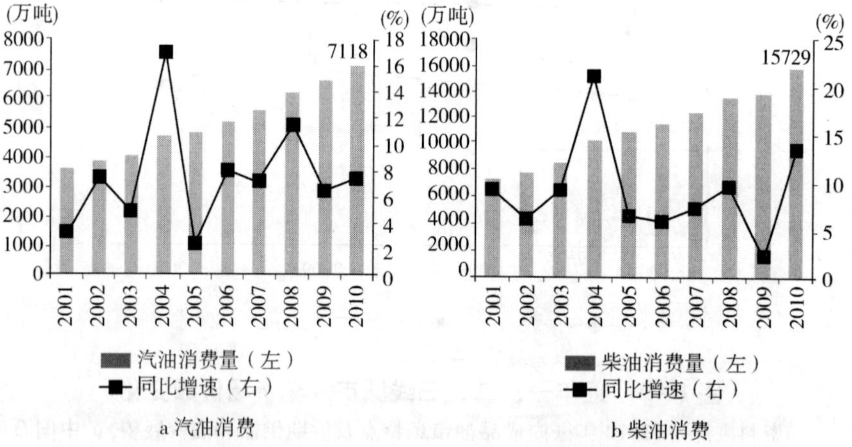

图1-4　近年我国汽、柴油消费变化趋势

① 数据来源于国家能源局公布的《2011年第一季度能源经济形势及走势》。

表 1－4　2010 年中国主要替代能源发展情况

替代燃料品种	主要内容	2010 年替代成品油（万吨）
燃料乙醇	国内目前有 5 家燃料乙醇生产企业，年总能量为 180 万吨；黑龙江、吉林、辽宁、河南、广西、安徽 6 省全封闭，湖北、山东、河北、江苏四省的 27 个地市封闭销售乙醇汽油	182
甲醇	山西、陕西、黑龙江、福建、浙江、贵州等省出台地方标准，推广 M10～M30 甲醇汽油	220
CNG 替代	全国清洁汽车推广应用城市已有 22 个，目前国内燃气汽车加气站 1055 座，燃气汽车保有量近 50 万辆	300
LNG	2010 年内蒙古、珠海等地正在开展 LNG 替代重型柴油货车的项目，处于示范工程阶段	5
煤制油	神华集团内蒙古鄂尔多斯煤制油项目 108 万吨/年，2010 年生产 40 万吨成品油投入市场	40
生物柴油	2010 年 11 月初，中海油新能源投资有限责任公司所产的首批生物柴油，开始在海南省澄迈、临高的 12 家中石化旗下的加油站试销售，海南正式试行封闭推广 B5 生物柴油	<5
电动汽车	2010 年武汉、北京、上海等地开始电动汽车试运行，深圳已经建设了城市充电站，实际运行电动汽车数量有限；电动自行车、摩托车发展迅速，目前保有量超过 1.2 亿辆，对摩托车用油替代明显	5

2006 年我国燃料乙醇消费 102 万吨，替代 2% 的汽油。2010 年全年汽油消费量 7118 万吨，若按 10% 的替代比例计，则 2010 年我国燃料乙醇的最大需求量为 711.8 万吨。未来我国汽油消费按年增长 5%～6% 测算，2020 年汽油消费量将达到约 1.2 亿吨，如果添加 10% 燃料乙醇，则对燃料乙醇的需求量将达到大约 1200 万吨。未来 20 年，全球对柴油的需求量也将不断增长，而世界范围内柴油的供应量严重不足，给生物柴油留下广阔的发展空间。目前我国每年对生物柴油的需求量在 1500 万～2000 万吨，而实际上每年的产出不超过 100 万吨，

缺口巨大。[①] 到2020年，我国年产生物柴油预计将达到900万吨，仍然存在较大缺口。未来二三十年内，我国生物燃料的使用规模将超过现今发达国家用量水平。BP预测生物燃料需求在未来20年中将增长3倍。

三、生物质能源产业发展的技术前景和模式选择

中国生物质能源产业经过近些年的发展，不论是政策环境，还是技术、市场环境，都正在发生重大变化。

（一）生物质能源产业发展技术前景分析

生物质能源产业发展虽然面临着制度创新、比价体系、技术进步、商业模式创新等诸多约束，但这并不能影响生物质能源成为未来重要的替代能源之一。

在美国和巴西，从农作物中生产生物乙醇已经实现了商业化。[②] 在欧洲，从油菜等油料作物中生产的生物柴油正在迅速被接受。原油和天然气价格高企激发了人们对生物燃料的浓厚兴趣，从而将生物燃料从小市场发展成数十亿美元的主流产业。影响生物质能源产业快速发展的关键要素是技术前景。

目前，美国、瑞典和奥地利等发达国家的生物质转化技术居全球领先水平，生物质能技术和装置已实现了规模化产业经营，其发展规模分别占该国一次能源消耗量的4%、16%和10%。与以往生物质热化学和生物学转化技术相比，以纤维素乙醇和微藻生物柴油技术为代表的“第二代生物质能技术”已取得关键突破，正处于中试阶段。受原料、商业环境、投资

① 中投顾问研究数据。

② 在美国，普遍以玉米作为原料；在巴西，则是以甘蔗作为原料；木薯作为生物乙醇原料的情形也比较普遍。

等方面因素的影响，大规模生物质能应用正在探索新的发展模式。[①] 与此同时，新的生物质能源技术开发并未停止脚步。2011 年，美国在新一代生物燃料研发上取得新突破，研究人员已成功利用生物技术直接从植物纤维素中提取出异丁醇，从燃烧效率及生产和使用成本来看，这种生物燃料可能是比乙醇更优质的汽油替代品，美国希望继续加大研发努力，藉此摆脱对外国石油进口的依赖，并创造一个新兴产业。

与风能和太阳能相比，生物质能更加稳定和便于控制。而且，同风能、太阳能的核心技术以及材料被国外少数大公司所垄断的情况相比，我国生物质能源技术与国外差距不算太大，且自主性强，装备国产化程度比较高。从技术上来看，我国 1.5 代生物燃料技术已经达到国际先进水平，并成功实现了燃料乙醇原料的转型，即从玉米等粮食原料转为甜高粱、甘薯、木薯、秸秆、甘蔗等非粮原料。生物质能源主要是利用生物发酵技术，而发酵技术是我国生物技术中与国外差距最小的技术。目前，我国许多发酵产品的产量均居世界第一位；我国燃料乙醇的技术已达到国际先进水平；生物柴油技术也已进入边研究边产业化的阶段；沼气技术已经应用多年；秸秆综合利用技术已经取得了重大突破。我国生物质能源技术完全具备产业化发展的实力。

（二）未来生物质能源产业发展的模式

从产业生命周期来看，生物质能源产业目前处于初创期，部分细分产业在向成长期过渡。由于目前生物质能源产业相对较高的生产和运行成本，需要政府政策引导以及直接的财政补

① 中国科学技术发展战略研究院，当前信息、生物和新能源产业技术创新特点分析，《调研报告》第 76 期。

贴等方式培育市场，引导资源要素向生物质能源产业流动，推动整个产业的发展。在产业发展初期，通过一定时期的财政补贴政策以及建立有利于生物质能源长期发展的税收优惠和价格支持、投融资支持机制，使企业投资具有盈利的稳定性与可预见性，使资本在赢利与发展中找到更多自信，并坚定产业的发展信心，继而扩大生产规模（见图1－5）。在大规模化生产基础上，降低成本，取得规模经济效益，提高生物质能源产品在市场上的竞争力。从产业发展的动向来看，未来生物质能源产业要真正成为经济发展中的重要产业，其发展模式必须寻求新的技术和资本手段，促进生物质能源产业实现两个转变。

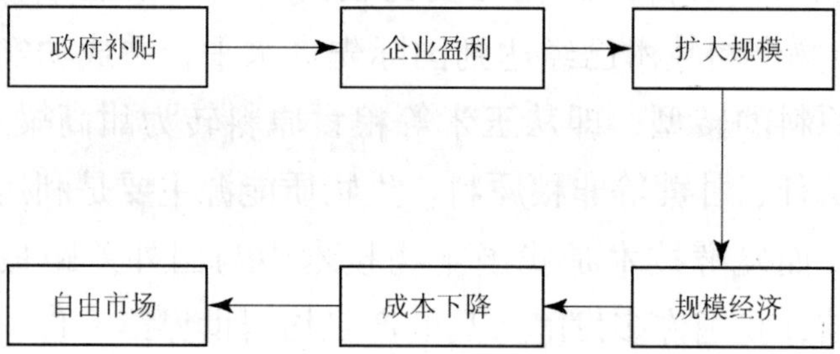

图1－5　生物质能源产业发展路径

一是由现行的农业原料导向模式向技术导向模式转变。现行的生物质能源发展模式是一种典型的农业原料导向模式。由于生物质能源的开发和利用与粮食生产存在明显的资源竞争关系，使得生物质能源产业发展通常面临两难境地。要发展生物质能源，必须处理好与粮食安全的关系。对我国而言，生物质能源的发展必须立足于技术路线，以第二代生物质能源的技术开发为重点（第二代生物质能源主要是以非粮农作物、木本油料植物、秸秆与农林废弃物为原料），不断研发新技术，确保在未来能够将生物质能源原料需求与国民粮食安全需求的冲突降到最低。

二是由现行的补贴推动发展模式向资本拉动发展模式转变。短期内，生物质能源产业的发展仍将依赖于补贴式发展模式。近期生物质能源产业将处于产业生命周期的初创期和成长期。在这一阶段，除自身投入成本高、见效周期长、风险大外，生物质能源还面临传统能源的巨大竞争压力。因此，为推进生物质能源产业发展，在生物质能源定价机制方面则不能完全按成本直接定价，而是要综合考虑市场因素，通过预测价格、竞标、补贴等方式确保执行生物质能源价格。但是，发达国家新能源的发展历程表明，补贴式新能源产业发展模式只能作为新能源开发的催化剂而非长久之计。产业发展本身存在着动态优化的过程，在这一过程中，资本市场以其所具有的连接技术、资金和市场的基础资源配置功能，能够通过市场化的判断评价机制确立新兴产业发展的方向，并且通过其内在的“优胜劣汰”机制，引导资金支持具有增长潜力的新兴产业，分散其市场风险，从而降低新兴产业发展的不确定性所带来的社会成本。生物质能源产业要真正成为绿色经济发展中的主导产业，必须利用资本市场，引导各路资本进入生物质能源产业，实现资本与产业的对接，借助资本拉动产业快速发展。

四、推动我国生物质能源产业健康发展的政策支持框架

在“十二五”规划中，生物质能源已被列为我国的战略性新兴产业。生物质能源的战略地位得到了肯定。但是，任何一种能源形式在能源结构中和能源市场上的最终确立，都要经历一个循序渐进的技术开发和商业化进程。为此，需要构建系统的政策支持框架。

（一）深化能源体制改革，促进生物质能源与其他能源产业协调发展

调整能源产业结构，深化能源体制改革。一是把生物质能源纳入到现代能源产业体系中，推进能源各行业之间，以及能源与相关产业之间的重组与融合，协调生物质能源与其他能源产业在能源产业体系中的结构，建立现代能源产业体系。二是有计划、有步骤地开展能源价格、财税、资源和流通体制等改革，积极培育多元化市场主体，形成统一开放、竞争有序的现代能源市场体系。

（二）统筹规划，促进生物质能源产业有序发展

我国发展生物质能源产业亟待统筹规划。国家要从宏观上对整个生物质能源产业的发展进行总体规划，根据资源的地域分布进行合理的产业布局，在生物质能品种的种植、生物质能企业布局等方面进行规划，对不同的发展阶段要从产量、市场占有率、推广应用范围等进行科学规划。同时，健全和完善各项配套法规、规章和技术标准，如资源调查和开发利用规划、技术创新和产业发展、价格管理和费用补偿、财政扶持和金融优惠等配套政策和技术规范体系，改善生物质能发展的政策环境，推动整个产业健康发展。

（三）加强基础研究，建立系统的科技支撑

未来生物质能源产业的市场竞争力前景取决于科技进步。技术的持续创新和改进能够有效降低生物质能源产业的生产成本，提高盈利能力。国家应该向基础研究直接投资，并建立科技支撑体系。许多国家都制订了庞大的生物质能源 R&D 支持计划，以改进现有的生物质能源生产技术，开发更先进的生物

质能源技术。例如，2008 年美国能源部提供了 3.85 亿美元的研发补贴，用于纤维素生物质能源技术的开发。加拿大 2008 年也为生物质能源的发展提供了 22 亿美元的巨额支持，其中很大一部分用于第二代生物质能源技术的商业化推广。在生物质能源关键技术研发模式方面，发达国家一般是以政府公共部门的先期投入为引导，通过产业界、企业界的“随后跟进”与合作，快速实现技术的产业化和商业化。例如，澳大利亚政府通过加强公共部门研究机构与私营企业界之间的合作，实现“共担风险、共享成果”，有效带动了企业界投资“绿色产业”技术研发的积极性，加速了关键技术的科技成果转化与产业化进程。[①] 未来要推动我国生物质能源产业快速成长，加强国家对基础研究投入，建设完善的科技支撑体系是必需之举。

一要加大对技术研发的投入和支持，加强对生物质能源资源的基础研究。目前，发达国家十分重视基础研究。比如美国对柳枝稷就有几十年的研究基础，包括种质资源评价、遗传改良、高产和低成本栽培技术、机械化播种、收割、储存等很多细节问题都有系统的研究积累，这为美国发展以纤维素为原料的第二代生物燃料奠定了扎实的基础。我国应加大政府的科技投入力度，重点支持基础研究，由政府投资支持关键技术的研发，并加强与产业界和企业界的合作，促进生物质能源关键技术的产业化。可以通过优化财政科技资金在应用研究领域的配置方式，比如组织和实施来自政府、科研院校和企业的重大科技攻关项目，使之成为产学研结合的纽带。同时，还要配套强化对新技术知识产权保护的管理和服务。

二要整合研究力量，建立从技术到产业的转化通道。要整

① 傅志华、王向阳、王桂娟，构建支持农村生物质能源发展的政策体系，《经济研究参考》，2008 年第 7 期。

合现有分散的研究力量，通过多种形式的产学研结合，建立起将技术转化为现实生产力的通道。在研究力量上，可以整合当前具有一定实力的生物质能源研究机构，成立专门的生物质能源科学研究院，集中力量开展关键技术的研发和创新。

三要完善促进产学研结合的社会化服务体系。利用科研机构、高校等单位，建立沟通机制，搭建技术支持的产学研结合服务平台，引导产学研的自主结合，发挥产学研各方优势，形成长期、稳定的合作联盟。

四要建设技术创新和信息服务平台。企业的技术创新有赖于政府的信息导向。政府应发挥信息导向功能，通过现代信息网络，建设技术创新网络和信息服务平台，及时发布技术创新信息，为企业提供政策咨询、宏观经济信息、行业发展动态等信息服务，供企业决策参考；积极发展生物质能源产业公共信息网络，推动企业和科研机构信息联盟的形成，为交流技术和市场信息、协调市场行为提供快速便捷的信息渠道。

（四）构建稳定的生物质能原料供应链系统

保障生物质能原料供应的充足和稳定，是当前生物质能源产业发展的关键所在。

首先，稳定农业生产，为生物质原料生产提供支持。要重视农业生产，通过多种农业支持政策，为农民从事农业生产提供有效的激励和有力的保障。可对能源作物及其他生物质原料的生产进行直接补贴，[①] 以提高农民的种植积极性，并有效降

① 这类政策中最具有代表性的就是欧盟2003年共同农业政策（CAP）改革方案中的能源作物援助计划（ECA）。根据该计划，欧盟根据2003年的产出水平建立了一个分离支持给付系统，该系统将已经存在的多种给付形式合并为一种单一农场给付形式（SFP），要求其各成员方按照45欧元/公顷的标准对农业生物质原料和林木生物质原料生产者提供直接补贴。

低成本。对那些不适合种植食用农产品的土地，可由政府提供种苗、机械等，鼓励农民种植能源作物。

其次，适度引导原料规模化生产供应，构建稳定的原料供应源。可通过科学规划，引导企业在不宜种粮的地区建立生物质原料生产和供应基地；或引导企业积极创新商业模式，通过多种形式构建起稳定的生物质能原料供应源，形成原料的规模化供应。

最后，鼓励行业内实施供应链管理。供应链管理所产生的真正竞争优势在于它能有效地管理好整个供应链，即整体集成与优化。建立生物质能原料供应链主要参与主体——农户、政府与企业的三方协调机制，包括农户和政府之间的生产—补贴协调、农户和企业之间的供应—采购协调、企业内部的利润—成本协调、企业和政府间的生产—补贴协调等，从而最大限度地改善整个供应链，降低成本，提高运行效率，优化生物质能原料供应链。

（五）完善生物能源类企业投融资保障体系

建立完善的投融资机制是生物质能技术产业化的一个必要条件。与传统能源相比，生物质能源投资项目前期资本投入高，技术的研发和应用往往不能给企业带来眼前的利益，在形成一定规模的成熟市场之前具有较高的投资风险。这些特点制约了以利润为主要目标的投资者对进入生物质能源产业的积极性。因此，要推进生物质能源产业的发展，需要政府通过必要的制度安排，建立起有利于生物质能源发展的投融资机制。通过公共财政对产业支持，创新金融制度，增加市场主体投资获得盈利的稳定性和可预见性，从而形成中长期稳定增长的市场，这反过来也会增强投资者的信心。

1. 加大政府投入

每年在财政预算支出中列支一定资金，专项用于生物能源产业建设，比如向基础研究进行直接投资，对产业配套基础设施建设进行补贴，给予龙头企业贷款贴息等。

2. 建立风险担保机制及风险投资平台

根据国家发改委与国家开发银行发布的《国家发展改革委、国家开发银行关于印发共同推动我国生物产业融资工作意见的通知》（发改高技〔2007〕1258 号）精神，建立生物能源产业企业贷款担保平台，为企业或项目提供风险贷款或投资。

3. 培育产业自身融资能力

在推进生物质能源发展的投融资政策方面，要体现市场化改革的总体导向，实现“市场为主，政府支持，法律约束”的投融资体制。比如支持建立有企业参与的生物质能源产业发展基金，帮助生物质能源企业上市，鼓励民间风险投资机构或自然人进入生物质能源产业领域等。

（六）形成良好的政策支持，理顺产业发展机制

生物质能源产业发展要求有长期稳定的政策支持。美国的生物质能源虽然也处在产业化的起步阶段，但政策稳定、机制完善，有明确的路线图和时间表。我国应建立起长期稳定的支持政策。而良好的政策支持需要制度构建。政府应制定公平、透明的行业规则，制定规范的行业技术标准和产品标准，创造有利于产业发展的机制、有序的竞争环境，严格的市场准入制度等，形成稳定高效的管理机制。

（七）加强相关产业系统性配套，理顺产业发展链条

开发生物质能源是一项系统工程，国家应将其视作实现可持续发展的基本建设工程。生物质能源的利用不仅本身可以成

为一大产业，而且还能带动农业、运输等相关产业的发展。同时，自身的发展也需要有关产业的大力支持与配合。尤其是与农业发展、农民增收密切相关。因此，对生物质能源开发利用要建立产业协调机制，构建产业联盟，特别要解决工农产业两张皮的体制障碍，从生物质的原料、生产、储运和初处理、转化加工到市场进行全过程的系统设计和管理服务。

（八）重视产业人才培育，提供配套人才服务

专业技术人才是发展生物质能源产业的核心条件。政府应利用科研机构和高校的教育资源，积极支持产业人才的培训和教育，建立起系统的人才培养和服务体系，注意培养和引进高端人才，重点培育一批在生物质能源前沿技术和产业化推广领域的领军人才，围绕领军人才，建立起自己的创业团队；依托重大科研项目和工程，培养生物质能源高端紧缺专业人才；依托生物质能源产业化示范工程，培训实用人才，为生物质能源产业输送智力资源。

（九）构建国际合作交流平台

能源问题是一个全球性问题，需要国际社会的共同努力。通过国际合作交流平台的构建，建立起中国与世界各国政府、企业和科研机构之间的对话、协商和沟通机制。一方面，加强中国与世界各国在生物质能源方面的国际科技合作，选择国际领先的新能源技术开展国际合作，拓宽引进先进技术的渠道，积极引进技术人才，有助于提高我国新能源技术的基础研究水平，解决生物质能源产业发展中的关键技术问题；另一方面，通过国际合作交流平台，支持我国先进、实用的能源技术走向国际市场，参与重大国际合作计划或国际合作项目，促进我国生物质能源产业融入全球分工与合作。

参考文献

1. 崔海兴，郑风田，等．中国生物质利用政策演变与展望［J］．林业经济，2009（8）．

2. 冯丽敏．生物质能产业化前景分析［J］．农业科技与装备，2010（2）．

3. 傅志华，等．构建支持农村生物质能源发展的政策体系［J］．经济研究参考，2008（7）．

4. 李琳，郑骥．我国生物质能行业发展现状及建议［J］．中国环保产业，2010（12）．

5. 联合国粮农组织．2008 年粮食及农业状况——生物能源：前景、风险和机遇［R］．2009.

6. 鹿建光，童莉霞，等．我国生物燃料乙醇产业现状及发展政策研究［J］．经济研究参考，2008（43）．

7. 中国工业节能与清洁生产协会，等．2010 中国节能减排产业发展报告［R］．2011. 01. 27.

8. 中国科学技术发展战略研究院．当前信息、生物和新能源产业技术创新特点分析［J］．调研报告，76.

9. 国家发改委能源局．生物质燃料发展的有关情况和政策建议［R］．2006. 04.

10. 国家能源局．2011 年第一季度能源经济形势及走势［R］．2011. 04. 22.

11. 郎晓娟，郑风田，等．中国燃料乙醇政策演变［J］．林业经济，2009（3）．

12. 刘宁，张忠法．国外生物质能源产业扶持政策［J］．世界林业研究，2009（1）．

13. 潘泽江，曹明宏．我国生物质能源产业发展的制约因素及其对策［J］．安徽农业科学，2006（10）．

14. 钱能志，师君．关于我国林业生物质能源发展的政策思考［J］．生物产业技术，2009（5）．

15. 王久臣，等．中国生物质能产业发展现状及趋势分析［J］．农业工程学报，2007（9）．

16. 王茂丽，等．世界生物柴油的发展现状及对中国油料市场的影响［J］．生态经济，2009（4）．

17. 王欧．中国生物质能源开发利用现状及发展政策与未来趋势［J］．中国农村经济，2007（7）．

18. 闫强．我国新能源产业发展战略研究［J］．商业时代，2009（26）．

19. 杨善友，李建军．生物质能产业创新的趋势和特点［J］．中国科技论坛，2009（4）．

20. 杨世琦，等．国外能源作物研究进展与焦点问题［J］．中国农业科技导报，2009，11（1）．

21. 张永，等．生物质能供应链协调机制研究［J］．物流技术，2009（3）．

22. 赵勇强．车用替代燃料发展状况与前景［J］．中国能源，2009（4）．

第二章　生物质能源发展的供求前景分析

高　虎

内容提要：

本文根据生物质能源的资源来源不同，分析了各类生物质能源的特点，以及可能源化利用的各类终端能源产品形式。分析了我国现有各类生物质能源的总量，初步评价了我国未来生物质能源的总体潜力。在此基础上，分析了我国生物质能源的开发利用现状，并从我国废弃生物质资源的刚性利用需求、农村地区经济发展、可提供液体燃料等角度研究了我国生物质能开发利用的需求。最后根据生物质能源的总量、分散特点以及面临的技术和土地瓶颈等方面，总结了我国大规模发展生物质能源面临的挑战。

一、生物质能的定义、分类

生物质能是利用生物质为载体，通过植物的光合作用，将太阳能以化学能形式储存在生物质中的能量形式。生物质能利用是所有可再生能源中资源来源最多、技术利用种类最多样、产品形式最丰富的一类技术。

（一）生物质能资源的分类

生物质能源资源包括可以用作能源用途的各类有机废弃物、生物质农林资源以及利用边际性土地种植的各类生物质能源资源。

1. 农业废弃物

农业废弃物是指在农作物生长、收集、加工和作物果实利用过程中所产生的各类废弃物，比如农作物的枝叶、茎秆，稻谷加工的稻壳，玉米加工后的玉米芯、甘蔗压榨后的蔗渣等。

从当前最常用的农业废弃物生物质而言，主要是农作物秸秆以及粮食加工剩余物。

2. 林业废弃物

林业的废弃物主要来自林业的“三剩物”，即林木的采伐剩余物、造材剩余物、加工剩余物。

林业生物质能资源，利用最多的首先是林业集中加工剩余物，其次是现有规模化的经济林、生态林的更新抚育、平茬扶壮的林木生物质资源，再次是在适宜规模化造林的沙区、低山丘陵区，大力培育的木质能源林。

3. 动物粪便

动物粪便主要来自包括人在内的动物的粪便，但从更加宜于规模化收集和利用的角度而言，草食动物的粪便量最大，因而是生物质利用的重点。

当前，我国的动物粪便主要是圈养的禽畜粪便，并且主要是圈养的牛、猪和鸡这三类畜禽。

4. 工业有机废弃物

工业有机废弃物主要来自农副产品加工工业所产生的富含有机物的废液、废渣、废泥等废弃物。

我国的工业有机废弃物，主要来自谷类磨制、屠宰、酿酒、发酵等九大行业，并且主要产出是以甲烷为主的沼气。

5. **城市有机生活垃圾及废弃油脂**

城市生活垃圾富含大量的有机物，比如纸张、塑料、橡胶等有机化工产品，这些有机物质在成为城市垃圾后，需要连同其他无机物质一起被处理，主要就是焚烧和填埋，其中的有机物质即构成了城市垃圾生物质的主要成分。

城市废弃油脂专指餐饮业废弃的食用油，在失去食用价值后，可以作物能源的用途加以处理和利用。

6. **能源植物**

能源植物是在当前技术进步后新产生的一类生物质资源。其目的，主要是通过对特殊类植物的果实、茎叶、块茎等部位，采取复杂的化学加工，以直接获取其中富含的油类部分，或者利用其含有的糖、淀粉间接转化为油品。需要指出的是，与其他废弃物利用不同，能源植物是需要专门种植进而获得的生物质资源，这个特点决定了它对土地、水、阳光等自然条件的依赖，同时，农业种植的分散方式，与生产最终生物燃料的工业化过程之间，还存在着巨大的矛盾。

当前的能源植物分为三类：一是富含糖、淀粉的粮食类的植物，这些粮食包括小麦、玉米、蔗糖、菜籽油、棉花等；二是富含糖、淀粉的非粮食类植物，包括甜高粱、木薯、甘薯等作物，以及小桐子、油桐等植物；三是富含油料的各种藻类，比如绿藻等。这种加工技术目前仍属于技术攻关的对象。

（二）生物质能产品的分类

生物质能资源的丰富，以及收集形态、收集方式、收集环境等诸多差异，带来了各种能源利用过程、进而带来能源产品的差异。从终端产品上划分，生物质能可以直接用于发电，也可以制取气体和固体燃料，用于二次发电或直接用于炊事、取暖，还可以生产液体燃料，用于替代交通及化工燃料。

1. 从资源来源上分类

（1）农林废弃物。农林废弃物的用途最为多样。①可以在资源丰富的农业区、林业区建立兆瓦级以上的商业化直燃发电站；②如果在村级或较小的林区，收集农林废弃物进行汽化，产生的一氧化碳及甲烷混合物用于炊事、供暖等用途，利用小型的发电设施，还可以再发电；③此外，还可以将松散的、不宜收集、运输、储存的农林废弃物进行压缩，制成致密度较高的成型固体，这些压缩成型燃料可以再用于炊事、锅炉燃料等用途；④最后一类用途是利用先进的加工技术，以农林废弃物中广泛存在的纤维素为原料，获取燃料乙醇，当前，这种技术还属于技术公共的重点，如果出现突破，将大大改变农林废弃物的既有用途。

（2）禽畜粪便。禽畜粪便需要经过发酵的过程，产生出一定浓度的含油甲烷的气体，即沼气，才能用于各种能源用途，这包括炊事、供暖、照明以及发电。

（3）工业有机废弃物。工业有机废弃物与禽畜粪便一样，主要的利用途径是发酵产生出沼气后的二次利用。

（4）城市垃圾和废弃油脂。①垃圾焚烧的方式，将直接燃烧垃圾中的有机物质，用途也主要是发电；②垃圾填埋的方式，同样也是在发酵过程中产生沼气，用于炊事、发电等用途；③废弃油脂在当前主要是经过化工过程后，转化为生物柴油，作为交通用柴油的替代品。

（5）能源植物。能源植物的能源产品主要是生物乙醇和生物柴油，用于替代交通燃料。

二、我国生物质能源的资源潜力

（一）现有生物质能资源潜力

中国工程院曾在2008年对我国现有生物质资源量进行了初步的估算，[1]我国现有各类生物质资源总量约折合5.4亿吨标煤。其中，秸秆资源可用作能源用途的部分约占58%，其他四类废弃物资源的实际可用率以50%估算，则估计现有实际可用生物质能资源量约为2.9亿吨标煤（见表2-1）。

表2-1　我国现有生物质能总量估算

类　别	资源总量	利用比例（%）	可利用量
秸秆	3.3	58	1.914
粪便	0.72	50（假设）	0.36
林业	0.71	50（假设）	0.355
工业	0.35	50（假设）	0.175
垃圾	0.2647	50（假设）	0.13
生物柴油	0.042857	50（假设）	0.021
合计	5.38		2.94

资料来源：中国工程院，2008。

（二）未来生物质能资源潜力总量

随着经济社会发展，我国的生物质能总量以逐步增加。新增生物质能源资源主要来自三个方面，一是各类有机废弃物的增长；二是主要通过改造现有低产农、林品种增加的资源量；三是利用部分可利用尚未利用的边际土地种植抗逆性能源作物所增加的资源量。

根据有关研究[2]，随着有机废弃物的增加和低产/边际土地的开发，估计2050年我国生物质资源理论值最高可达14亿吨标煤，可供清洁能源化利用的生物质能资源潜力最高可达8.9亿吨标煤。其中，除了现有2.9亿吨标煤有机废弃物外，新增各类有机废弃物资源潜力约2.7亿吨标煤，现有低产林地增产潜力约1.37亿吨标煤，新开发边际土地的生物质能资源生产潜力约2亿吨标煤，如表2－2所示。

我国可用于能源化用途的生物质资源总量，特别是通过种植途径获得的生物质资源总量，目前还没有通过系统的全国生物质及土地资源普查，从而获得一致认可的结论。未来的生物质能发展，必须在做全面资源普查的基础上，才能有序、有效、有力地开展。表2－2考虑了现有资源总量及未来新增总量的潜力规模，在可预见的技术转化条件下，可被视为我国未来中长期生物质能资源潜力的上限。

表2－2 我国生物质能源资源潜力估算 单位：亿吨标煤

项　目	2006年	2010年	2020年	2030年	2050年
现有可用生物质资源潜力	2.9	2.9	2.9	2.9	2.9
新增生物质能资源潜力	0	0.7	2.3	3.9	6.1
新增各类有机废弃物		0.6	1.7	2.2	2.7
现有低产林地增产量		0.05	0.3	0.7	1.37
新开发边际土地产量		0.05	0.3	1.0	2.0
生物质能资源潜力合计	2.9	3.5	5.2	6.7	8.9

资料来源：中国工程院，2008。

三、我国生物质能的开发利用现状

（一）生物质能发电

生物质发电是一种常规技术，发电成本取决于生物质原料的收集、成本和发电效率。由于生物质能量密度低、体积大，生物质原料的成本中，运输和储存保管的费用大约占40%～50%，随着电站规模的扩大，收集半径加大，生物质原料的运输和管理成本都会明显增加。国外生物质发电的发展，大多数依托于大农场、林木加工厂等，尽可能地降低中间环节的成本。我国的农业生产集约化经营程度不高，缺乏较大规模的农林加工产业，与国外集中发展的条件有较大差距。因而，我国生物质发电应当因地制宜，因资源数量和种类而宜，优先考虑小型、分散式的发展模式。这种发展方式有利于减少利益链条，做到致富于民，避免优惠政策产生的经济效益集中流向大的利益集团。

生物质燃烧发电技术可以简单分为混燃和直燃两种。与煤混燃方式可以直接利用现有设备，或略做改造即可，基本不会受生物质生产的季节性影响，可提高设备利用率，提高经济效益。所以，生物质与煤炭的混合燃烧具有较好的潜力。

到2008年年底，全国生物质发电累计装机容量为313.6万千瓦①，各类发电装机容量如下[3]：①全国蔗渣发电总装机容量仍保持170万千瓦；②生物质直燃发电总装机容量为59.2万千瓦；③生物质汽化并网发电装机容量为1.8万千瓦；④碾米厂稻壳发电（自备电厂，离网）5万千瓦；⑤垃圾焚烧发电60.3万千瓦；⑥沼气发电总装机容量17.3万千瓦（其中垃圾填埋气发电和污水处理沼气发电4.5万千瓦）。

各年度生物质发电的累计装机容量变化见图2－1。

① 到2009年年底，全国生物质直燃发电投产项目已经超过50处，总装机容量已达到108万千瓦。目前除内蒙古乌审旗生物质发电厂主要采用平茬沙柳为原料外，其他生物质直燃电厂基本采用各类农作物秸秆为原料。

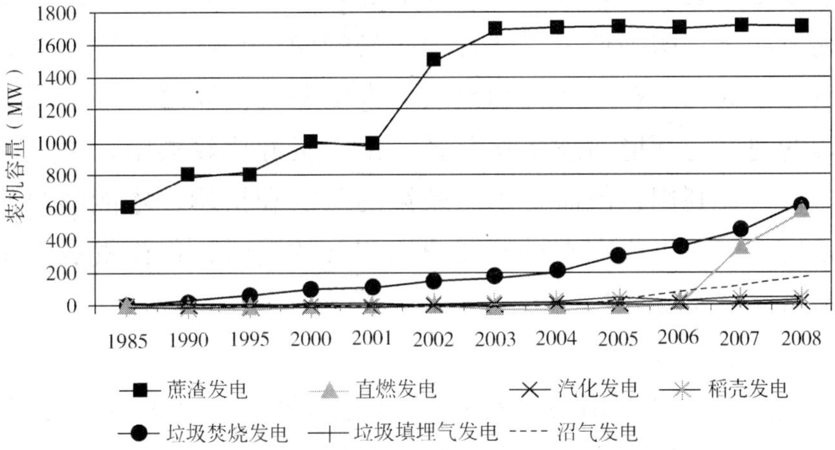

图2－1　分年度我国生物质发电累计装机容

资料来源：高虎，樊京春．我国可再生能源发电经济性和经济总量［M］．北京：环境科学出版社，2010.

（二）生物质沼气

迄今为止，我国户用沼气池建设和沼气在农村民用燃料方面的应用已取得显著成效，大中型沼气工程建设也已初现端倪。

1. 户用沼气

户用沼气在我国农村地区已有较广泛的应用，为居民提供清洁生活燃料，在中西部地区有较大的应用潜力。但是，随着社会经济水平的不断提高，农村居民的生活方式逐步改变，如畜禽的集中养殖比例逐步增加，今后乡村可供利用于生产户用沼气的人畜粪便等资源将逐步减少。与此同时，随着农民生活水平和能源服务要求的提高，商品能源将渐渐进入农户家庭，对商品能源的需求也将逐步加大，对互用沼气的需求也将出现下降趋势，在经济较为发达的东部地区，这一情况越来越明显。总的来看，户用沼气的数量将会逐步趋于稳定，甚至随着城市化进程的加快，可能会出现下降。因而，需要在明确户用沼气合理布局的同时，进一步探索发展村级沼气利用技术装置和模式。大中型禽畜养殖场等沼气工程的建设与环境治理密切联系，由于资源比较集中，可以大规模开发利用，但需要国家政策的激励和扶持，才能够快速发展。因此，应在农村发展户用沼气的同时，积极发展大中型畜禽养殖场和村级沼气工程。

2. 大中型沼气

我国大中型沼气工程最早出现在20世纪60年代初期，河南南阳酒精厂为了处理酒精废醪液，建立起隧道式半地下大型沼气工程装置。随着户用沼气池的发展，20世纪70年代出现了以禽畜粪便为原料的大中型沼气工程。近些年来，随着规模化禽畜养殖场的逐年增加以及工业企业的发展，禽畜粪便和工业污水排放量急剧增加，为厌氧发酵生产沼气提供了极为丰富的原料，为大中型沼气工程的发展提供了充足的原料保障。

据农业部统计数据[4]显示：截至2009年年底，我国农业废弃物沼气工程达56534处，年产沼气约7.65亿立方米。其中：大型沼气工程3717处，年产沼气约4.5亿立方米；中型沼气工程18853处，年产沼气约2.2亿立方米；小型沼气工程33964处，年产沼气9500万立方米。至2010年，国家支持新建大中型沼气工程4000处左右（不包括地方政府支持和大型养殖场自主建设项目）。

（三）生物质汽化

生物质汽化技术，与户用沼气技术类似，可为居民提供清洁方便的生活燃料。村级汽化站是以农林生物质（主要是农作物秸秆）为原料，在汽化炉中汽化，产生热值为1200～

1400千卡/立方米的生物质燃气，产生的燃气通过管网输送到各农户，作为炊事燃料。由于生物质燃气热值较低，不宜远距离输送，所以汽化站供气规模一般以村为单位。

截至2008年，我国已建成的村级汽化站有400多座[5]，主要分布在山东、江苏、辽宁、北京等省市，供气规模最大可达1000户，大部分汽化站供气规模为150～500户。

随着技术的改善和汽化发电一体化趋势，可望提高综合经济效益，在农村的能源供应中起到补充和替代传统生物质能的作用。不过，小型生物质汽化发电系统发电成本高，经济效益性差，适合于原料较便宜，而资金筹集较困难的情况。大中型生物质汽化发电设备，可以利用高效汽化联合循环发电技术，发电效率相对较高，但系统较复杂，目前单位投资较偏高，总体经济效益与生物质直接燃烧技术基本相当。所以中型生物质汽化发电比较适合于生物质相对集中的地区。目前，我国的汽化发电还处于示范的阶段，没有形成较大的市场规模。

（四）生物致密成型燃料

生物质致密成型燃料生产技术可明显提高产品的能量密度和燃烧效率，易于实现产业化和规模使用，用作农村居民和工业锅炉燃料。目前，生物质致密成型燃料在欧美已有商业化应用。

自《可再生能源法》颁布后，生物质成型燃料压缩成型设备的研发和应用得到了较快的发展。没有全国产量的具体统计数据，根据专家估计，目前全国生物质成型燃料的总产量约80万～100万吨，产品销售对象有三类[7]：

（1）由政府补贴的惠农项目产生的需求。一些政府在本地区农村推广使用生物质成型燃料（如北京市），由每个农户购买燃用生物质成型燃料的炉具，并对购买炉具给予补贴，甚至免费提供，然后由农民自行购买燃料。此类需求每年约5万吨。

（2）为小型生物质锅炉提供燃料。一些企业在生产生物质成型燃料设备的基础上，自行研发了生物质锅炉，主要作为宾馆、饭店、洗浴中心等场所的自备锅炉。这部分需求有20万~25万吨，占生物质成型燃料销售总量的25%左右。

（3）生产生物质机制炭的原料。机制炭由生物质成型燃料经干馏而得，约3吨成型燃料可生产1吨机制炭。随着人民生活水平的提高，餐饮业用于烧烤和涮锅的生物质机制炭消耗大量增加，同时日本、韩国也有此类产品的需求，每年出口的机制炭超过10万吨。这部分需求有60万~70万吨，占生物质成型燃料销售总量的70%左右。

（五）生物液体燃料

1. 生物乙醇

我国的燃料乙醇产业始于20世纪90年代，2000年以后进入快速发展时期，经过几年的试点和推广使用，乙醇汽油在生产、混配、储运及销售等方面已拥有较成熟的技术，燃料乙醇年生产量已从2005年的102万吨增加到2009年的172万吨，成为继美国和巴西之后的世界第三大燃料乙醇生产国。

2007年，国家发改委明确表示，将不再利用粮食作为生物质能源的生产原料，取代粮食的将是非粮作物。财政部印发的《可再生能源发展专项资金管理暂行办法》也明确提出："石油替代可再生能源开发利用，重点是扶持发展生物乙醇燃料、生物柴油等。生物乙醇燃料是指用甘蔗、木薯、甜高粱等制取的燃料乙醇。生物柴油是指用油料作物、油料林木果实、油料水生植物等为原料制取的液体燃料。”

以粮食为原料的生物液体燃料发展至此告一段落，而以多元化非粮生物质原料生产新型生物液体燃料逐渐开始兴起（参见专栏1）。

专栏1 我国陈化粮乙醇项目

“十五”期间，国家批准建立了四个陈化粮燃料乙醇生产试点企业：安徽丰原生化、中粮生化能源（肇东）有限公司（当时名为华润酒精）、吉林燃料乙醇、河南天冠集团，总产能为102万吨/年，其中除河南天冠使用部分小麦，中粮肇东使用部分陈化水稻外，其余全部使用玉米生产燃料乙醇。到2006年，四家陈化粮燃料乙醇企业的总产能扩大为132万吨，在九省市推广使用乙醇含量为10%的车用乙醇汽油。随着国际粮价的上涨，国内粮食价格也深受影响，为确保国家粮食安全和稳定供给，在2006年年底，政府及时出台政策，停止了粮食燃料乙醇项目的审批，有效控制了燃料乙醇市场的盲目发展。

2009年我国燃料乙醇产量为172万吨，我国掺混了燃料乙醇的汽油消费量约占全国汽油总消费量的20%，但多以玉米、小麦及大米等粮食作物为原料（见图2－2、表2－3）。受粮食原料供应等因素的制约，国家生物质能源产业政策将重点扶植非粮燃料乙醇产业的发展，2007年，国家发改委核准批复了广西中粮年产20万吨木薯燃料乙醇示范工程。该项目是国家“十一五”批准的第一家以非粮为原料生产燃料乙醇的示范工程，也是目前世界上单套规模最大的木薯燃料乙醇生产装置。该示范装置从2008年3月至2009年8月，累计生产燃料乙醇24.7万吨，相当于加工约100万吨原油的汽油产量。

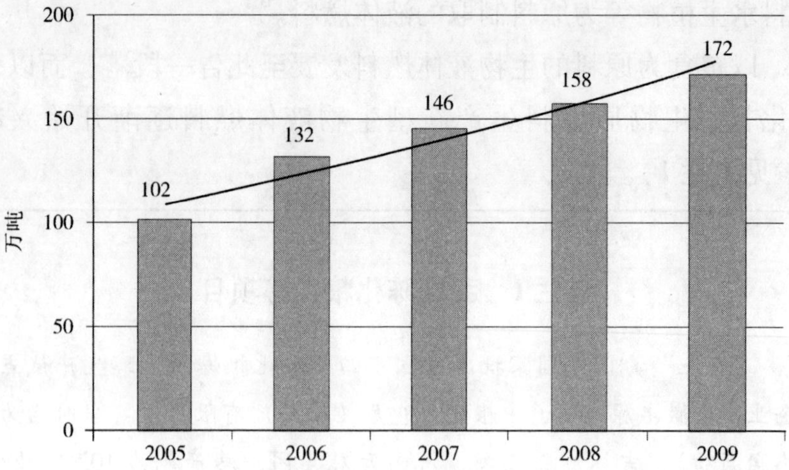

图 2－2　2005～2009 年全国燃料乙醇产量

资料来源：国家发改委能源研究所，《国家可再生能源“十二五”规划前期研究》。

表 2－3　2009 年全国燃料乙醇产量

企　业	原料	产量（万吨/年）
吉林燃料乙醇	玉米	48
中粮生化（肇东）	玉米	19
河南天冠	小麦	49
安徽丰原	玉米	40
广西中粮	木薯	16
合　计		172

资料来源：国家发改委能源研究所，《国家可再生能源“十二五”规划前期研究》企业调研数据。

目前甜高粱乙醇技术开发取得实质性进展，在新疆、内蒙古等地，应用转基因技术选育出具有高抗逆性的甜高粱，并在黑龙江省建成年产 5000 吨乙醇的示范装置。通过调研了解，中兴能源有限公司日前也完成了甜高粱乙醇的中试，开始计划年产 3 万吨的甜高粱乙醇建设项目。

发展非粮食乙醇的首要条件是解决原料的生产及供应问题，由于目前木薯、甜高粱的种植还远未达到非粮乙醇产业化所需要的规模，产量方面也无法满足非粮乙醇企业的发展要求，无论在原料的合理布局还是在种植品种以及单产上都存在一定的问题，在很大程度上制约非粮乙醇产业化的进程。此外，木薯和甜高粱都存在原料供给的季节性、原料运输半径太大以及在大规模产业化推广前，成熟产业化发展模式的确认。

表 2－4　我国纤维素燃料乙醇生产状况

单　位	产能（吨/年）	投产时间
河南天冠集团公司	300 3000	2006 年 2007 年 11 月
吉林燃料乙醇公司	3000	2007 年年底
中粮生化能源（肇东）有限公司	500	2007 年 10 月
安徽丰原生化有限公司	1000 吨乙醇联产 1200 吨丁二酸	2006 年
中国石油集团公司（江苏盐城）	3000	2008 年 4 月初
华东理工大学	600	2005 年
吉林九新实业集团白城庭峰乙醇公司	30000	
山东龙力生物科技公司和山东大学	3000	
山东泽生生物科技有限公司	3000	2007 年 11 月
新疆吉木萨尔县三台酒业（集团）公司	100000	2009 年年底

资料来源：能源研究所，《国家可再生能源“十二五”规划前期研究》。

2. 生物柴油

2005 年《可再生能源法》颁布之后，我国的生物柴油行业也经历了一轮发展高潮期，主要是以餐饮业废油、榨油厂油渣为原料，也有企业开展了油料植物种植如小桐子、黄连木等为原料生产生物柴油。据统计[8]，截至 2007 年年底，我国生物柴油行业有数百家企业，绝大多数是利用餐饮废油生产生物柴油，很多还是刚刚成立的小企业，总产能超过300万吨。由于受到原料的限制，只有少数企业可实现规模化持续生产。据不完全统计，2007年年底有20家左右可以达到万吨的产能。

2009年4月份以来国内汽、柴油价格经过五涨三降，每吨总体累计分别上涨了1520元和1390元，涨幅均为27%左右。2008年以来，成品油价格持续上涨，但占生物柴油原料总成本70%的地沟油的价格却未跟涨。2009年年初地沟油的价格跌至谷底后，2009年11月每吨保持在3000元左右，使生物柴油的生产成本降到了每吨4000元左右，从而使2009年生物柴油利润空间明显高于2008年。因此，2008年不少停产的企业2009年又恢复了生物柴油的生产。还有些企业新进入这一行业。同时，这两年来暴涨暴跌的地沟油收购价也让生产商们意识到，单纯依靠地沟油作为生物柴油的原料并非长久之计。

为了确保生物柴油的原料供应，我国的大型生物柴油公司和研究机构正在探索更先进的原料。在国家林业局的支持下，中石油正加紧在四川建设生物柴油试点基地的进度。发改委已于2009年6月批准了中石油南充6万吨麻风树生物柴油项目的安评、环评、职业危害评价，该项目于2009年8月试车投产。与此同时，该项目配套的中石油四川攀枝花25万亩麻风树种植基地的工程也已完成20万亩麻风树种植工作。该基地建成后将会服务于中石油位于四川省内的多处生物柴油炼油厂。同时，位于陕西省汉中市城固县的德融公司充分利用汉中市现有的143万亩黄连木，于2008年6月开始建设其年产10万吨的生物柴油项目。

当前我国的生物柴油产业已形成民营企业、大型国企、外资企业共同参与的格局。其中，民营企业是我国生物柴油行业的主力军，而大型国企和外资企业则起步较晚，目前多处于原料林基地或者工厂的建设期，真正运营投产的项目较少。而美国、英国、奥地利等国的能源巨头都在积极开拓我国生物柴油市场。

四、我国发展生物质能供求面临的问题分析

生物质能多样性的资源来源，多元化的利用方式，以及灵活的能源产品从而满足各种不同的能源需求，决定了它在能源系统中的特殊地位。虽然与风能、太阳能等可再生能源比较，生物质能的利用受制于资源的限制，可利用总量较其他可再生能源少得多，但是，这并不妨碍生物质能在我国特殊地区、特殊领域发挥不可替代的作用。

（一）发展生物质能的需求分析

我国发展生物质能的需求总结如下：

1. 生物质资源利用具有刚性需求

生物质资源包括农作物秸秆和农产品加工剩余物、林业剩余物和林木加工剩余物、养殖场畜禽粪便、城市生活垃圾和污水、工业有机废弃物和有机污水等。因而，多数生物质资源即使不将其视为能源资源，也必须对其进行有效处理，能源化利用只是采取的处理方式之一，即生物质资源的处理具有刚性需求。如果这些资源不进行有效的安排，将带来社会、环境和生态方面的危害。

2. 开发利用生物质能是农村地区经济发展和农民生活条件改善的必然选择

我国的可再生能源资源主要分布在广大的农村地区。虽然在城市化和新农村建设过程中，电网不断延伸、商品化能源供应基地不断拓展，但是，农村地区的能源供应仍旧面临着商品

化能源基础设施不足带来的成本居高不下、农户支出能力有限等矛盾。因地制宜地开发利用当地的生物质资源，通过秸秆汽化、户用沼气、禽畜养殖场沼气利用等方式，可以提供清洁的、较为经济的能源，从而满足农村居民的炊事、取暖、照明等日常生活需求，并改善农村环境。从中长期来看，虽然能源消费的重心在城市和工业，应对农村、农业、农民“三农”问题的高度重要性，将提高生物质能在农村地区开发、满足农村居民需求的重要性，而这不是能源消费比重这一指标可以体现的。

开发利用生物质能对农村地区经济发展具有明显的带动作用。以生物质直燃发电为例，2009 年总装机容量为 110 万千瓦，按 1 千克秸秆发 1 千瓦时的电量计算，年消耗秸秆 800 万吨，目前秸秆实际收购的价格约为 300 元/吨，其中农民的直接收益约为 250～260 元/吨，800 万吨秸秆可增加农民收入约 20 亿元，可为农村提供 1600 万个工作日的就业机会。生物质能产业除能源之外的社会效益是巨大的，这也是发展生物质能有别于其他可再生能源的一个重大不同。

3. 生物质能可以提供较为稀缺的液体燃料，从而有助于改善我国能源的安全性

我国能源资源结构以煤为主，虽然水电、核电、风电等非化石能源可以提供大量的一次电力，但我国在电力资源方面并不欠缺；相反，我国的人均油气资源高度不均，例如石油、天然气人均资源量仅为世界平均水平的 1/15 左右[12]，这使得我国目前的石油对外依存度超过了 50%（原油进口 2.39 亿吨，全年石油表观消费量 4.49 亿吨[13]），围绕油气资源形成的地缘政治格局深深影响了我国的能源发展战略。

因而，从能源品种来看，我国的交通液体燃料最为缺乏。风能、太阳能、海洋能、地热能等可再生能源资源，大部分以转化为热力和电力为主，生物质能则是可再生能源种类中唯一可以提供液体燃料的品种。不过，我国的耕地资源不足世界人均水平的30%，这也相对制约了生物质能源的开发。如果生物质能能够发挥战略性的作用，就需要突破第二代生物燃料制取技术的瓶颈，届时，分布广泛的农林纤维素废弃物就可以提供数千万吨级的生物乙醇。尽管还存在着规模小、成本高、可利用土地面积少等缺点，长远来看，生物质液体燃料对改善能源安全性是可以做出一定贡献的。

4. 生物质能是清洁和可以再生的优质资源

从替代化石能源和减少温室气体排放的角度，大力发展生物质能将可以发挥其可以再生和清洁的优势。当前，随着工业化、城市化的快速发展，在依赖大量消耗化石能源资源创造巨大物质财富的同时，我国的能源资源和环境问题也越来越突出，以气候变化为代表的全球性环境问题更是成为世界各国的共同挑战。鉴于此，世界各国都在加快发展各类新能源，生物质能也是其中一个重要的部分。我国已经确定了到2020年非化石能源满足能源需求15%、单位GDP温室气体排放强度降低40%～45%的宏伟目标，为了实现这两个目标，尽可能发展包括生物质能在内的可再生能源，将是一个必然选择。

（二）我国生物质能供求面临的挑战

1. 生物质能资源的总量决定了其在国家能源战略中只能起到补充能源的作用

从生物质能在国家能源供应中的比例来看，生物质能很难在总量上发挥左右能源供需形势作用的贡献。这是由生物质资源总量决定的。当前，我国所有可以能源化利用的生物质总量还不到我国2009年能源消费总量的10%。随着未来有机废弃物的增加和低产/边际土地的开发，最乐观的估计，远期我国可供清洁能源化利用的生物质能资源潜力最高也仅可达 8.9 亿吨标煤，这就决定了生物质能不可能发挥煤炭、油气、水电、核电、风电等可规模化发展能源的作用，而仅仅在农村地区、特殊领域（如垃圾处理）或农村城市化过程中发挥补充或替代能源的作用。

2. 生物质分散的特点限制了其很难以规模化的方式发展

一方面，生物质资源的最大特点是资源种类繁多，各地区资源条件和自然环境更是千差万别，没有任何一种技术可以适用于所有地区的生物质资源开发，这就决定了生物质能的最佳利用模式是遵循因地制宜的基本原则，按照分散开发、就地利用的途径加以开发。

另一方面，生物质能的资源收集、运输、储存和加工利用的所有环节，都是容易受到外界因素的干扰，使得生物质能的开发利用成本无法得到合理的控制。实践证明，按照商业化模式运营的生物质发电、能源作物制取液体燃料、生物质汽化以及生物质固体成型燃料等当前发展最好的各类生物质利用技术，其开发利用成本都无法控制在预期的范围内，反映了生物质能资源具有分散的自然特性、上游农业开发与下游工业加工之间存在着固有矛盾。也正是由于这一点，在 2005 年《可再生能源法》颁布之后，虽然社会资本同时参与了风能、太阳能发电及生物质能产业，但生物质能的商业化推广步伐始终无法企及风电、太阳能发电的节奏，在市场总体规模上也无法达到预期。如 2008 年颁布的“可再生能源发展‘十一五’规划”中 2010 年生物质发电 550 万千瓦、非粮燃料乙醇增加 200 万吨的目标，都没有实现。

3. 先进生物质能利用技术面临土地和技术的双重瓶颈

生物质最具竞争优势的液体燃料技术，从产业发展的角度考虑，以种植非粮作物生产生物燃料的 1.5 代技术是值得近期开展示范推广的一种技术，但在当前的发展模式下，无论是以粮食为原料，还是非粮为原料的发展模式，都依赖种植的方式获取原料，发展的前提条件是可获得充足的土地。但我国人多地少，可供利用土地有限，加之总降雨量少，年积温低，未开垦的土地多分布在干旱少雨地区，较为贫瘠。当前还没有开展全国性可用边际性土地勘察，无法得到可用于能源种植土地总面积的明确结论。因此，依靠开发边际性土地、获得大规模发展及石油替代效益的前景并不明朗。

从长远的技术发展方向和技术选择来看，以木质纤维素为主要成分的农林废弃物，或以藻类等能源植物为原料生产的第2代生物燃料，代表着生物交通燃料的发展方向，可望实现较大规模替代石油的生物基产品。而对这种最具有前景的纤维素燃料乙醇以及藻类生物柴油技术，目前在全世界范围内，还没有出现重大的技术和经济性的突破，也影响对生物质液体燃料大规模发展前景的判断。

日本福岛核事故出现之后，加大发展可再生能源的呼声日趋强烈，但从可大规模开发利用的角度出发，风能、太阳能发电具有较为明显可商业化发展的优势，并起到弥补核电缺口的作用，而生物质能依靠局部的积少成多、形成总量规模的跨越，挑战依旧较大。因此，总的来看，目前生物质能的发展，需要从垃圾处理、农村清洁能源发展等刚性需求出发，并结合本地化的资源条件和发展需求，因地制宜开发，从长远来看，需要更加着力于先进生物质能技术的研发和产业化。

参考文献

1. 中国工程院“中国可再生能源发展战略研究”项目组．中国可再生能源发展战略研究丛书（综合卷）［M］．北京：中国电力出版社，2008.

2. 中国工程院“中国能源中长期（2030、2050）发展战略研究”项目组．中国可再生能源中长期发展战略研究［M］．北京：中国科学出版社，2011.

3. 高虎，樊京春．我国可再生能源发电经济性和经济总量［M］．北京：环境科学出版社，2010.

4. 农业部科技教育司．2009 年度全国农村可再生能源统计汇总表［R］．北京：2010.

5. 王仲颖，任东明，高虎．中国可再生能源产业发展报告 2009［M］．北京：化学工业出版社，2010.

6. 高虎，王仲颖，任东明．可再生能源科技与产业发展知识读本［M］．北京：化学工业出版社，2009.

7. 秦世平．生物质成型燃料规模化项目可研编制方法与实践［M］．北京：中国环境科学出版社，2011.

8. 能源研究所，国家可再生能源“十二五”规划前期研究（国家能源局委托课题）［R］．北京．

9. 赵勇强．国际生物液体燃料产业发展前景和我国对策初步分析［J］．中国能源，2008（6）．

10. 王仲颖，赵勇强，张正敏．中国生物液体燃料发展战略与政策［M］．北京：化学工业出版社，2010.

11. 钱伯章．我国纤维素乙醇开发进展［J］．化工新型材料，2009，37（3）．

12. 中国工程院．中国可持续发展油气资源战略研究［R］．北京：2007.

13. 国家能源局．2010 年能源经济形势及 2011 年展望［R］．北京：2011.

第三章　我国生物质能源产业发展面临的矛盾和挑战

蔺雪芹　任旺兵

内容提要：

随着化石能源渐趋枯竭和环境压力日益严峻，生物质能源成为促进能源多元化和实现可持续发展的重要途径。有关专家预测，生物质能源将成为21世纪主要新能源之一。本文在分析全球和我国生物质能源产业发展现状基础上，认为我国生物质能源产业发展受到粮食安全保障、资源家底不清、政策环境不完善和生态环境保护等因素制约，目前还存在产业发展总体水平较低，尚未建立起完备的生物质能产业体系，生产成本高，市场竞争力弱，研发投入少，技术水平低，市场准入门槛低，行业发展无序等问题，今后要加强全国生物质能源原料资源的调查评估，加快制定我国生物质能产业发展规划，健全促进生物质能产业发展的政策法规体系，加速生物质能转化利用技术开发和示范推广应用，建立和完善生物质能产业综合服务体系，坚持市场化运作，培育持续稳定的市场需求，以促进生物质能产业健康快速发展。

在化石能源渐趋枯竭、环境压力日益严重、能源需求和油价持续上涨及世界能源资源争夺战愈演愈烈的情况下，寻求可再生清洁能源和能源的多元化已成为世界发展大势。自20世纪70年代以来，随着石油危机的爆发，世界各国开始重视生物质能源的开发利用，①生物质能源发展战略作为国家重要能源战略。各国竞相制定生物质能开发研究计划，提出发展目标，制定政策法规，生物质能产业规模逐渐扩大，技术水平不断提高，成为促进能源多元化和实现可持续发展的重要途径②。有关专家预测，生物质能源将成为21世纪主要新能源之一，到本世纪中叶，生物质能源替代燃料将占全球总能耗的40%以上。我国生物质能源资源丰富，发展生物质能源具有巨大潜力，同时，发展生物质能源对于调节我国能源结构，保障能源安全，保护环境，实现可持续发展，促进农村经济发展，建设社会主义新农村都具有积极作用和重要意义。但是与欧美等发达国家生物质能源的蓬勃发展相比，目前我国生物质能源发展还面临一系列外部环境的制约，产业化进程缓慢，研究我国生物质能源产业发展面临的挑战和问题，提出促进我国生物质能

---

① 蒋剑春．生物质能源应用研究现状与发展前景［J］．林产化学与工业，2002，22（2）：75－80.

朱清时等．生物质洁净能源［M］．北京：化学工业出版社，2002.

R Gross，M Leach，A Bauen. Progress in Renewable Energy［J］．Environment International. 2003，29（1）：105－122.

S Yokoyama，T Ogi，A Nalampoon. Biomass Energy Potential in Thailand［J］．Biomass and Bioenergy，2000：18（5）：405－410.

② 姚向君，王革华，田宜水．国外生物质能的政策与实践［M］．北京：化学工业出版社，2006.

曾麟，王革华．世界主要发展生物质能国家的目的与举措［J］．可再生能源，2005（2）：53－55.

李俊峰，时璟丽．国内外可再生能源政策总数与进一步促进中国可再生能源发展的建议［J］．可再生能源，2006（1）：4－9.

源产业发展的对策和措施，对于推动我国生物质能源产业健康、可持续发展具有重要的意义。

一、生物质能源产业发展现状及作用

（一）全球生物质能源发展现状及趋势

2000以来，随着国际原油价格的快速上涨，国际生物质能源发展呈规模化扩张特征。2000～2005年，世界燃料乙醇的年均增长率达到了13.4%，其中美国为19.1%，巴西为8.4%，而其他国家则达到了25.2%。[①] 2005年以来，生物燃料加速发展，世界燃料乙醇的年均增长率超过了20%，生物柴油的年均增长率则超过了30%（表3－1）。2008年全球燃料乙醇产量比2007年增长了31%，达到了3500万吨油当量。从表3－1可以看出，美国和巴西在世界燃料乙醇的生产中占据了近80%的份额，尤其是美国，燃料乙醇工业发展迅速，从2006年开始已经超越巴西，成为全球燃料乙醇第一生产国。欧盟在生物柴油生产规模上居首，占有全球一半以上的份额。随着全球生物燃料工业的兴起，其他国家和地区也开始生产生物柴油。阿根廷可再生能源协会的报告显示，2008年全球排名前五位的生物柴油生产国依次是德国、美国、法国、巴西和阿根廷，共生产了888万吨生物柴油，产量分别为280万吨、230万吨、180万吨、102万吨和96万吨。[②]

---

① 张锦华，吴方卫．资源禀赋、安全约束与路径选择——生物质能源发展的国际比较与中国策略［J］．上海财经大学学报：哲学社会科学版，2008，10（2）：55－62.

② 中国能源与可再生能源网．新能源与可再生能源产业资讯［J］．2009（33）：17.

表3-1　2005~2007年世界部分国家乙醇及生物柴油产量

单位：亿升

国家	2005年				2006年				2007年			
	乙醇	份额（%）	生物柴油	份额（%）	乙醇	份额（%）	生物柴油	份额（%）	乙醇	份额（%）	生物柴油	份额（%）
世界	382.16	100	47.16	100	492.06	100	76.61	100	619.59	100	104.04	100
美国	147.79	39	7.81	17	196.75	40	14.59	19	299.8	48	20.48	20
巴西	152.08	40	0	0	178	36	0.69	1	191.81	31	4.04	4
欧盟	13.24	3	36.18	77	20.24	4	55.57	73	27.98	5	61.09	59
其他	69.05	18	3.17	6	97.07	20	5.76	7	100	16	18.43	17

资料来源：OECD/FAO. 2008. OECD - FAO Agriculture Outlook 2008 - 2017, OECD Publishing and Fao.

同时世界生物质能成本进入快速下降阶段，伴随生物质能源加工转化技术的不断成熟，与传统能源相比在成本上的竞争劣势逐渐减弱。生物质能发电成本已接近或达到大规模商业生产的要求，为进一步推广利用和产业化发展奠定了基础（见表3-2）。

表3-2　全球生物质能源技术现状及成本走向分析

技术名称	特点	成本（美分/千瓦时）	成本走向
生物质发电	电站容量：1兆瓦~20兆瓦	5~12	稳定
生物质供暖	电站容量：1兆瓦~20兆瓦	1~6	稳定
乙醇	原料：甘蔗、糖用甜菜、谷物、小麦（未来将使用纤维素）	20~30美分/等效汽油升	在巴西价格为25~30美分/等效汽油升（甘蔗提炼）。美国价格为40~50美分（谷物提炼），其他原料成本更高，最高至90美分。纤维素乙醇成本有望降低，预计2010年后，成本将从今天的53美分降至27美分，其他原料成本会有些微降低

续表

技术名称	特点	成本（美分/千瓦时）	成本走向
生物质柴油	原料：大豆、油菜籽、芥菜籽、废弃植物油	40～80美分/等效柴油升	2010年后，以油菜籽及大豆为原料的生物质柴油的成本有望降低至35～70美分/等效柴油升，而以废弃植物油为原料的成本将保持现今的25美分
农村沼气池	尺寸：6～8立方米	—	因建造成本及产出结构的变化，成本稳步小幅走低
农村生物质汽化器	功率：20～5000千瓦	8～12美分	通过技术改良，成本将可能大幅降低

资料来源：REN21. 2010. Renewables 2010 Global Status Report，Paris：REN21 Secretariat.

生物质能源产业在各国受到空前关注，在各国能源结构中将占据越来越重要的地位。美国计划到2020年，生物燃油取代全国燃油消费量的10%，生物基产品取代化石原料制品的25%，到2050年，生物质能源占总能耗的50%。欧盟委员会在其发布的《欧盟能源发展战略绿皮书》中指出，2015年生物质能将由目前占总能源消费量的2%左右提高到15%，到2020年生物质燃料将替代20%的化石燃料，2020～2050年，生物质将逐渐成为主要能源之一。瑞典提出2020年之后利用纤维素生产的燃料乙醇全部替代石油燃料，彻底摆脱对石油的依赖。日本已经批准使用含有少量乙醇的混合汽油，为实施将来用生物燃料替代20%的石油需求的长期目标做准备。加拿大将在2010年以前使45%的全国消费汽油含有10%的乙醇燃料，印度一个有关蔗糖乙醇计划要求该国大多数地区所使用的汽油含5%的乙醇。古巴、墨西哥、哥伦比亚、委内瑞拉、哥斯达黎加等国也都不断加大对生物质能源产业发展的投入。未来，全球生物质能产业将进入一个新的跨越式发展阶段。BP公司表示，未来20年内生物质燃料将取代更多的汽油消费，到2030年，生物燃料将取代25%的汽油以及8%的柴油。①

（二）我国生物质能源发展现状及其结构特征

我国生物质能源产业自20世纪70年代开始起步，由于原料供应与粮食安全保障的冲突，前期发展一直较为缓慢，直到近几年受日益严峻的能源短缺的影响，才得到快速发展。2006年以来，国家陆续颁布了《中华人民共和国可再生能源法》、《可再生能源产业发展指导目录》、《可再生能源发电有关管理规定》、《可再生能源发展专项资金管理暂行办法》和《关于发展生物能源和生物化工财税扶持政策的实施意见》等相关法规及配套规章，制定了20多项农村沼气、秸秆综合利用、燃料乙醇等行业标准。在国家政策扶持和引导下，中央和各地不断加大资金投入力度，加强科研开发与技术攻关，开展不同形式的试点示范，我国生物质能源产业发展进入新的历史发展阶段。

2008年我国生物质能源利用量约0.14×10^{8}吨标煤，占当年可再生能源利用量的5.21%，占当年一次能源消费总量的0.47%。其中生物质发电折标煤329.8×10^{4}吨，占生物质能源总量的22.22%，沼气折标煤999.6×10^{4}吨，占生物质能源总量的67.34%，燃料乙醇折标煤155×10^{4}吨，占生物质能源总量的10.44%（表3-3）。

① 赵淑芳．关于中国生物燃料产业的理论分析与实证研究［D］．北京：中国人民大学，2010.

表 3-3　2008 年我国生物质能开发利用量及其结构

类别	利用规模	年产能	折标煤（$\times 10^4$吨/年）
生物质发电	315×10^4千瓦	75×10^8千瓦时	329.8
沼气		140×10^8立方米	999.6
户用沼气	3000 万口		
大型沼气工程	1600 座		
燃料乙醇	165×10^4吨		155
总计			1484.4

资料来源：王仲颖，等. 2010. 中国可再生能源产业发展报告 2009［M］. 北京：化学工业出版社.

2008 年全国生物质发电装机累计容量 315×10^4 千瓦，其中蔗渣发电 170×10^4 千瓦，碾米厂稻壳发电 5×10^4 千瓦，城市垃圾焚烧发电 40×10^4 千瓦，秸秆、林木废弃物 60×10^4 千瓦，此外还有一些规模不大的生物质汽化发电示范项目。目前，由国家核准的生物质规模化发电项目近 50 处，总装机 1500 兆瓦。①

2008 年全国已经累计建设农村户用沼气池 3000 多万口，畜禽养殖场和工业废水沼气工程达 8000 多处，② 年产沼气约 140×10^8 立方米。并初步形成一支农业生物质能产业发展队伍，到 2008 年，我国农村能源管理机构近 4000 个，从业人员近 1.5 万人。经过多年发展，我国户用沼气技术已居国际领先水平，发展规模居世界前列。沼气产业与养殖业、种植业广泛结合，从单纯的能源利用向废弃物处理和生物质多层次综合利

① 冯丽敏. 生物质能产业化前景分析［J］. 农业科技与装备. 2010（2）：8-11.

② 王仲颖，任东明，高虎，等. 中国可再生能源产业发展报告［M］. 北京：化学工业出版社，2010.

用发展，形成了北方“四位一体”、南方“猪沼果”、西北“五配套”等能源生态模式。大中型沼气工程技术日趋成熟，初步具备产业化条件。[①]

2008年以陈化粮为原料的定点燃料乙醇年生产能力达120万吨，占当年燃料乙醇生产总量的7.73%，以餐饮业废油、榨油厂油渣、油料作物为原料的生物柴油生产能力达年产40万吨以上。为了不影响粮食安全并改善能源环境效益，我国已经确定了不扩大现有陈化粮玉米乙醇生产能力的政策，2007年6月，国务院召开可再生能源会议，正式叫停粮食乙醇燃料项目，要求严格限制使用粮食加工燃料乙醇，在“不得占用耕地、不得消耗粮食、不得破坏生态环境”的原则下，坚持发展非粮燃料乙醇，转向以木薯、甜高粱等非粮原料生产燃料乙醇，并开始商业化生产，目前在广西木薯项目的生产能力超过20万吨。此外在新一代先进生物燃料技术方面，国内企业亦正加快研发纤维素乙醇，一些企业建立了千吨级纤维素乙醇中间试验装置。[②] 在非粮食能源作物种植方面，中国已经培育出“醇甜系列”杂交甜高粱品种，并建成了产业化示范基地，培育并引进多个亩产超过3吨的优良木薯品种，育成了一批能源甘蔗新品系和能糖兼用甘蔗品种。

目前，中国已有20余家生物柴油企业，总设计能力超过300万吨/年，但原料短缺使企业无法展开大规模生产。中石油、中粮等企业正尝试与国家林业局合作，大量种植野生油料作物来解决原料问题。生物柴油技术现已形成了废弃油脂和野生树木种子（包括黄连木、文冠果、麻风树等）两大类原料，

---

① 冯丽敏．生物质能产业化前景分析［J］．农业科技与装备．2010（2）：8－11.

② 詹慧龙，严昌宇，杨照．中国农业生物质能产业发展研究［J］．中国农学通报．2010（23）：397－402.

以常规酸碱和改性酸碱、固体分析筛等为催化剂的实用工业技术，以及以酯酶为催化剂和超临界无催化剂的技术储备体系（表3－4）。[①]

表3－4　我国的生物柴油技术一览表

工　艺	原　料	规　模
常规酸碱与改性酸碱	各种原料	工业规模，1万～3万吨/年
超临界	中性油	实验室规模，正在进行中试
脂肪酶	中性油	实验室规模，正在进行300吨/年中试

资料来源：崔民选．中国能源发展报告2009［M］．北京：社会科学文献出版社，2009.

（三）我国生物质能源产业发展前景展望

2008年我国生物质能生产量占可开发生物质资源总量的1.63%，生物质能原料资源开发利用量小，未来还有巨大的资源开发利用空间。综合考虑我国有机废弃物的可获性和经济性、生物质能原料用边际性土地资源和可种植的能源作物资源的适宜性，对未来我国生物质原料资源总量和开发潜能进行测算和评价见表3－5。可以看出，2030年我国生物质原料资源的年产出达到8.99亿吨标准煤，其中有机废弃物包括农作物秸秆、畜禽粪便、林业剩余物、工业有机废弃物以及城市有机垃圾，年产能4.74亿吨标准煤，占生物质原料总产能的52.7%，边际性土地年产能4.25亿吨，占生物质原料总产能的47.34%。有机废弃物中，80%产于农田，边际性土地中，73.3%产于林地。年产能8.99亿吨标准煤，相当于中国现一次性能源年消费量的40%。与美国制定的2030年年产出10亿吨生物质原料资源，生物质燃料替代30%现

① 崔民选．中国能源发展报告2009［M］．社会科学文献出版社，2009.

化石燃料的目标相比，2030年中国生物质原料资源的开发利用产能和可替代现一次性能源消费量的替代潜力均高于美国。①

表3-5 2030年中国生物质原料资源汇总及开发潜力评价

有机废弃物种类	年产出（亿吨）			边际性土地类型	面积（万公顷）	年产能（亿吨）	
	可用实物量	折标准煤	百分比（%）			折标准煤	百分比（%）
作物秸秆	4.8	2.57	54.2	宜农后备地	2734	1.13	26.7
畜禽粪便干重	2.71	1.21	25.5	宜林后备地	5004	1.58	37.1
林业剩余物	0.73	0.41	8.7	宜灌沙荒地	700	0.18	4.2
采集育林薪柴	0.38	0.22	4.6	现薪炭林	303	0.13	3.0
工业废弃物	0.66	0.30	6.3	现油料林	343	0.06	1.5
城市有机垃圾	0.16	0.03	0.7	现灌木林	4530	1.18	27.5
合计	9.44	4.74	100.0	合计	13614	4.25	100.0

资料来源：中国可再生能源发展战略研究项目组. 中国可再生能源发展战略研究丛书——生物质能卷［M］. 北京：中国电力出版社，2010.

根据我国《可再生能源中长期发展规划》，到2010年生物质发电将达到550万千瓦，生物液体燃料达220万吨，沼气

① 中国可再生能源发展战略研究项目组. 中国可再生能源发展战略研究丛书——生物质能卷［M］. 北京：中国电力出版社，2010.

年利用量190亿立方米，生物质固体燃料100万吨，生物质能源生产占一次能源的比例达到1%，到2020年，生物质发电达到3000万千瓦，生物液体燃料达1000万吨，沼气年利用量400亿立方米，生物质固体燃料500万吨，生物质能源生产占一次能源的比例达到4%（见表3－6）。

表3－6　《可再生能源中长期发展规划》中生物质能源2010年、2020年产量

生物质能源	2010年	2020年
生物质发电（万千瓦）	550	3000
生物液体燃料（万吨）	220	1000
沼气年利用量（亿立方米）	190	400
生物质固体燃料（万吨）	100	500
占一次能源的比例（%）	1	4

二、影响我国生物质能源产业发展的制约因素

虽然目前我国生物质能产业发展势头良好，多年保持较高的增长率，但是与欧美各国相比，我国生物质能源产业发展还存在一定差距。一方面是由于我国生物质能源产业起步较晚，另一方面立足我国国情和发展现实，目前还存在着一些制约生物质能产业快速、健康发展的因素。

（一）资源家底不清对生物质能源产业规模化发展的制约

目前我国生物质能加工生产原料主要包括畜禽粪便、农作

物秸秆、生活垃圾等，种类多样，空间分布分散、能量密度低，虽然已有一些学者和研究机构对我国生物质能源资源及其空间分布进行过定量评价和分析，[①] 但是各研究结果不尽相同，生物质能资源储备家底不清，没有形成对我国生物质能资源科学、权威的评价。另外，未来我国将主要利用边际性土地种植生物质能源作物来替代粮食作为生产原料。边际性土地包括三种：一是可利用尚未利用的土地中的宜林地和宜农地；二是现有林地中的薪炭林、木本油料林和灌木林；三是在现非粮低产农田中可以通过种植结构调整用于种植能源作物的土地。这些土地加起来共有13653万公顷（见表3－7），但在这些用地中高质量的土地较少，中等和次等土地较多，同时荒草地、盐碱地、沙地、沼泽地、裸土等后备农用地资源主要分布在西北、东北和华北，其中尤以西北最多。[②] 这些待开发土地资源多位于水源不足、低温或交通不便之地，开垦难度大，成本高，很难形成规模种植，不利于集中收购、运输和销售，无法满足生物质能生产要求，不利于生物质能产业的规模化发展。再加上目前缺乏对这些土地资源的合理评价和土地利用的科学规划，进一步降低了能源植物规模化供应的稳定性和可靠性。

---

① 刘刚，沈镭．中国生物质能源的定量评价及其地理分布［J］．自然资源学报，2007，22（1）：9－19.

王久臣，戴林，田宜水，等．中国生物质能产业发展现状及趋势分析［J］．农业工程学报，2007，23（9）：276－282.

徐会珂，殷效彩，李悦，等．中国发展生物质能源的战略措施思考［J］．环境科学与管理，2006，31（9）：27－30.

吴创之，周肇秋，阴秀丽，等．我国生物质能源发展现状与思考［J］．农业机械学报，2009（1）：91－99.

② 袁春，姚林君．中国未利用土地资源的可持续开发利用研究［J］．国土资源科技管理，2003，20（6）：20－23.

表3-7 中国可供生物质原料生产的边际性土地资源汇总

类型		面积（万公顷）	比例（%）	亚类型	面积（万公顷）	比例（%）
A. 开发型边际性土地资源（6438/49.1%）	宜农后备地	734	5.4	宜垦地	701	5.3
				复垦地	33	0.3
	宜林后备地	5704	41.9	荒山荒坡	5004	38.1
				沙荒地	700	5.4
B. 现有型边际性土地资源（6676/50.9%）	边际性农地	2000	14.7	—	—	—
	边际性林地	5176	38.0	薪炭林	303	2.3
				油料林	343	2.6
				灌木林	4530	34.6
合计		13614	100	—	—	—

资料来源：中国可再生能源发展战略研究项目组．中国可再生能源发展战略研究丛书—生物质能卷［M］．北京：中国电力出版社，2010.

（二）政策环境不完善对生物质能源产业健康发展的制约

从国外经验看，政府支持是生物能源市场发育初期的原始动力。欧美等发达国家已形成比较完善的政策、法律体系，保证生物质产业的健康发展。目前我国已经颁布和制定了一系列有利于生物质能产业发展的政策和法律，编制了生物质能技术标准，建立了目标机制、定价机制、补偿机制、交易机制等激励机制，但尚没有形成完善的政策环境有效促进生物质能产业的健康发展。第一，缺乏稳定的融资渠道和行之有效的投融资政策。一些生物质资源项目如燃烧发电、汽化发电、规模化畜禽养殖场、大中型沼气工程项目等，初始投资较高，需要稳定的投融资渠道给予支持。而目前我国各级政府对生物质能产业发展的投资较少，建设项目没有规范纳入各级财政预算和计划，没有建设和常规能源项目同等待遇的固定资金渠道。民间和国际资本市场融资能力较弱，投资方式和融资渠道较单一，不能保证其产业化进程。第二，缺乏生物质能产业发展的分类支持和引导政策体系。不同的生物质能产业化发展模式不尽相同，虽然目前已经在燃料乙醇、沼气等方面建立了财政补贴、税收优惠、技术标准等在内的政策体系，但在其他一些领域如生物柴油、非农作物为原料的生物液体燃料等的支撑政策明显不足，[①] 技术标准体系尚待健全，[②] 对不同类型生物质能产业发展的补贴政策有失公平等。最后，还存在多头管理、政出多门、资金分散、重复建设，财政、金融、税收等相关政策之间协调性和连续性差，缺乏足够的经济鼓励政策和激励政策等问题。

（三）生态环境保护对生物质能产业可持续发展的潜在制约

可持续性是生物质能产业的一大特征，其产品实现体现物质和能量的循环使用。但另一方面，生物质能的开发利用也可能对环境产生不利影响。第一，生物液体燃料生产原料的规模化种植，必将耗费大量的水资源，从而加剧我国日益严峻的水资源压力。第二，大面积种植用于生产生物液体燃料的单一物种以及农药化肥的大量使用，将降低生物多样性，造成区域生态树种单一、物种单一，对生态系统的稳定性和区域生态平衡带来巨大破坏，降低其生态服务功能，并引起一系列生态环境问题。巴西生物质能产业的发展已出现类似的问题。[③] 第三，燃料乙醇在生产过程中产生的大量废水及废渣对环境也造成巨

① 詹慧龙，严昌宇，杨照．中国农业生物质能产业发展研究［J］．中国农学通报，2010（23）：397－402.

② 李景明，孙玉芳，陈晓夫，等．中国农村可再生能源标准体系建设［J］．农业工程学报，2005，21（11）：164－167.

③ 薛颖洁．生物燃料：“救星”变“罪臣”［J］．新世纪周刊，2008（11）.

大的压力。在燃料乙醇生产阶段，它消耗相应的原材料，也排放相应的污染物。目前，生产 1 吨乙醇要消耗 60 吨水，如果年产 500 万吨燃料乙醇，每年要排放废水 3 亿方，产生对水体质量有严重影响的总磷 0.15 万吨，总氮 0.6 万吨。[①] 第四，目前我国生物质能产业发展水平普遍较低，生物质能利用方式整体较粗放，农村秸秆和薪柴等燃烧引起的大气污染甚至比化石燃料更严重，[②] 而生物质能发电项目等在原料收集、运输、燃烧、贮存、三废处理等环节也会由于化石能源消耗和技术水平问题对生态环境造成一定的破坏。[③]

（四）粮食安全保障对生物质能源产业发展的制约

我国生物燃料发展始于 20 世纪末。在粮食过剩背景下，为解决大量库存粮积压带来的财政重负和发展化石替代能源，开始利用以玉米为主的陈化粮生产生物乙醇。随着生物质能产能的扩大和我国粮食储备的下降，目前粮食储备已不具备继续作为生物液体燃料生产原料进行规模化供给的条件。根据美国食物与农业政策研究所预测，到 2010 年中国玉米的总预期消费量为 17427 万吨，2015 年为 18587 万吨。2006 年中国汽油消费量约为 4600 万吨，按照年平均增长率 6% 计算，2010 年汽油消费量将达到 5800 万吨，2010 年为 7700 万吨。如果有一半的汽油消费量用乙醇汽油替代，并按 10% 的混和比例计算，

---

① 张晓第．对我国生物能源产业发展的再思考［J］．当代经济，2007（11S）：86－87.

② 王效华，冯祯民．中国农村生物质能源消费及其对环境的影响［J］．南京农业大学学报，2004，27（1）：108－110.

李琳，郑骥．我国生物质能行业发展现状及建议［J］．中国环保产业，2010（12）：50－54.

③ 邢爱华，刘罡，王垚，等．生物质资源收集过程成本、能耗及环境影响分析［J］．过程工程学报，2008，8（2）：305－313.

2010年燃料乙醇需求量为290万吨，2015年为385万吨，按照1吨燃料乙醇需要3吨多玉米计算，2010年燃料乙醇需求折合消耗玉米约1015万吨，占玉米总产量的5.9%。2015年燃料乙醇需求折合消耗玉米约1270万吨，占总产量的8.2%，[①] 生产燃料乙醇所需玉米在玉米总产量中的比重逐渐增大。因此，以玉米燃料乙醇为代表的生物质能源的发展未来在一定程度上将对我国粮食供应、粮食安全以及世界玉米市场稳定供应产生威胁。以生物液体燃料为主的生物质能产业的规模化发展和保障我国粮食安全之间存在着一定的矛盾。

三、我国生物质能源产业当前面临的挑战

从产业自身发展的角度来看，我国生物质能源产业化进程缓慢，产业发展还面临着一系列突出的问题和挑战。

（一）产业发展水平总体较低

与欧美等发达国家相比，我国生物质能产业发展水平总体较低。受资源分布分散、收集困难和技术因素等的制约，目前我国生物质能产业布局分散，规模小，发展方式粗放，大部分生物质能源生产企业工艺简单，设备简陋，设备利用率和转换效率低下。[②] 如我国发展基础较好的沼气生产主要以农户为主，绝大多数是小型分散的农村沼气工程，生产规模小，产业关联性差，没有完整的产业链。而已建设的大中型沼气工程，企业数量和规模都不大，企业化生产模式还没有成为沼气产业的主体。在生物质成

① 沈亚芳．粮食安全约束下的生物质能源发展路径探讨［J］．经济纵横，2008（6）：28－30.

② 吴修文，孙燕敏，高飞．我国生物质能源利用现状分析及对策［J］．农业装备与车辆工程．2009（5）：5－6.

型燃料、生物质能发电和发展生物质能作物等方面，无论在技术、规模、水平还是发展速度上均与发达国家存在较大差距。

（二）尚未建立起完备的生物质能源产业体系

生物质能生产技术尚处于初级阶段。目前以粮食为原料的燃料乙醇已实现产业化生产，但以其他能源作物为原料生产生物质燃料尚处于技术试验阶段；以废动物油生产生物柴油的技术较为成熟，但发展潜力有限。后备资源潜力大的纤维素生物质燃料乙醇和生物合成柴油生产还处于技术研究阶段。生物质能生产设备国产率低，制造能力弱，尤其是生物质发电设备如焚烧发电锅炉、燃料运输系统、草木灰深加工设备等主要依靠进口。生物质能资源的收集、运输、加工、存储的产业化运作尚未形成，生物质能技术服务、运输交易、产品检测等相关配套产业发展缓慢，生物质能人才培养滞后，对于一些生物质能产业如生物质发电来说，国内科研单位和高等院校鲜有对口专业设置，也无现成的运营企业可供借鉴，真正掌握生物质直燃发电理论知识和具备实践经验的人才少。

（三）产业生产成本高，市场竞争力弱

首先是原料价格偏高。目前，以陈化粮为原料生产的燃料乙醇成本约为每吨3500元，未来随着产业规模扩大和原料供应的限制，其价格还将不断攀升，以甜高粱、木薯等为原料的燃料乙醇和生物柴油的生产技术才刚刚开始产业化试点，燃料乙醇成本约为每吨4000元，近期成本方面的竞争力还比较弱，[①] 而农林生物质能的特点也决定了生物质发电的单位造价

① 王欧．中国生物质能源开发利用现状及发展政策与未来趋势［J］．中国农村经济．2007（7）：10－15.

高，目前单位造价均在1万元以上，首个建成投产的国家级示范项目——国能单县项目千瓦造价达1.3万元。其次是生物质能原料种植布局分散，很难形成规模化种植及供应，加上生物质原料本身价值较低，体积密度小，单位产出低，导致集储成本高，直接关系后续加工转化成本和竞争力。最后是生物质能生产工艺和技术相对滞后，原料的采收、运输、储藏、预处理过程还相对比较原始，原料转化率与综合利用率不高，耗能大，生产过程能耗及原料成本高。[①]

（四）研发投入少，产业技术水平低

生物质能技术研发投入少。国家、政府和企业研发投入严重不足，长期缺乏科技经费投入，制约了技术创新和产业化发展，专业人才培养匮乏，各科研机构尚无对口专业设置，致使生物质能源发展在技术研究、系列产品研发、设备制造、应用技术创新等方面存在技术含量低、产品单一、制造能力弱和缺乏自主知识产权核心技术等一系列问题。生物质能技术除沼气技术较为成熟外，其他技术仍处于产业化发展初期（见表3－8），如生物质直燃、混燃、沼气发电技术关键设备多是引进国外先进技术，设备成本高，技术适应性较差，汽化发电技术虽拥有自主产权，但仍有许多产业化关键问题需要解决。生物质热解液化、生物质汽化合成燃料和纤维素燃料乙醇等第二代生物质液体燃料尚处于实验研究阶段。另外，非粮生物质原料优良品种选育、适应性种植、发酵菌种培育、关键工艺和配套设备优化、设备与管理自动化、废渣废水回收利用等方面需要进一步研究。

---

① 李琳，郑骥．我国生物质能行业发展现状及建议［J］．中国环保产业，2010（12）：50－54.

表 3-8　中国生物质能源技术发展现状

技术类别	技术成熟度			
	技术研发阶段	试点示范阶段	推广应用阶段	商业化阶段
户用沼气池			●	●
大中型沼气发电工程			●	●
直燃、混燃、汽化发电		●	●	
生物质汽化		●	●	
生物质固体成型燃料	●	●		
以粮食为原料的燃料乙醇		●	●	
纤维素生物质燃料乙醇	●			
以废动植物油为原料的生物柴油	●	●		
以油料植物为原料的生物柴油	●			
生物质热解液化	●			
生物质汽化合成燃料	●			

资料来源：根据以下文献整理：

1. 王久臣，戴林，田宜水. 等. 中国生物质能产业发展现状及趋势分析 [J]. 农业工程学报，2007，23（9）：276－282.
2. 吴创之，周肇秋，阴秀丽，等. 我国生物质能源发展现状与思考 [J]. 农业机械学报，2009（1）：91－99.
3. 罗柳红，罗宏，裴莹莹. 发展我国生物质能的战略思考 [J]. 能源工程，2009（6）：1－5.
4. 田宜水. 我国农业生物质能发展战略思考 [J]. 中国能源，2006（9）：16－18.
5. 叶迎. 中国生物质能源产业发展研究 [J]. 安徽农业科学，2009（23）：11221－11223.
6. 王向阳. 支持农村生物质能源发展的公共政策研究 [J]. 财会研究，2008（7）：75－80.

（五）市场准入门槛低，行业发展无序

由于我国生物质能产业发展处于起步阶段，技术标准、产

品检测、认证体系推广应用规范等不完善，市场准入门槛低，受政策和市场引导，大批不具备技术、设备和资金条件的企业盲目跟风涌入，缺乏科学论证的项目短期内大量上马，或不适合当地的自然条件和发展情况，或对市场估计过于乐观而对客观形势和风险认识不足，扰乱了市场秩序，导致行业无序发展。如在秸秆汽化供气与沼气工程开发上，没有明确的技术标准与技术监督，很多不具备相关资质的单位竞相加入，导致项目建设质量差，技术不过关等。① 东营、聊城等地用甜高粱生产燃料乙醇项目，由于鲁西地区不具备甜高粱生长的适合气候，结果直接造成项目的原料缺口，目前项目均已处于停产或半停产状态。此外，我国对该类企业的经营活动缺乏宏观调控和统一管理，整体布局亦无规划，企业及项目分布密度过大，加重了原料、技术、销售市场等方面的无序竞争。②

四、促进我国生物质能源产业发展的建议

（一）加强全国生物质能原料资源的调查评估

目前对于我国生物质能源资源分布情况没有进行过统一的详细调查和评估，生物质分布和开发评价资料的不详不准，直接影响了中国生物质能的开发利用，③ 摸清资源状况是发展生物质能产业的前提条件。尽快制定生物质能资源评价技术规范，

① 吴修文，孙燕敏，高飞．我国生物质能源利用现状分析及对策［J］．农业装备与车辆工程，2009（5）：5－6.

② 李琳，郑骥．我国生物质能行业发展现状及建议［J］．中国环保产业，2010（12）：50－54.

③ 崔民选主编．中国能源发展报告2009［M］．北京：社会科学文献出版社，2009.

提出生物质能资源评价方法和指标体系。深入开展能源作物普查工作，摸清不同种类生物质资源的数量、质量、密度分布、变化趋势和可开发量，提出重点区域规划方案和示范项目厂址、规模及开发条件。摸清适宜边际性土地资源数量、区域分布现状，科学制定生物质能源作物的种植规划，在种植基础好、资源潜力大的地区，规划建设一批能源作物种植基地，为生物燃料示范建设和规模化发展提供可靠的原料供应基础（见表3－9）。摸清畜禽养殖数量、分布和变化趋势，对畜禽粪便的可获性及未来供应潜力等进行评价。同时，指导各地编制完成生物质能资源评价报告，并组织完成全国生物质能资源评价报告。

表3－9　未来我国能源作物重点建设种植基地

能源作物	甜高粱	木薯	甘薯	油菜	甘蔗
种植基地	黑龙江、山东、内蒙古、新疆、河北	广西、广东、海南、福建、云南	广西、重庆、四川	四川、贵州、重庆、湖北、湖南、江西、安徽、浙江、江苏	广西、广东、海南、福建、云南

（二）加快制定我国生物质能产业发展规划，引导产业有序发展

将“大力推进生物质能源产业发展”列入国家“十二五”规划，作为战略性新兴产业予以重点培育和扶持，加快推进生物质能源产业发展。尽快出台《林业生物质能产业发展规划》、《燃料乙醇产业发展规划》、《生物质发电产业规划》等，制定生物质能产业发展中长期发展专项规划，明确未来发展目标和发展重点，努力提高生物质能在能源结构中的比重。[①] 坚

① 张艳丽．中美发展生物质能的目的与举措比较［J］．可再生能源，2008，26（5）：3－7.

持“不与农争地，不与民争粮”、“非粮为主，原料多元化”的发展原则，分阶段稳步推进生物质能源产业发展，探索适应我国国情的发展模式。近期有限利用有机废弃物、秸秆、蔗渣等生物质资源，推进生物质燃气、生物质发电技术的发展。中期合理开发边际土地资源，积极稳妥发展能源农业和能源林业，扩大生物质能资源基础，推进包括燃料乙醇和生物柴油在内的纤维素液体燃料产业发展，显著增加生物质能在清洁能源和交通燃料供应中的比例。[①]

（三）健全促进生物质能产业发展的政策法规体系

根据《可再生能源法》，尽快制定相关细则和条例，研究制定支持生物质能产业发展的配套法规和政策措施，并以此为基础出台生物质能专门立法，继续完善各类生物质能源的财政补贴、投资政策、税收优惠、固定价格收购、强制性市场配额、用户补助等经济激励政策。建立稳定的生物质能发展专项资金，用于对生物质能科研、示范和推广、项目建设等工作的支持和对利用生物质能制造出的产品进行补贴。加大对种植能源作物土地开发和整理的投入力度，对开发低质土地种植能源作物的农户给予补贴。建立健全生物质能原料收购、调配和销售流通体系和市场准入制度，将以甜高粱、甘蔗、麻风树等非粮食为原料的燃料乙醇纳入现有的油品销售体系，并按国家规定价格收购。此外，建立生物质能产业发展补偿机制，尽快完善各类生物质能技术标准体系，完善生物质能企业认证机制，并组织做好标准宣传工作。

① 黄为一，杨毅，于丽芳，等．投资我国生物质能项目需要关注的几个问题［J］．中国市场，2009（14）：9－81.

（四）加速生物质能转化利用技术开发和示范推广应用

加大对生物质能基础性研究的支持力度，建议各级政府在财政预算中安排一部分生物质能专项资金，并逐年增加投入力度，重点用于关键技术、关键设备、关键工艺及系统集成的攻关。加强国家生物质能源科技研发机构建设和专业人才培养，大力提高原始创新能力、集成创新能力、引进消化吸收再创新能力。建立以企业和科研机构为主体，市场为导向，产、学、研相结合的技术研发创新体系，形成自主创新的基本体制框架。生物质能源技术的研究、开发和利用要选准方向和重点，为其大规模应用及商业化和产业化奠定技术基础。加强知识产权保护，优先采用具有自主知识产权的技术标准，健全生物质能源技术标准体系和设备检测认证体系，完善自主创新的激励机制。加快成果转化，加快试点和示范建设，争取在资源优势明显、基础条件较好的地区，先期启动一批能源作物品种选育和栽培种植、生物质固化成型和汽化燃料、规模化养殖场大中型沼气工程示范基地建设项目，并在此基础上，总结经验，稳步推进生物质能产业的健康发展。

（五）建立和完善生物质能产业综合服务体系

通过市场带动，围绕生物质能生产积极发展上下游和相关配套产业，整合资源，优化结构，建立完善的产业综合服务体系。积极引导农民加大生物质能源作物的种植，发展农作物秸秆收集、预处理等专业合作组织，形成生物质原料生产供应和物流体系。针对生物质能原料资源分布广、收集运输困难等问题，建立生物质原料收集、储运和配送服务网络体系。以现有技术推广和服务体系为载体，加强服务设施与手段建设，完善生物质能技术推广服务体系，提升服务能力。完善生物质能技术和产品的标准体系建设和质量检测系统，严格规范生物质能的市场准入。

（六）坚持市场化运作，培育持续稳定的市场需求

当前，我国生物质能源发展还没有形成连续稳定的市场需求，与市场化竞争和运作尚存在较大的距离，从生产到销售的各个环节都受政府部门严格控制，尚未形成真正意义的市场化。例如，虽然《可再生能源法》确定了生物柴油的合法地位，但至今生物柴油仍没有进入加油站主渠道。因此要按照政府引导、政策支持和市场推动相结合的原则，通过优惠的价格政策和强制性市场份额政策，以及政府投资、政府特许权等措施，培育持续稳定增长的生物质能源市场，促进生物质能源的开发利用、技术进步和产业发展。从政府层面明确生物质能源生产和销售的政策，中石油、中石化、国家电网等国有企业要按照《可再生能源法》的要求，敞开收购生物质能源，为发展生物质能源创造良好的市场环境。鼓励各种不同所有制企业（包括民营企业、外资企业）进入生物质能源领域，决不能像生物燃料乙醇那样搞所谓“封闭运行”。

参考文献

1. 蒋剑春. 生物质能源应用研究现状与发展前景［J］. 林产化学与工业. 2002，22（2）：75－80.

2. 朱清时，等. 生物质洁净能源［M］. 北京：化学工业出版社，2002.

3. Gross R L M B A. Progress in Renewable Energy［J］. Environment International. 2003，29（1）：105－122.

4. S Yokoyama T O A N. Biomass Energy Potential in Thailand [J]. Biomass and Bioenergy. 2000, 18 (5): 405 – 410.

5. 姚向君，王革华，田宜水. 国外生物质能的政策与实践 [M]. 北京：化学工业出版社，2006.

6. 曾麟，王革华. 世界主要发展生物质能国家的目的与举措 [J]. 可再生能源. 2005 (2): 53 – 55.

7. 李俊峰，时隗丽. 国内外可再生能源政策总数与进一步促进中国可再生能源发展的建议 [J]. 可再生能源. 2006 (1): 4 – 9.

8. 张锦华，吴方卫. 资源禀赋、安全约束与路径选择——生物质能源发展的国际比较与中国策略 [J]. 上海财经大学学报：哲学社会科学版. 2008, 10 (2): 55 – 62.

9. 中国能源与可再生能源网. 新能源与可再生能源产业资讯 [J]. 2009 (33): 17.

10. 赵淑芳. 关于中国生物燃料产业的理论分析与实证研究 [D]. 北京：中国人民大学，2010.

11. 冯丽敏. 生物质能产业化前景分析 [J]. 农业科技与装备. 2010 (2): 8 – 11.

12. 王仲颖，任东明，高虎，等. 中国可再生能源产业发展报告 [M]. 北京：化学工业出版社，2010.

13. 詹慧龙，严昌宇，杨照. 中国农业生物质能产业发展研究 [J]. 中国农学通报. 2010 (23): 397 – 402.

14. 崔民选主编. 能源蓝皮书：中国能源发展报告 2009 [M]. 北京：社会科学文献出版社，2009.

15. 中国可再生能源发展战略研究项目组. 中国可再生能源发展战略研究综述——生物质能卷 [M]. 北京：中国电力出版社，2010.

16. 刘刚，沈镭. 中国生物质能源的定量评价及其地理分布 [J]. 自然资源学报. 2007, 22 (1): 9 – 19.

17. 王久臣，戴林，田宜水，等. 中国生物质能产业发展现状及趋势分析 [J]. 农业工程学报. 2007, 23 (9): 276 – 282.

18. 徐会珂，殷效彩，李悦，等. 中国发展生物质能源的战略措施思考［J］．环境科学与管理．2006，31（9）：27－30.

19. 吴创之，周肇秋，阴秀丽，等．我国生物质能源发展现状与思考［J］．农业机械学报．2009（1）：91－99.

20. 袁春，姚林君．中国未利用土地资源的可持续开发利用研究［J］．国土资源科技管理．2003，20（6）：20－23.

21. 詹慧龙，严昌宇，杨照．中国农业生物质能产业发展研究［J］．中国农学通报．2010（23）：397－402.

22. 李景明，孙玉芳，陈晓夫，等．中国农村可再生能源标准体系建设［J］．农业工程学报．2005，21（11）：164－167.

23. 薛颖洁．生物燃料："救星"变"罪臣"［J］．新世纪周刊．2008（11）．

24. 张晓第．对我国生物能源产业发展的再思考［J］．当代经济．2007（11S）：86－87.

25. 王效华，冯祯民．中国农村生物质能源消费及其对环境的影响［J］．南京农业大学学报．2004，27（1）：108－110.

26. 李琳，郑骥．我国生物质能行业发展现状及建议［J］．中国环保产业．2010（12）：50－54.

27. 邢爱华，刘罡，王垚，等．生物质资源收集过程成本、能耗及环境影响分析［J］．过程工程学报．2008，8（2）：305－313.

28. 沈亚芳．粮食安全约束下的生物质能源发展路径探讨［J］．经济纵横．2008（6）：28－30.

29. 吴修文，孙燕敏，高飞．我国生物质能源利用现状分析及对策［J］．农业装备与车辆工程．2009（5）：5－6.

30. 王欧．中国生物质能源开发利用现状及发展政策与未来趋势［J］．中国农村经济．2007（7）：10－15.

31. 罗柳红，罗宏，裴莹莹．发展我国生物质能的战略思考［J］．能源工程．2009（6）：1－5.

32. 田宜水．我国农业生物质能发展战略思考［J］．中国能源．2006（9）：16－18.

33. 叶迎．中国生物质能源产业发展研究［J］．安徽农业科学．

2009（23）：11221－11223.

34. 王向阳．支持农村生物质能源发展的公共政策研究［J］．财会研究．2008（7）：75－80.

35. 张艳丽．中美发展生物质能的目的与举措比较［J］．可再生能源．2008，26（5）：3－7.

36. 黄为一，杨毅，于丽芳，等．投资我国生物质能项目需要关注的几个问题［J］．中国市场．2009（14）：79－81.

第四章　我国生物质能源产业与粮食安全的关系研究

蓝海涛

内容提要：

生物质能源对粮食安全的影响在不同资源禀赋国家、不同技术条件下具有较大差异。以粮食为原料的生物质能源产业与非粮生物质能源产业对粮食安全的影响程度和途径不同，对粮食净出口国和粮食净进口国、粮食消费者和粮食净供给者的影响也不尽相同，简单认为生物质能源产业发展会危及粮食安全的观点难免偏颇。生物质能源产业发展主要通过影响农产品价格、加剧农业资源竞争、引发生态风险等途径对粮食安全造成影响，同时，粮食安全对一个国家生物质能源产业发展路径、规模也存在一定的约束，世界生物质能源生产大国大多选择本国具有资源禀赋优势的农产品作为主要原料。我国粮食供求处于脆弱平衡、强制平衡和紧张平衡状态，应坚持粮食安全优于能源安全的原则，适时调整陈化粮生产燃料乙醇的补贴政策，增强生物质能源的非粮原料保障能力，提高燃料乙醇的陈化粮原料利用率，提前谋划非粮能源植物种植可能占用耕地的防范措施。

随着世界经济的扩张和人口的持续增长，全球一次能源消费不断增加，长期以来支撑人类文明进步和经济社会发展的化石能源正逐渐走向枯竭。出于对能源安全、环境安全等问题的综合考虑，开发利用可再生能源已成为大多数国家的战略选择。作为唯一一种可再生的碳源，生物质能源由于具有可贮藏性和技术相对成熟等特点，受到世界各国的青睐，不少国家先后制定和实施了本国生物质能源发展计划，以燃料乙醇、生物柴油为主的生物液体燃料产业在全球范围内迅速发展（见图4－1）。目前，全球大约有15个国家和地区生产燃料乙醇和生物柴油（朱行，2010），产量集中在美国、欧盟等发达国家和地区。2009年，全球乙醇产量约737亿升，生物柴油产量约164亿升（F. O. Lichts，2009）。然而，随着世界粮食价格的快速上涨，以及由此引发的全球性粮食恐慌的蔓延，生物质能源产业的快速扩张引起人们对世界粮食安全问题的普遍担忧，有关生物质能源产业与粮食安全关系的争论也越来越多。部分学者和研究机构认为，生物质能源产业发展会对全球粮食供应和价格产生不利影响（IEA，2004；Baker and Zahniser，2006；Von Lampe，2006；IMF，2007；Melchett，2007），将不可避免地对粮食安全产生威胁，会给穷人带来灾难（Oxfam International，2006）。部分学者提出了不同意见，认为生物质能源产业发展有利于增加农户收入以及减少贫困，改善这部分群体的粮食消费状况（Josef Schmidhuber，2007；Andrew Makenete et al. 2007；宁泽逵等），并不会对粮食安全产生明显的负面影响。生物燃料生产也不是推高全球粮食价格的主因（Paul Armah et al. 2009）。那么，生物质能源产业与粮食安全之间究竟存在何种关系？对我国这样能源紧缺、粮食供求长期处于紧平衡状态的国家，该如何处理能源安全和粮食安全的关系？围绕这些问题，本研究从理论层面对生物质能源产业与粮食安全的关系进行了系统分析，并结合典型国家案例具体阐述了生物质能源产业发展对粮食安全的影响，最后提出了促进我国生物质能源产业与粮食安全协调发展的对策措施。

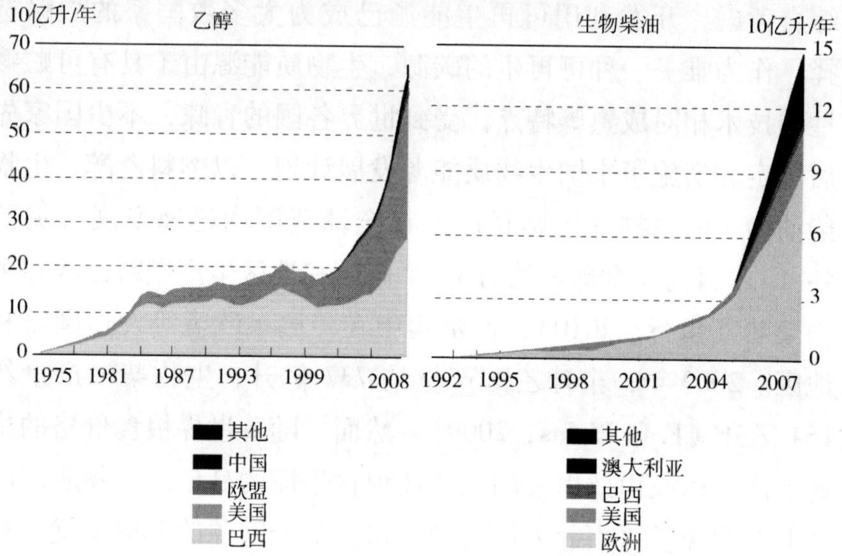

图4－1 全球燃料乙醇和生物柴油产量

资料来源：F. O. Licht, World Ethanol and Biofuels Report, Vol. 7, No. 18（26 May 2009）.

一、概念界定及研究回顾

（一）生物质能源与粮食安全的概念

根据国际能源机构（International Energy Agency，IEA）的定义，生物质是通过光合作用形成的各种有机体，包括所有的动植物和微生物。广义上的生物质能源（Biomass Energy）是通过绿色植物的光合作用将太阳辐射的能量以生物质形式固定下来的能源，是人类最重要的一种间接利用太阳能的方式。有机物中所有来源于动植物的能源物质，除矿物燃料外均属于生物质能源，通常包括木材及森林废弃物、农业废弃物、水生植物、油料植物、城市和工业有机废弃物、动物粪便等。狭义的生物质能源，又称生物燃料，是指利用可再生或可循环的有机物质、农作物等为原料，通过工业性加工转化生产出的生物质产品（李碧芳，2010）。从形态角度看，生物燃料可以分为固态生物燃料、气态生物燃料和液态生物燃料。由于近年来生物液体燃料的发展受到广泛关注和重视，生物燃料习惯上用来专指燃料乙醇、甲醇和生物柴油之类的生物液体燃料。生物液体燃料资源主要包括糖类、淀粉类、纤维素类和脂类等。出于研究目的考虑，本文所指的生物质能源主要是狭义的生物质能源，即生物燃料。

粮食安全的概念最早是在20世纪70年代初期由于世界性的粮食危机而提出的。1996年第二次世界粮食首脑会议通过的《罗马宣言》对“粮食安全”作了详细的解释：“只有当所有人在任何时候都能够在物质上和经济上获得足够、安全和富有营养的粮食，来满足其积极和健康生活的膳食需要及食物喜好时，才实现了粮食安全”。近30年来，由于资源禀赋、发展阶段不同，世界各国粮食安全战略的侧重点也各不一样，粮食安全概念的内涵和外延在各国的实践中得到了不断的丰富和发展（翟虎渠，2004）。大体而言，一个国家的粮食安全既包括粮食数量安全和质量安全，也包括可持续性安全。本文主要从数量安全角度探讨粮食安全问题。

（二）研究综述

国外关于生物质能源产业与粮食安全关系的研究起步较早，相关文献已经比较多见，但研究结论之间分歧较大。部分研究表明，大量的粮食转化为生物质能源，严重加剧了世界粮食短缺的局面，同时对粮食价格、农业土地使用分配造成了不利影响（IEA，2004；Baker and Zahniser，2006；Donnelly，2006；Hill et al. 2006；von Lampe，2006；IMF，2007；Sauser，2007；Secchi and Babcock，2007；Smith，2007；Tokgoz et al. 2007；United Nations，2007），推动了全球粮价的不断上涨。例如，米切尔（Mitchell，2008）认为，美国和欧盟大量生产生物燃料是导致全球粮食价格急剧上涨的主因，如果没有生物燃料生产的扩张，全球小麦和玉米的库存不会急剧下降，油料价格也不会大涨。联合国粮农组织（FAO，2008）公布的年度报告指出，生物燃料的生产不仅没有如人所愿地解决能源和环境问题，反而成为全球粮价高涨和贫困人口增加的主要推手之一。世界银行高级经济学家唐·米切尔撰写的一份秘密报告（2008）认定，2002 年至 2008 年 2 月，研究所关注的一揽子粮食价格的涨幅达到 140%。其中，美国和欧盟大力发展生物燃料是推动粮价上涨的主因，生物燃料的“贡献”占到总涨幅的 75%。赫特尔和泰纳（Hertel & Tyner，2007）指出，2006～2010 年，美国、欧盟生物燃料部门大量利用农产品生产生物质能源，使农产品出口减少，引发了农产品涨价。英国土壤协会政策主任彼得·梅尔切特（Peter Melchett，2007）认为，发展生物燃料的热情将危及全球未来的粮食安全，如果土地不是被用作生产粮食而是用作他用，将严重影响粮食安全，而对减少二氧化碳排放只有很微小的影响。曾提出“中国使世界饥饿”的布朗（Brown，2007）也认为，发展燃料乙醇将普遍提高全球粮食价格，会对那些尚未解决温饱问题或依赖粮食进口的穷国产生严重的负面影响。

与此相反，部分学者和研究机构提出了不同的观点。如丹尼尔等（Daniel De La Torre Ugarte & Lixia He，2007）指出，经济作物生产不一定要以牺牲粮食作物为代价，从长期来看生物燃料技术的改进有利于解决高粮价问题，并可能有助于改善粮食安全状况。联合国粮农组织（FAO，2008）的一位研究者发现，从长期看，生物燃料需求的不断增长以及由此导致的农产品价格上涨可能为发展中国家推动农业增长和农村发展提供一个机遇。生产生物燃料的原料可能给发展中国家的农民提供增加收入的机会。布劳恩（Von Braun，2006）认为，生物燃料的发展可以通过促进经济作物种植量的增加而改善贫困家庭的就业状况，无地农民可以在生物燃料生产中从事原材料的加工、运输等劳动密集型工作。随着很多掌握了生物燃料技术的发展中国家将乙醇加工厂投建在边远地区，这些工厂的建设和运营有利于边远地区的经济发展，而且还可以提供更多的就业岗位。

关于生物质能源产业与粮食安全之间的关系，国内学者观点对立也较为明显。例如，葛如江等（2006）认为，发展生物质能源产业会产生“与人争粮”、“与粮争地”的局面，从而威胁到粮食安全。张忠明（2009）发现，生物燃料生产放大了玉米、大豆等粮食的市场需求，导致这些产品的价格出现了较大幅度上涨；在生产要素固定的情况下，土地、资本和劳动力的总量是固定的，玉米和大豆产量的上升将不可避免地挤占原本用于生产包括稻谷、小麦在内的农作物的生产要素，将间接地导致这些粮食作物减产，从而使粮食安全程度整体上处于下降状态。但李十中（2007）认为，目前中国生产燃料乙醇所使用的粮食非常少，不存在“争粮之嫌”。宁泽逵等（2010）认为，发展生物质能源具有充分利用农业闲置资源（如闲置土地、农业残余废弃物等）、调整农业生产结构、提高农产品价值、创造就业机会、促进乡村社会发展、降低农产品出口补贴（主要是对美国等农产品出口大国而言）、改善环境和地方空气质量等积极作用。随着研究的不断深入，人们逐渐意识到对生物质能源产业与粮食安全之间关系的分析，需要从生物能源产业发展阶段、外部影响因素以及影响粮食安全问题的综合要素等方面综合考虑。例如，黄季焜等（2009）发现，燃料乙醇发展将显著提高能源作物、粮食作物的价格，对农业总体发展和农民增收有积极的促进作用，但能源作物生产扩张必然会占用大量农业资源，会对稻谷、小麦等粮食安全产生一些负面影响。张锦华等（2008）认为，从现阶段我国玉米市场的特征看，燃料乙醇的发展并没有给粮食安全带来实质性的影响，但长期看不排除存在粮食安全的风险。

大体而言，国内外有关生物质能源产业与粮食安全关系的研究已经比较多见，但研究结果之间存在较大分歧。已有研究主要侧重于分析生物质能源产业发展对粮食安全的影响，较少考虑粮食安全约束对生物质能源产业发展的影响，缺乏对二者关系全面、系统的分析。同时，缺乏从国别角度对生物质能源产业与粮食安全关系的研究，有关生物质能源产业发展如何影响不同国家、不同人群粮食安全的研究并不多见（Otto Hospes，2008），事实上不同资源禀赋的国家生物质能源产业发展对粮食安全的影响程度、途径往往不同，需要加以具体分析。

二、生物质能源产业发展与粮食安全关系的理论分析

生物质能源产业与粮食安全的关系具有统一性，二者相互影响、相互作用。不论是以粮食为原料的生物质能源产业还是非粮生物质能源产业，其发展都会对粮食生产和价格带来影响，但影响的程度和途径不尽相同。同时，粮食安全约束也会

对生物质能源产业发展造成一定影响，不同资源禀赋的国家，生物质能源产业发展的路径和规模也不尽相同。

（一）生物质能源产业发展影响粮食安全的一般机理

在开放经济条件下，生物质能源产业发展对粮食安全的影响已经超出了国别范畴，会对居民家庭、国家、全球三个层面的粮食安全产生影响，其主要途径包括推高粮食价格、加剧农业资源竞争、引发生态风险等（见图4－2）。

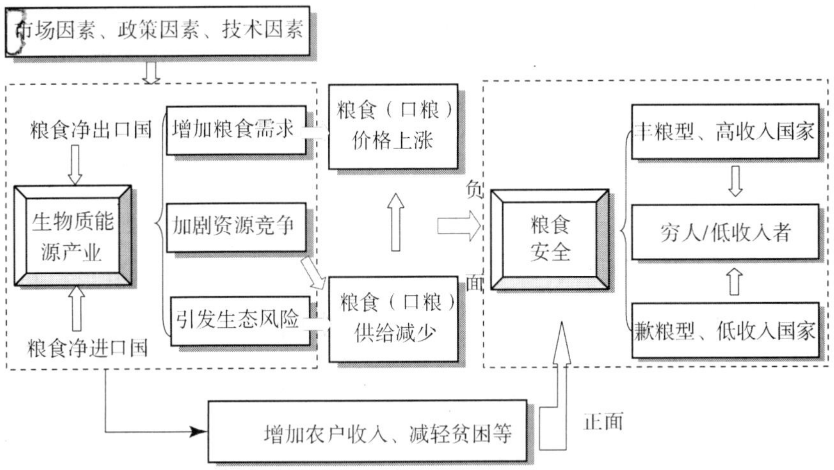

图4－2 生物质能源产业影响粮食安全示意图

1. 推动粮食以及相关农产品价格上涨，影响粮食净进口国、粮食净消费者/低收入群体的粮食安全

生物质能源产业发展与粮食安全之间的冲突，归根结底来自于资源的稀缺性与人们日益增长的能源需求和粮食需求之间所产生的矛盾。生物质能源产业增强了能源市场和粮食市场之间的联系，使粮食价格面临更大的变动风险。以粮食为原料发展生物质能源产业，必然会增加粮食总需求。在粮食生产率没有同步大幅提高的情况下，粮源生物质能源产业的过快发展，

将不可避免地引发“与人争粮、与畜争食”的问题。当大量的粮食转化为生物质能源，而人们利用有限的土地资源、水资源等生产出的产品不足以满足人类对食物和能源的需求时，粮食、饲料等价格将会不断上涨，同时用于粮食生产的各种要素成本也会被抬高。欧佩克国际发展基金和奥地利国际应用系统分析研究所（IIASA）的一项研究（2009）表明，国际市场农产品价格与第一代生物燃料占全球运输燃料比重的大小密切相关，如果比重达到4%，国际市场谷物价格指数就可能上涨20%，如果比重达到7%，谷物价格指数就可能上涨40%。随着生物质能源产业的扩张，农产品和能源市场的联系将进一步强化，能源价格波动将不可避免地导致农产品价格相应的变化。据国际粮食政策研究所（IFPRI）预测，假定石油价格保持高位，到2020年，全球生物燃料产量的快速增长将推动玉米价格上涨41%，油料包括大豆、油菜籽、向日葵种子的价格预计将上涨76%，小麦价格将上涨30%（Arif Mohammad Faisal，2008）。

粮食价格的不断上涨，会对粮食净进口国、低收入群体的粮食安全造成威胁，并带来营养不良人口的增加。对低收入家庭特别是贫困家庭而言，由于食品开支占据相当大的比重，粮食价格的上涨将削弱其购买力，会将这些家庭推向生存的边缘，从而引发粮食安全危机甚至社会动荡。同时，大豆、玉米等价格的上涨会推高饲料价格，提高牛乳制品和肉类的生产成本，使畜牧养殖收益下降，进而使贫困家庭丧失谋生的手段。据世界银行的研究，主要粮食品种的平均价格每增加1%，穷人的热量消耗将下降0.5%。国际粮食政策研究所认为，主食食品的实际价格每增加1%，世界范围内粮食不安全人数将增加1600万人（Runge and Senauer，2007）。对资源大国、丰粮型国家而言，由于用于生物质能源原料生产的资源充足，原料来源广泛，生物质能源产业发展不会对本国粮食安全造成严重影响，但粮食价格的上涨会对国内部分低收入者和粮食消费者的粮食安全造成一定的负面影响。同时，发达国家发展生物质能源产业会对发展中国家产生负的外溢效应，特别是给这些国家的穷人带来新的食品安全风险和挑战（Siwa Msangi，2007）。生物质能源产业的发展，加大了粮食进口成本，即便一些小的发展中国家特别是粮食净进口国本身并不生产生物质能源，也会对它们的粮食安全产生影响（André Faaij，2008）。此外，粮食价格的上涨还可能导致援助国粮食援助能力下降，进而使贫困国家民众的营养数量和质量更加难以保障。在国际货币基金组织总裁多米尼克·斯特劳斯·卡恩（Dominique Strauss - Kahn，2008）看来，大量使用粮食制造生物燃料加剧了粮食危机，已成为一个真正的“伦理”问题。以目前的方式生产生物燃料，是一种“无法容忍的犯罪行为”（Ziegler，2008）。当然，粮食价格的上涨也可能激发农民种粮的积极性，起到提高农民收入、充分利用闲置土地的作用，在一定程度上通过减轻贫困消减粮食危机的不利影响。

2. 改变不同农产品之间的比价关系，加剧粮食作物品种之间以及粮食作物与能源作物对农业资源的竞争

不论是以粮食为原料的生物质能源产业还是非粮生物质能源产业的发展，都会对农产品的比价关系产生影响，加剧不同粮食作物之间、能源作物与粮食作物之间在自然资源和农业投入方面的竞争。一方面，随着粮源生物质能源产业的发展，用于生物质能源生产的粮食品种需求增长，导致这些品种价格上涨，比较收益上升，会在一定程度上加剧粮食作物内部在土地、淡水等资源方面的竞争，对口粮生产造成不利影响。如近年来由于玉米制乙醇等深加工的发展，我国玉米价格不断上涨，部分主产区已经出现了放弃小麦种植玉米的现象，玉米主要作为畜牧用粮，其生产的扩张势必将对口粮供给产生一定影响。另一方面，虽然发展非粮生物质能源可以避免直接“与人争粮”的问题，但农产品比价的变化又会引发“与粮争地”问题。生物质能源生产几乎总是会和粮食生产争夺投入，包括土地、劳动力、水和肥料（André Faaij，2008）。随着生物质能源产业的发展，高比例的糖料、油料作物等被转化为生物质能源，其价格也会上涨，导致土地、劳动力等要素从粮食生产转向能源作物生产，造成粮食等农产品减产，影响粮食足量供给。据联合国的一份报告（2007）显示，如果实现目前各国制定的生物燃料发展目标，2020 年发展中国家需要额外增加 2200 万公顷可耕种土地，发达国家也要额外增加 1300 万公顷可耕种土地。另据经合组织（OECD，2006）的一项研究，如果美国和欧盟使用生物燃料乙醇替代 10% 的汽油需求量，则能源作物的播种面积将分别占两者现有耕地面积的 30% 和 70%，会严重挑战全球特别是粮食进口国和低收入群体的粮食安全。一个更为突出的现象是，由于本国资源有限，一些生物燃料主产国在低收入国家种植能源作物，造成这些国家用于粮食生产的土地被大量占用，严重影响了穷人的生存。欧盟在印度尼西亚大量种植油棕榈造成当地征地纠纷和贫困现象加剧就是一个典型的例子。

然而，由于能源作物种植所需的土地并不完全与粮食生产重叠，利用边际性土地种植能源作物可以在一定程度上缓解生物燃料“与粮争地”的局面。问题的关键在于如何确保价格机制作用下能源作物种植控制在边际性土地上，不会挤占粮食作物和饲料作物的土地。

3. 引发土地退化、生物多样性消失等生态风险，造成粮食供给减少

发展生物质能源产业会对环境造成一些负面影响，如森林大量被砍伐、生物多样性消失、土壤退化等（Mohammad Faisal，2008），从而对粮食生产造成不利影响。在目前技术条件下，可以用作商业化生产的生物燃料原料主要是玉米、甘蔗、油菜籽等作物。这些作物的种植往往需要施用大量的农药、化肥，还要占用大量的灌溉水和土地。除草、灭虫等精细的耕作措施在保证能源作物高产的同时，也使土壤中原本储存的碳得以释放，增加了二氧化碳排放，而且施肥、灭虫等过程中所使用的杀虫剂和除草剂等可能会导致土地退化、地下水和空气污染，影响人们的身体健康。此外，这种单作制的方式还会直接降低区域的生物多样性（Lankoski，Jussi，& Ollikainen，Markku，2009）。由于适用的土地面积有限，能源作物可能扩展进入河岸区、留置区或树林中，这些地带均发挥着重要的生态作用。能源作物种植渗入自然景观将导致栖息地破坏和割裂，从而造成生物多样性的丧失。安迪·科格伦（Andy Coghlan，2007）认为，如果采取更多的资源发展生物质能源，可能会使物种及其栖息地逐渐耗竭，最终会威胁到人类获取食品的途径。研究表明，包括欧美在内的世界各国生物燃料都面临着诸如水污染、额外温室气体排放、森林资源退化等之类的生态破坏问题（Pete Riley，2008）。美国塞拉俱乐部表示，生物燃料（特别是玉米乙醇）急剧发展造成的土地、空气、水和经济缩减或下降的风险已经非常明显。此外，尽管生物燃料的扩张也许只会轻微增加区域供水压力，但是一个地区的生物燃料生产大幅增长将可能导致严重的缺水问题（Siwa Msangi，Mandy Ewing，Mark W. Rosegrant and Tingju Zhu，2010）。生物燃料发展所带来的潜在生态风险可能会通过各种方式造成全球粮食减产，威胁全球粮食安全。由于玉米种植面积大幅度增加，美国农作物轮作的多样性有所降低，不仅对生态造成了影响，还对湿地和耕地构成了威胁。巴西甘蔗种植正在向脆弱的生物多样性地区转移，大豆等作物种植对雨林构成了破坏；马来西亚和印尼等国雨林生物多样性也因为能源作物种植受到严重损失（李青，2009）。

（二）生物质能源产业影响粮食安全的理论模型分析

玉米是目前世界范围内用于生物质能源产业发展的最主要原料之一。本文借鉴张锦华等（2008）的模型，分析开放经济条件下一国以玉米为原料的燃料乙醇产业发展对粮食安全的影响。

假设 x 代表玉米，D(x) 为玉米总需求函数，S(x) 为玉米总供给函数，在局部均衡时有：

$$D(x) = S(x) \quad (1)$$

假定 x_1 表示燃料乙醇生产对玉米的需求；x_2 表示对玉米的其他需求，则：

$$D(x) = D(x_1) + D(x_2) \quad (2)$$

影响燃料乙醇生产对玉米需求的主要因素有：玉米价格（P_x）、对燃料乙醇销售的价格补贴（P_s）、与燃料乙醇销售价格直接相关的汽油价格（P_g）、相关替代品的价格（P_k），则：

$$D(x_1) = F_1(P_x, P_s, P_g, P_k) \quad (3)$$

影响对玉米的其他需求的因素主要有：居民收入（Y）、相关产品的价格（P_w）、人口数量（Q）等，则：

$$D(x_2) = F_2(P_x, Y, P_w, Q) \quad (4)$$

考虑上述影响因素后，玉米总需求方程可以改写为：

$$D(x) = D(x_1) + D(x_2) = F(P_x, P_s, P_g, P_k, Y, P_w, Q) \quad (5)$$

将模型采用双边对数形式表示，即：

$$\log D(x_1) = a'_1\log P_{(x_t)} + a'_2\log P_{(s_t)} + a'_3\log P_{(g_t)} + a'_4\log P_{(k_t)} \quad (6)$$

$$\log D(x_2) = a''_1\log P_{(x_t)} + a''_2\log Y_t + a''_3\log P_{(w_t)} + a''_4\log Q_t \quad (7)$$

$$\log D(x) = a_1\log P_{(x_t)} + a_2\log P_{(s_t)} + a_3\log P_{(g_t)} + a_4\log P_{(k_t)} + a_5\log Y_t + a_6\log P_{(w_t)} + a_7\log Q_t \quad (8)$$

影响玉米供给的因素主要有：玉米价格（p_x）；生产要素投入（Z）；政府生产补贴（I_s）；技术进步（T）；相关替代品价格，包括玉米乙醇原料替代品价格（P_k）和作为饲料玉米替代品的价格（P_w），则：

$$S(x) = G(P_x, Z, I_s, T, P_k, P_w) \quad (9)$$

与需求相一致，采用双边对数的形式表示，即：

$$\log S(x) = b_1\log P_{(x_{t-1})} + b_2\log Z_t + b_3\log I_{(s_t)} + b_4\log T_t + b_5\log P_{(k_t)} + b_6\log P_{(w_t)} \quad (10)$$

1. 从长期看，在有限开放的条件下，为保障粮食安全应保持玉米合理的进口比例

假设在 t 期净进口比例 $c_t\%$ 为安全比例，在 t + n 期净进口比例为 $c_{t+n}\%$ 。当国内市场均衡时，可得到：

$$(1 - c_t\%)D(x_t) = S(x_t) \quad (11)$$

$$(1 - c_{t+n}\%)D(x_{t+n}) = S(x_{t+n}) \quad (12)$$

其中，$S(x_t)$ 为不包括进口的国内总供给。

由公式（11）和公式（12）得到：

$$(1 - c_{t+n}\%)D(x_{t+n}) - (1 - c_t\%)D(x_t) = S(x_{t+n}) - S(x_t) \quad (13)$$

经转化得到：

$$\log(1 - c_{t+n}\%) - \log(1 - c_t\%) + a_1\log\frac{P_{(x_{t+n})}}{P_{(x_t)}} + a_2\log\frac{P_{(s_{t+n})}}{P_{(s_t)}} + a_3\log\frac{P_{(g_{t+n})}}{P_{(g_t)}} + a_4\log\frac{P_{(k_{t+n})}}{P_{(k_t)}} + a_5\log\frac{Y_{t+n}}{Y_t} + a_6\log\frac{P_{(w_{t+n})}}{P_{(w_t)}} + a_7\log\frac{Q_{t+n}}{Q_t}$$

$$= b_1 \log \frac{P_{(x_{t+n-1})}}{P_{(x_{t-1})}} + b_2 \log \frac{Z_{t+n}}{Z_t} + b_3 \log \frac{I_{(s_{t+n})}}{I_{(s_t)}} + b_4 \log \frac{T_{t+n}}{T_t} + b_5 \log \frac{P_{(k_{t+n})}}{P_{(k_t)}} + b_6 \log \frac{P_{(w_{t+n})}}{P_{(w_t)}} \quad (14)$$

如果在一定时期内保持玉米价格和种植面积稳定，以避免“与人争粮、与粮争地”，假定居民收入、投入要素、小麦和稻谷等替代品价格等保持不变，则有：

$$\log(1 - c_{t+n}\%) - \log(1 - c_t\%) = -a_2 \log \frac{P_{(s_{t+n})}}{P_{(s_t)}} - a_3 \log \frac{P_{(g_{t+n})}}{P_{(g_t)}} - a_4 \log \frac{P_{(k_{t+n})}}{P_{(k_t)}} + b_3 \log \frac{I_{(s_{t+n})}}{I_{(s_t)}} + b_4 \log \frac{T_{t+n}}{T_t} + b_5 \log \frac{P_{(k_{t+n})}}{P_{(k_t)}} \quad (15)$$

当进口比例刚好处在国家安全比例上限时，有：

$$\log(1 - c_{t+n}\%) = \log(1 - c_t\%) \quad (16)$$

进而得到：

$$a_3 \log \frac{P_{(g_{t+n})}}{P_{(g_t)}} = -a_2 \log \frac{P_{(s_{t+n})}}{P_{(s_t)}} - a_4 \log \frac{P_{(k_{t+n})}}{P_{(k_t)}} + b_3 \log \frac{I_{(s_{t+n})}}{I_{(s_t)}} + b_4 \log \frac{T_{t+n}}{T_t} + b_5 \log \frac{P_{(k_{t+n})}}{P_{(k_t)}} \quad (17)$$

经变换则有：

$$\left[\frac{P_{(g_{t+n})}}{P_{(g_t)}}\right]^{a_3} = \left[\frac{P_{(s_{t+n})}}{P_{(s_t)}}\right]^{-a_2} \left[\frac{P_{(k_{t+n})}}{P_{(k_t)}}\right]^{-a_4} \left[\frac{I_{(s_{t+n})}}{I_{(s_t)}}\right]^{b_3} \left[\frac{T_{t+n}}{T_t}\right]^{b_4} \left[\frac{P_{(k_{t+n})}}{P_{(k_t)}}\right]^{b_5} \quad (18)$$

当汽油价格持续上涨时，玉米的总需求也会增加。要保持玉米价格稳定，需要增加玉米供给，主要有两种途径：①通过扩大玉米种植面积、促进技术进步、调整玉米生产补贴等手段增加国内玉米供应量；②增加玉米进口量。当玉米进口量增加时，可能会出现进口比例超过安全水平的情况，即：

$\log(1 - c_{t+n}\%) > \log(1 - c_t\%)$，此时有：

$$\left[\frac{P_{(g_{t+n})}}{P_{(g_t)}}\right]^{a_3} > \left[\frac{P_{(s_{t+n})}}{P_{(s_t)}}\right]^{-a_2}\left[\frac{P_{(k_{t+n})}}{P_{(k_t)}}\right]^{-a_4}\left[\frac{I_{(s_{t+n})}}{I_{(s_t)}}\right]^{b_3}\left[\frac{T_{t+n}}{T_t}\right]^{b_4}\left[\frac{P_{(k_{t+n})}}{P_{(k_t)}}\right]^{b_5} \quad (19)$$

因此，要避免过度进口玉米对国内粮食安全产生影响，必须维持合理的粮食自给率，应通过调整玉米生产补贴、种植面积、技术进步等促进玉米生产。然而，这些措施可能会导致玉米生产对其他口粮作物生产的替代，从而对国内口粮消费产生一定的影响。

2. 从短期看，当国内玉米供给出现缺口时，需要从国际市场进口部分玉米满足超额需求

在供给方程中引入净进口价格变量（$P_{(i_t)}$），可以得到：

$$\log S'(x) = b_1\log P_{(x_{t-1})} + b_2\log Z_t + b_3\log I_{(s_t)} + b_4\log T_t + b_5\log P_{(k_t)} + b_6\log P_{(w_t)} + b_7\log P_{(i_t)} \quad (20)$$

如果在 t 期玉米总供给（包括进口在内）能够满足国内需求，则有：

$$\log S'(x_t) = \log D(x_t) \quad (21)$$

假设随着燃料乙醇需求量的增加，t + 1 期的玉米供给（包括进口在内）不能满足国内需求，则有：

$$\log S'(x_{t+1}) < \log D(x_{t+1}) \quad (22)$$

根据公式（21）和公式（22）可以得到：

$$\log S'(x_{t+1}) - \log S'(x_t) < \log D(x_{t+1}) - \log D(x_t) \quad (23)$$

将公式（8）和公式（20）代入公式（23）中可以得到：

$$b_1\log\frac{P_{(x_t)}}{P_{(x_{t-1})}} + b_2\log\frac{Z_{t+1}}{Z_t} + b_3\log\frac{I_{(s_{t+1})}}{I_{(s_t)}} + b_4\log\frac{T_{t+1}}{T_t} + b_5\log\frac{P_{(k_{t+1})}}{P_{(k_t)}} + b_6\log\frac{P_{(w_{t+1})}}{P_{(w_t)}} + b_7\log\frac{P_{(i_{t+1})}}{P_{(i_t)}} < a_1\log\frac{P_{(x_{t+1})}}{P_{(x_t)}} + a_2\log\frac{P_{(s_{t+1})}}{P_{(s_t)}} + a_3\log\frac{P_{(g_{t+1})}}{P_{(g_t)}} + a_4\log\frac{P_{(k_{t+1})}}{P_{(k_t)}} + a_5\log\frac{Y_{t+1}}{Y_t} + a_6\log\frac{P_{(w_{t+1})}}{P_{(w_t)}}$$

$$+a_7\log\frac{Q_{t+1}}{Q_t} \qquad (24)$$

短期内，假设国内玉米价格、居民收入、乙醇销售价格补贴、玉米生产补贴、技术水平等保持不变，则由公式（24）可得到：

$$\left[\frac{P_{(k_{t+1})}}{P_{(k_t)}}\right]^{(a_4-b_5)}\left[\frac{P_{(g_{t+1})}}{P_{(g_t)}}\right]^{a_3}>\left[\frac{P_{(w_{t+1})}}{P_{(w_t)}}\right]^{(b_6-a_6)}\left[\frac{P_{(i_{t+1})}}{P_{(i_t)}}\right]^{b_7} \qquad (25)$$

在公式（25）中，由于小麦、水稻等主要粮食品种的价格基本保持稳定，不会发生太大变化。燃料乙醇替代原料需求的交叉价格弹性 $a_4>0$，供给的交叉价格弹性 $b_5<0$。如果木薯、甜高粱等燃料乙醇替代原料供给量的增加，价格会有所下降，从而能够缓解汽油价格上涨对玉米供给的压力[使公式（25）中左边的值降低]，因此应大力发展非粮生物质能源产业。此外，如果国际市场供给的价格弹性 b_7 较大，通过调整玉米进口价格政策可获得稳定的进口来源，通过贸易政策在一定程度上解决粮食安全问题，否则就可能因为进口受阻导致国内玉米价格上涨，从而对其他粮食作物的生产造成不利影响。

（三）粮食安全对生物质能源产业发展的约束

粮食安全和能源安全都是关系一国乃至全球生存和发展的战略性问题。发展生物质能源产业必须同时兼顾粮食和能源双重安全。如果粮食价格大幅上涨，或者燃油价格大幅下跌，都可能使生物质能源产业失去生存空间（黎霆，2010）。尽管世界各国面临的粮食安全风险程度不同，但没有任何一个国家可以完全不顾本国粮食安全状况来发展生物质能源产业。从某种意义上而言，目前各国生物质能源产业发展都是在粮食安全的约束下展开的。一国粮食安全状况，会对其生物质能源产业的发展路径、规模产生影响。

从全球生物质能源产业发展的历程看，主要生物质能源生产国的发展路径基本上依据其资源禀赋特征，一般都是选取具有资源禀赋优势的农产品作为主要的原料来源（张锦华、吴方卫，2008）。美国生物质能源的原料以玉米为主。玉米是美国第一大作物，全美有40多个州种植玉米，其常年种植面积在3000万公顷，占世界玉米种植面积的20%左右，产量占全球玉米总产量的40%，玉米出口占全球贸易量的70%～80%。欧盟是目前世界上最大的生物柴油生产和消费地区，其生产生物柴油的主要原料是菜籽油，2009年菜籽油占到生物柴油原料总量的70%。油菜籽是欧洲最大的油料作物，年产量占世界的1/3。欧盟油料作物供给量远远大于食用量，具有用菜籽油生产生物柴油的优势。巴西是世界上最大的可再生能源生产国，其生物质能源产业原料以甘蔗为主。巴西甘蔗产量位居世界第一。2008年，该国甘蔗种植面积805万公顷，甘蔗产量5.7亿吨，其中约60%用于生产乙醇。从甘蔗中提取的乙醇，占全国能源供应总量的16.6%。我国粮食供给长期处于紧平衡状态，最初发展燃料乙醇主要是以陈化粮为原料，期望在获得生物质能源的同时消化陈化粮，减少库存成本。随着产能的不断扩大，考虑到粮食安全问题，政府开始限制以玉米等为原料生产乙醇，鼓励利用薯类、甜高粱等非主粮作物作为原料。从我国燃料乙醇发展路径看，由于粮食安全的约束，其生产规模受到了很多限制，生物质能源产业开始在资源禀赋优势下寻找新的替代原料来源，走非粮作物生产路线。从全球范围看，出于对粮食安全的担忧，生物质能源产业发展特别是生物燃料产业的发展路径也在发生变化。虽然第一代生物燃料占据生物质能源产业的主导地位，但以动物脂肪、藻类等为原料的第二代生物燃料的发展也逐渐兴起。例如，德国大众公司等欧洲汽车制造商就与德国佛莱堡科伦工业集团开展合作，共同开发了取自稻草或秸秆的第二代生物燃料，该工业集团年产2万吨的“第二代生物柴油”项目已于2008年启动。

大体而言，在粮食安全约束下，全球生物质能源产业的发展轨迹呈以下特点：首先，丰粮型、资源丰富型国家生物质能源产业发展时间较早、规模较大，歉粮型、资源稀缺型国家生物质能源产业发展相对较晚、规模有限。其次，受粮食安全问题的影响，生物质能源产业的发展路线逐渐走向非粮之路。随着技术的不断进步，其原料来源呈多元化趋势。

三、生物质能源产业发展对粮食贸易的影响

从世界范围看，各国生物质能源产业发展的路径、规模等不尽相同，对粮食安全的影响也存在差异。本文主要选取美国、印度尼西亚两个国家，具体分析粮食净出口国、粮食净进口国生物质能源产业发展对粮食安全的影响。

（一）粮食净出口国、资源大国生物质能源产业发展对粮食安全的影响——以美国为例

美国是世界粮食生产大国，同时也是生物质能源生产大国。从1980年颁布限制进口乙醇的《1980年综合妥协法》开始，美国支持生物质能源产业的政策已有30年左右的历史（见表4-1）。在一系列政策的推动下，美国于2005年替代巴西跃升为世界头号生物燃料乙醇生产国，该年度美国燃料乙醇总产量比2001年翻了一番。2004～2008年，美国燃料乙醇产量年均增长率达35.7%。目前，美国每年的生物燃料产量约为120亿加仑，大部分为利用玉米生产的燃料乙醇。据美国农

业部统计，用于生产乙醇的玉米消费占美国玉米消费总量的比例，1999 年为 6%，2007 年则达到 24%。2009 年，美国玉米产量约为 3.24 亿吨，国内玉米消费约为 2.74 亿吨，其中用于生产乙醇的玉米消费约为 1.07 亿吨，占到国内玉米消费总量的 39%。

表 4－1　1980 年以来美国联邦政府生物能源激励政策

管理机构	计划名称	主要政策	发源
环保署	可再生燃料标准（RFS）	在汽油中强制添加可再生燃料：2006 年使用 40 亿加仑；2012 年 75 亿加仑	《2005 年能源政策法》
国内税收局	农业中小企业生产生物柴油优惠	年产不足 6000 万加仑生物柴油企业在第一个 1500 万加仑产量内，补助 10 美分/加仑	《2005 年能源政策法》
国内税收局	可再生柴油优惠	可再生柴油生产商根据可再生柴油申请每加仑 1 美元税收优惠	《2005 年能源政策法》
国内税收局	乙醇货物从量税优惠	汽油勾兑供应商税收补贴 51 美分/加仑。国内供应量达到 75 亿加仑后，优惠 45 美分/加仑	《2004 年美国岗位创造法》
国内税收局	生物柴油税收优惠	生产商及勾兑商可享受 1 美元/加仑税收优惠	《2004 年美国岗位创造法》
国内税收局	中小乙醇企业生产优惠	年产不足 6000 万加仑的企业在第一个 1500 万加仑产量内享受 10 美分/加仑税收优惠	《1990 年综合预算妥协法》
国内税收局	生物质原料生物燃料优惠	生产商得到 1.01 美元/加仑税收优惠	《2008 年食品、水土保持与能源法》
国内税收局	生物质燃料企业设备折旧特别补贴	一般生产企业第一年可获得 50% 折旧补贴	《2006 年减轻税收与保健法》

续表

管理机构	计划名称	主要政策	发源
农业部	生物能源计划	对需扩大乙醇和生物柴油企业给予报销	《2002 年农场安全与农村投资法》
	完善可再生能源体系和能源效率计划	赠款自主、贷款和贷款担保	
	生产商增值资助	为独立生产企业开发生物燃料提供资助	
	生物炼油开发赠款	向未获资助者提供开发与建设项目赠款	
	工商担保贷款（B&I）	为生产生物燃料提供贷款担保	多项立法
	农村商业企业资助	赠款	多项立法
	生物炼油厂援助	建设和更新改造贷款担保、资助	《2008 年食品、水土保持与能源法》
	生物炼油动力援助	对运用可再生生物质炼油厂提供资助	
	生物能源计划	补贴企业生产和扩大高标号生物燃料	
	生物燃料（蔗糖）生产企业灵活原料计划	授权 CCC 购买过剩白糖，以生物质原料形式销售给企业做原料	
	生物质农产品援助（BCAP）	为企业进货提供年度融资援助与补贴购买、收获、储存于运输生物质	
能源部	生物质研发自主	为生物质研发和验证计划提供赠款	《2000 年农业风险保护法》
	生物炼油项目赠款	为农业合作社提供资金，用于生物质燃料、能源、化工产品等生产	多项立法

续表

管理机构	计划名称	主要政策	发源
能源部	多种原料生产乙醇和副产品企业担保贷款	包括建立生产设施，从纤维素原料、城市污物和甘蔗生产乙醇等产品	《2005 年能源税收政策法》
	担保贷款	为减少空气污染和温室气体排放等、包括生物燃料项目提供贷款担保	
	纤维素生物燃料生产激励	对纤维素生物燃料生产提供从量补贴	
海关与边境保护局	燃料乙醇进口税	对所有进口乙醇征收从量税 2.5%；另征收每加仑 54 美分关税	《1980 年综合妥协法》

资料来源：李超民．美国生物质能源政策激励与粮食消费展望．农业展望，2010（3）：37－41.

1. 燃料乙醇生产推高了主要粮食产品的价格，波及国内部分低收入群体食物消费

大量玉米用于燃料乙醇生产，导致美国玉米、小麦等粮食价格不断上涨。据美国农业部的统计和预测（USDA，2010），1990～2005 年美国玉米的价格基本保持在 2 美元/蒲式耳左右，此后，玉米价格出现大幅上涨，并于 2008 年达到历史高点的 4.06 美元/蒲式耳；未来十年，美国玉米价格仍将保持高位运行态势，基本保持在 3.7 美元/蒲式耳左右（见图 4－3）。由于玉米价格的上涨，比价效应导致小麦种植面积下降（见图 4－4），玉米和大豆生产正在逐步替代小麦生产，推动了以口粮消费为主的小麦价格的上涨。据阿玛尼·埃劳贝伊德等人（Amani Elobeid et al. 2006）估算，玉米制乙醇将导致美国小麦种植面积减少 3%，价格上涨 20%（见表 4－2）。

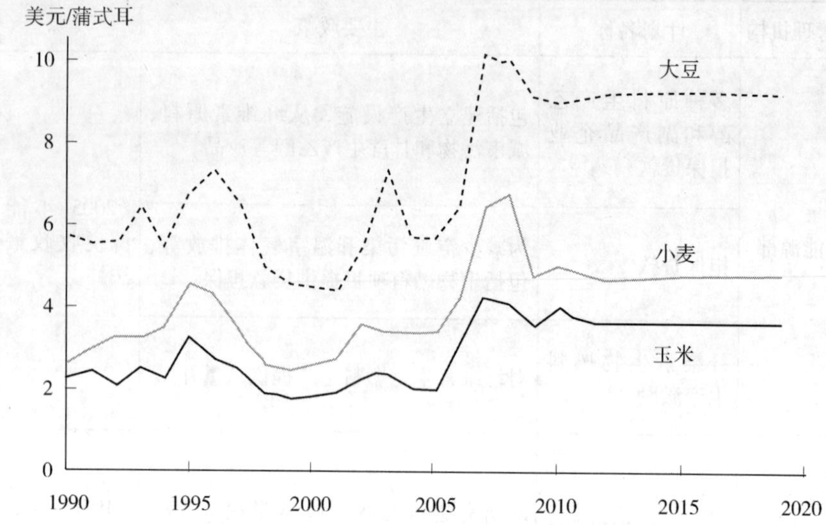

图 4 - 3　美国玉米价格变化趋势

资料来源：USDA Agricultural Projections to 2019（OCE - 2010 - 1）.

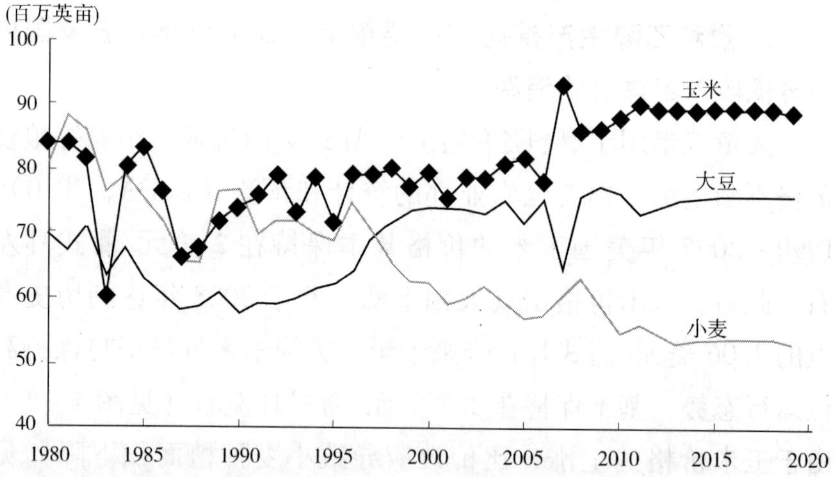

图 4 - 4　美国玉米、大豆、小麦种植面积变动及预测

资料来源：USDA Agricultural Projections to 2019（OCE - 2010 - 1）.

表 4－2　玉米制乙醇对美国小麦产业的长期影响

项　　目	国际乙醇基线（2015 年）	预计长期的影响	变动比例（%）
小麦价格（美元/蒲式耳）	3.80	4.60	20
小麦面积（百万英亩）	47.7	46.3	－3
小麦产量（百万蒲式耳）	2120	2052	－3
用于食用的小麦（百万蒲式耳）	935	922	－1
用于养殖的小麦（百万蒲式耳）	150	283	88
出口小麦（百万蒲式耳）	1043	875	－16

资料来源：Amani Elobeid，Simla Tokgoz，Dermot J. Hayes，Bruce A. Babcock，and Chad E. Hart. The Long – Run Impact of Corn – Based Ethanol on the Grain，Oilseed，and Livestock Sectors：A Preliminary Assessment. CARD Briefing Paper 06 – BP 49. November 2006.

粮食价格的上涨使美国农民、农业企业等获利颇丰，但稻谷以及肉禽价格的上涨，加重了低收入家庭的负担，对它们的食物消费造成了一定的负面影响。正如人们形容的那样，对于普通家庭而言，粮食及相关食品价格的上涨比窃贼更可怕，因为这是一种每天都必须面对，每餐必须承受的压力。这种压力迫使普通人不得不节衣缩食，更让穷人的生活雪上加霜。目前，美国食品价格的上涨已经影响到学校食品补贴制度，学校午餐计划（SNAP）开支大幅增加（Helen H. Jensen & Bruce A. Babcock，2007）。

2. 燃料乙醇生产导致玉米出口比重下降，影响世界粮食供给

美国是玉米出口大国，目前出口量占到全球的 60%。随着美国用于燃料乙醇生产的玉米消费量不断扩大，其玉米消费结构发生了较大变化（见图 4－5），出口比重有所减少，造成全球市场供给量大幅度下降，进而导致国际市场玉米价格上涨。据周曙东等（2009）的分析，如果 2008 年美国在建的生物乙醇工厂全部完工，并且有 25% 的拟建生物乙醇工厂完工并投入使用，玉米出口量减少到4039万吨，国际市场玉米价格将会上涨9.7%；到2010年如果有50%的拟建生物乙醇工厂完工并投入使用，玉米出口量减少到2414万吨，国际市场玉米价格将会上涨18.4%；2012年如果有75%的拟建生物乙醇工厂完工并投入使用，玉米出口量减少到484万吨，国际市场玉米价格将会上涨28.5%。出口玉米价格飙涨，大大加重了玉米进口国及其城市贫困人口的支出负担。面对食品价格的上涨和粮食供求关系的失衡，许多国家纷纷采取贸易保护主义政策，调整本国的进出口管理措施。对粮食进口国而言，面对粮食出口国的出口限制，只好不惜代价购买谷物以维持其国内的粮食供给。

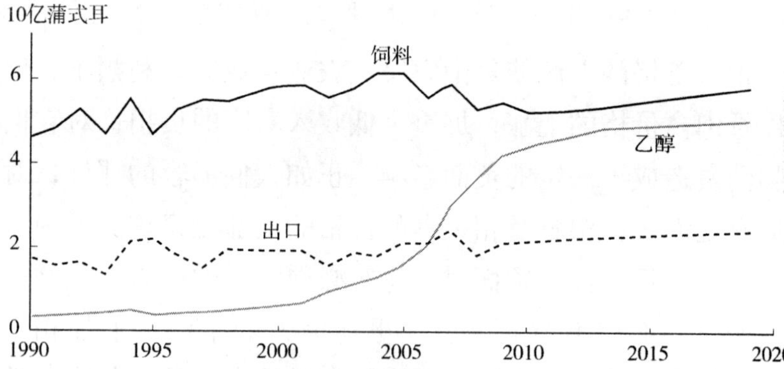

图4-5　美国玉米消费结构变化趋势

资料来源：USDA Agricultural Projections to 2019（OCE-2010-1）.

3. 燃料乙醇生产给生态环境带来一定的隐患

生物燃料的大规模发展不但对生态环境影响很大，还可能通过改变土地用途降低作物轮作的多样性，同时对湿地、森林和耕地等也构成威胁。受玉米价格上涨的利益驱使，美国部分农民将原本是玉米-大豆轮种的农田全改种为玉米，这对生物多样性、害虫防治和土地的保护产生了不利影响。亚利桑那州立大学（Arizona State University，2007）的一项研究表明，单单是为了灌溉能产出一加仑燃料乙醇的玉米作物，就需要785

加仑的水。另据加拿大地理学家唐纳（2008）的研究，若要生产足够玉米以达到美国设下的2022年生物燃料产量目标，将导致密西西比和阿查法拉亚河的氮污染增加10%至34%，它们最终流入墨西哥湾，将严重危害墨西哥湾的海洋生物，带来“灾难性”的后果。

（二）粮食净进口国、资源小国生物质能源产业发展对粮食安全的影响——以印度尼西亚为例

目前，印度尼西亚（简称印尼）主要生产生物柴油和生物乙醇两种生物燃料，国内种植的生物燃料作物品种包括油棕榈、麻风树、椰子、木薯、甘蔗、甜高粱等。根据计划，到2010年，印尼使用的生物燃油将占到所有能源的2%，2025年达到5%。

1. 发达国家生物质能源产业发展引发的农产品价格上涨向国内传导，导致印尼粮食价格上涨

印尼是粮食进口大国，每年要耗费超过50亿美元的外汇进口粮食。目前，印尼的生物质能源原料以非粮作物为主，对国内粮食生产影响不是很大。但作为粮食进口国，发达国家生物质能源产业发展导致国际农产品价格上涨，加剧了印尼粮食进口负担，对国内消费造成了不利影响。对粮食进口的过度依赖，使印尼受国际粮价波动的影响很大，威胁到印尼的经济与社会安全。以大豆为例，印尼每年的大豆需求量约为200万吨，其中70%依赖进口。进口大豆有80%～90%来自美国。由于近年来美国为了制造生物燃料转而种植更多的玉米，导致大豆种植面积下降。产量下降而市场对大豆的需求猛增，造成国际市场大豆价格呈上涨趋势。大豆价格上涨不仅迫使印尼国内一些豆制品厂商停业，同时也增加了消费者的生活成本。豆腐、豆饼是印尼民众最低廉的生活必需品，大豆价格的上涨，

大大增加了消费者负担，让印尼民众生活不堪负荷，甚至在2008年引发了社会骚乱。

2. 能源作物种植挤占了粮食作物生产资源，引发了激烈的社会矛盾

为满足生物燃料产能增加的需求，印尼近年来大力种植生物能源作物，其中油棕榈和甘蔗种植园面积最大。2008年，印尼国内油棕榈种植园总面积达到700万公顷，总产量达到1920万吨，成为世界上最大的油棕榈生产国（见图4－6）。大量土地被国内外企业用于种植能源作物，一些农民也改种能源作物，使该国粮食作物种植受到一定影响。目前，印尼种植油棕榈的土地主要来自于砍伐原始雨林，部分也来自原先种植粮食作物的耕地。快速发展的棕榈油生产正在掠夺贫困农民的土地，同时也激发了社会冲突。据估计，印尼目前已有400多个社区卷入了因油棕榈种植引发的土地纠纷。[①] 大约有6000万印尼人将从他们的土地上被清走以便为燃料作物让路，其中有500万人属于油棕榈种植发展最快的西加里曼丹省。[②] 即便农民能设法保住自己的土地继续种植粮食，但种植园的排灌系统加剧了区域水资源紧缺，导致周边社区土地灌溉更加困难，而且排放的工业废水和化学物质也对农民的土地造成了破坏，威胁到当地农民的生存。

3. 油棕榈种植对生态环境造成了严重的破坏

利用棕榈油开发生物燃料，对印尼的生态环境造成了严重的破坏。棕榈种植面积的扩张，不但侵占了大量的森林面积，还使泥炭地遭到破坏，增加了温室气体排放。印尼被认为是将森林转化为棕榈油种植速度最快的国家，联合国警告说，印尼

---

① Oxfam International. Bio－fuelling Poverty Why the EU renewable－fuel target may be disastrous for poor people, Oxfam Briefing Note, 1 November 2007.

② http://mwcnews.net/content/view/14507/235.

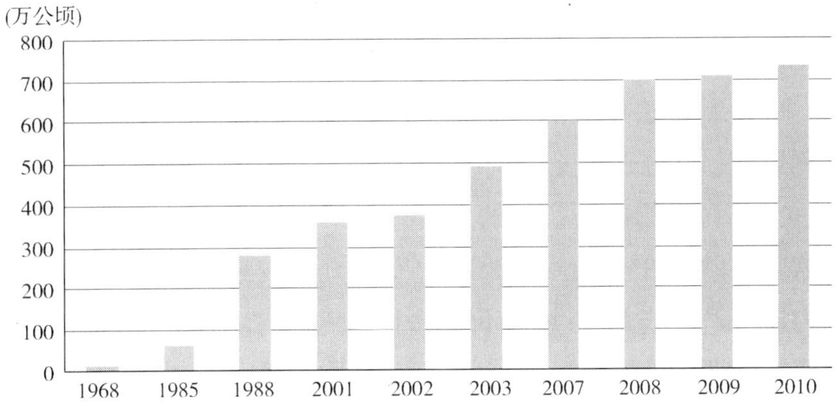

图 4－6　印尼油棕榈种植面积

资料来源：部分数据来源于南博网（http：//www. caexpo. com/special/economy/palmoil/index. html）；2010 年数据为预计数，数据来源于《印度尼西亚商报》（2010－10－25）。

天然林的砍伐速度如此之快，以致到 2022 年 98% 的森林将遭到破坏，猩猩的栖息地将受到威胁。此外，据英国《卫报》报道（2007），印尼急于开发棕榈油和生物燃料的做法有可能导致 140 亿吨碳从泥炭地中被释放出来。如果泥煤地继续遭破坏来为棕榈的种植让地，那么这将极大地增加全球温室气体的排放。[①] 此外，油棕榈种植将部分森林保护区的土地变成了单一作物种植区，大大降低了生物多样性，不利于生态系统的稳定。

四、促进生物质能源产业与粮食安全协调发展的国际经验

在利用生物质能源缓解本国能源紧张问题的同时，兼顾到

① 佚名：印尼草率发展生物燃料造成气候威胁（Indonesia biofuel rush threatens climate），http：//www. chinadialogue. net/blog/show/single/ch/1463，2007－11－08。

粮食安全问题，部分国家也为促进生物质能源产业与粮食安全协调发展做出了相应的努力。

一是制定法规条例限制生物质能源产业发展对生态环境的不利影响。为了避免破坏环境和农业生态系统，部分国家通过立法方式对生物质能产业的发展进行了适当限制。比较典型的是欧盟。欧盟在生物质能源产业发展方面较为审慎，为了避免生物质能产业发展对生态环境产生不良影响，进而影响到粮食生产，欧盟对1998年颁布的《燃料质量条例》中有关乙醇、乙醚与生物柴油总量限制进行了重新评估，以避免能源作物的大量种植加重环境负担。《欧盟生物燃料战略》要求必须比较生物燃料的外在成本收益，避免造成环境破坏和变相导致土地贫瘠。2009年5月生效的《可再生能源指令》（Renewable Energy Directive，RED）明确了不适合种植生物燃料作物的土地类型，如原始森林、法律规定的保护区、高度物种多样性的草原及高碳贮存量的土地（如湿地和泥炭地等）。

二是尽量避免生物质能产业发展占用粮食作物资源。为防止发展生物燃料导致粮食和能源作物价格上涨，欧盟加强了林产品在生物原料中的地位，并且把动植物副产品、生活垃圾等有机废物也纳入生物原料的范围（赵建等，2006）。菲律宾政府为确保燃料生产不会引起与食品生产的竞争，也推出了一系列措施，如要求提供食品/给料产品的蔗糖工厂与燃料生产地要保证一定的距离间隔，以减轻全球范围内对蔗糖的大量需求引发的价格上涨压力。

三是积极发展非粮型生物质能源产业。部分国家基于本国资源状况，在发展生物质能源时就选择了非粮型的道路；部分国家则基于粮食安全的考虑，积极转变生物质能源产业发展路径，尝试开发生产非粮型生物质能源。例如，日本由于耕地资源稀缺，生物燃料利用方面起步较晚，其发展方向主要为非粮型生物质能。据美国农业部全球农业信息网络（GAIN）的一份报告显示，日本政府“非常坚定”地致力于纤维素生物燃料作为日本未来的生物燃料。同时还积极开发利用多种资源为原料进行生物燃料生产。如提出计划回收每年扔掉的数以百万计的木质筷子用于生产生物燃料；在马来西亚用油棕榈废弃物加工生物燃料；通过大量养殖海藻制造生物乙醇等。美国为了确保自己未来在生物燃料的领先地位，2010 年 3 月份以来相继宣布多个生物燃料资助计划，涉及研发、生产、项目管理等多个领域，力图加快美国纤维素乙醇和海藻燃料项目的建设。

五、我国生物质能源产业与粮食安全协调发展的现状和问题

（一）我国生物质能源产业发展状况及对粮食安全的影响

20 世纪 90 年代，我国粮食连续丰收，但国内粮库现代化程度不高，粮食物流规模小、流量低，北方产区富余的粮食无法及时向南方地区输送，造成大量储备粮陈化现象。为了消化陈化粮并缓解日益紧张的能源供求关系，2001 年国家计委等五部委联合颁布了《陈化粮处理若干规定》，确定陈化粮主要用于生产乙醇、饲料等，并批准建设了黑龙江华润酒精有限公司、吉林燃料乙醇有限公司、河南天冠集团和安徽丰原生化股份有限公司等四家生物燃料乙醇生产试点项目。同年，还颁布了《新能源和可再生能源产业发展“十五”规划》、《变性燃料乙醇及车用乙醇汽油“十五”发展专项规划》，将生物燃料作为优化能源结构、促进经济社会可持续发展的战略措施，提出短期内以陈化粮为主开展燃料乙醇试点项目。2002 年国家

发改委等八部委联合制定并颁布了《车用乙醇汽油使用试点方案》，决定在河南、黑龙江两省的5个城市试点使用含10%燃料乙醇的汽油。2003年末，中央政府针对4家乙醇企业制定了五年补贴计划：2004年以前企业每生产1吨乙醇可享受2736元补贴，此后逐年降低，到2006年降为1373元。2004年以前，我国对生物燃料乙醇发展的扶持措施主要有：免除乙醇汽油（含10%的乙醇）5%的消费税；免除所有燃料乙醇生产企业的增值税；对燃料乙醇企业使用国家粮食储备陈化粮给予补贴；对燃料乙醇企业按照“保本微利”原则进行直接补贴（黄季焜、仇焕广、Keyzer M等，2009）。2004年，中央进一步扩大了燃料乙醇生产和使用试点范围，将使用乙醇汽油的省份增加到9个。同时改成按“平均先进”的原则对企业进行定额补贴，每吨生物燃料乙醇的直接补贴达到1370元人民币。为了加快促进燃料乙醇产业的发展，2006年财政部等又下发了《关于发展生物能源和生物化工财税扶持政策的实施意见》，从建立风险基金制度、实施弹性亏损补贴、对原料基地进行补助等方面，出台了一系列财税扶持政策。在国家优惠政策的大力支持下，各地积极发展生物燃料乙醇产业，建设燃料乙醇项目的热情空前高涨。据统计，2004～2006年短短两年内，我国以生物燃料乙醇或非粮生物液体燃料等名目提出的意向建设生产能力就超过了千万吨。

随着燃料乙醇项目的大批上马，陈化粮快速消化，并产生了“与人争粮、与粮争地”现象。在黑龙江、吉林等粮食主产区，当地加工企业开始以消化陈化粮为名抢购新粮，新上市的玉米被抢购一空，导致饲料用粮严重短缺，极大地影响了养殖业的发展。同时，抢购导致玉米价格上涨，大量农民改种玉米，造成部分口粮用地被占用。基于此，国家支持燃料乙醇产业发展的政策开始转向。2006年国家发改委等下发了《关于加强玉米加工项目建设管理的紧急通知》，明确要求各地立即暂停核准和备案玉米加工乙醇项目，并对在建和拟建的项目进行全面清理，不得以建设燃料乙醇项目为名，盲目发展玉米加工乙醇能力。财政部印发了《可再生能源发展专项资金管理暂行办法》，明确提出“石油替代可再生能源开发利用，重点是扶持生物乙醇燃料、生物柴油等。生物乙醇燃料是指用甘蔗、木薯、甜高粱等制取的燃料乙醇。生物柴油是指用油料作物、油料林木果实、油料水生植物等为原料制取的液体燃料。”2007年6月，国务院召开可再生能源会议，明确叫停玉米加工乙醇项目，并决定今后只能“在不得占用耕地、不得消耗粮食、不得破坏生态环境”的原则下“坚持发展非粮燃料乙醇”。此后，尽管国家实施了更为严格的市场准入与监管制度，燃料乙醇生产的定点与非定点企业“与人争粮”现象仍时有发生，并在2008年达到高峰。当时，因饲料粮价格过高，猪肉价格高达每斤20元，鸡蛋价格也在每斤5元以上，造成百姓无法正常消费的严峻势态（周勇刚，2010）。为此，国家多个部委不得不再次责令停止用玉米加工乙醇，最终才平抑了涉粮农副产品的价格。原料由“粮食”变成“非粮”，我国生物液体燃料产业驶入一个新的转折点。根据《生物燃料乙醇以及车用乙醇汽油“十一五”发展专项规划》，到2010年，我国将以薯类、甜高粱等非粮原料为主生产522万吨燃料乙醇，届时乙醇汽油使用量将占全国汽油用量的75%。[①] 到2020年，我国燃料乙醇年产量可达1000万吨。从重大技术产业化示范补助、生物燃料原料基地财政补助到免征生产企业消费税等税收优惠，国家出台了一系列政策，扶持非粮乙醇有序快速发展。

① 因无确切数据，难以估计，该目标可能并未实现。

（二）我国生物质能源产业与粮食安全协调发展存在的主要问题

从燃料乙醇项目的大批上马，到产生“与人争粮、与粮争地”问题后的政策急刹车，我国生物质能源产业走了一些弯路。目前，我国发展生物质能源产业的措施与保障粮食安全的要求还存在一些不协调之处，主要表现在：

一是继续补贴陈化粮生产生物燃料的政策不利于保障粮食安全。基于保障粮食安全的考虑，政府加大了对玉米加工乙醇产能的限制，但对玉米制燃料乙醇的优惠政策一直在延续，各地燃料乙醇加工厂仍然正常运转，导致企业抢粮现象时有发生，部分主产区出现农民改种玉米现象，对口粮生产造成不利影响。随着我国城镇化的快速发展和城乡居民收入水平和生活质量的不断提高，肉蛋奶的消费需求不断扩大，饲料粮需求持续增加，供求关系日趋紧张。在饲料粮供给吃紧、价格上涨的背景下，继续保持目前玉米陈化粮生产燃料乙醇的补贴强度，维持玉米燃料乙醇的生产规模，将通过市场心理和原料供给减少等途径加剧饲料玉米的供求紧张矛盾。

二是非粮原料保障能力不足导致生物质能源产业发展对粮食过度依赖。我国非粮能源作物种类丰富，但木薯只适合在广东、广西等地种植，国内资源有限；北方适合种植甜高粱，但由于成熟期集中、难以保存，很难满足工业化连续生产的要求；木质纤维乙醇原料丰富，利用潜力巨大，但预处理环节过多，原料消耗大，生产成本太高，至今难以实现大规模工业化生产；尽管目前我国大中城市餐饮业废弃食用油达到500万吨，榨油厂下脚酸化油250万吨（白浩然，2010），但回收废弃油资源用于生产生物柴油的比例很低。缺乏健全的原料供应体系，严重限制了生物质能源产业的健康发展。

三是技术装备薄弱导致陈化粮生产燃料乙醇利用率偏低。一段时期内，以粮食为主要原料生产生物质能源的状况还很难改变。目前我国生物质能源产业发展的技术水平较低，对玉米等原料的利用很不充分，导致大量资源浪费。如玉米燃料乙醇装置主要是沿袭了食用乙醇装置设计，在燃料乙醇装置的集成化、工艺设备管理的先进性等方面都远远落后于国外，玉米利用率不高。

四是缺乏应对非粮能源植物挤占粮食生产资源的政策储备。为避免“与人争粮”的问题，国家出台了一系列扶持非粮能源作物生产的措施，但非粮能源作物生产的扩张，很可能占用粮食作物生产资源进而影响粮食供给，对这一问题目前各界仍缺乏足够重视。

六、促进生物质能源产业与粮食安全协调发展的对策

从长期来看，发展生物质能源产业是大势所趋。对我国而言，不应简单地限制生物质能源产业的发展，这不利于解决能源安全问题。但是，必须坚持粮食安全优先于能源安全的原则，在确保粮食安全的前提下适度发展生物质能源产业，绝不能以牺牲粮食安全为代价发展生物质能源。为此，要加大农业生产和科研投入力度，着力提高农业综合生产能力，监测生物液体燃料产业发展占用土地对粮食产量的影响状况，加强与美国、欧盟、巴西等生物质能源生产大国的合作，提高生物质能源生产效率，减少粮食原料供应压力，确保粮食安全。在此基础上，还应着力解决好以下几个方面的问题，为实现粮食安全与能源安全的“双赢”创造有利条件。

一是适时调整陈化粮生产燃料乙醇的补贴政策。根据我国

饲料粮一段时期之后可能出现产不足需的发展趋势，必须未雨绸缪，妥善处理饲料粮安全同玉米制燃料乙醇产业稳定发展的关系。在加快培育燃料乙醇非粮原料替代陈化粮的同时，根据饲料粮的供求和价格变动态势，分阶段逐步降低陈化粮生产燃料乙醇的补贴强度，直至最终取消。

二是增强生物质能源的非粮原料保障能力。第一，加大非粮原料的科技支持。将生物质能源研究开发列入国家“十二五”重大研究专项，基础研究项目以科研院所为主，企业参与；开发应用项目以企业研发机构为主，科研院所辅助；重点开发低成本、非粮原料生产燃料乙醇和高效酶水解及高效发酵工艺，研发可使用不同原料、节能环保的生物柴油绿色合成工艺。第二，逐步建立收集利用有机废弃物生产生物质能源的长效机制。对企业利用农林废弃物等生产燃料乙醇等生物质能源的补贴要明显高于陈化粮。加强对地沟油等餐饮废油回收、运输、加工的政策法规制定，采取补贴、奖励和公益广告倡导等激励机制，大力支持定点企业在大中城市回收废弃食用油生产生物柴油，出台生物柴油强制性国家标准，参照燃料乙醇办法打通生物柴油进入燃油销售网络的通道。第三，探索非粮原料的生物质能源消费补贴办法。为了增强非粮原料的生物质能源市场竞争力，参考石油价格行情，可对利用农林废弃物、废弃食用油等非粮原料生产的燃料乙醇、生物柴油等生物质能源在一定时期内给予消费补贴，鼓励消费者使用可再生的生物质能源。

三是提高燃料乙醇的陈化粮原料利用率。鼓励利用陈化粮生产燃料乙醇的企业开发新技术和新工艺，提升玉米、小麦等陈化粮原料的使用效率。重点探索财政补贴水平与陈化粮利用率挂钩的政策。将给予燃料乙醇生产企业的财政补贴分等，在其他条件一致的前提下，陈化粮转化燃料乙醇利用率越高的企业，获得的补贴水平越高，相反，则越低。此外，还可将贷款贴息、奖励等优惠政策与陈化粮利用率的高低挂钩，以调动相关企业采用先进装备、技术和工艺的积极性。

四是提前谋划非粮能源作物种植可能占用耕地的防范措施。第一，建立粮价变动与能源作物种植补贴动态调整机制。保持粮食与能源植物的合理比价，避免过度补贴能源植物而诱导农户放弃粮食生产。第二，引导非粮能源植物的种植技术朝着不占耕地的方向发展。有关部门通过立项选择、研发补助等途径，鼓励科研机构和企业选育的能源植物品种及其配套种植技术更适宜于在荒山、荒丘和废弃地等非耕地的土地上种植，增强能源植物的种植者在非耕地上生产的内驱力。第三，严控占用耕地种植能源植物。对主要利用耕地种植的能源植物生产生物质能源的企业不予补贴；如果出现大量占用耕地种植能源植物的苗头或现象时，必须尽早出台经济处罚甚至禁止种植等调控举措。

参考文献

1. André Faaij. Bioenergy and global food security ［R］. working paper, 2008.

2. Arif Mohammad Faisal. Biofuel – A threat for food security and environment ［N］. New Age, Wednesday, March 26, 2008.

3. Baker, A.; Zahniser S. Ethanol reshapes the corn market. Amber Waves 42: 30 – 35, 2006.

4. Brown, L.. Distillery Demand for Grain to Fuel Cars Vastly Understated: World May Be Facing Highest Grain Prices in History ［R］. Report of Earth Policy Institute, Washington. 2007.

5. C. Ford Runge, Benjamin Senauer. How biofuels could starve the poor

[J]. Foreign Affairs, 2007, May/June, 41 - 53.

6. Catherine Benjamin, Magalie Houee - bigot. Measuring competition between non food and food demand on world grain markets: is biofuel production compatible with pressure for food production? [R]. Selected Paper Presented for Presentation at the American Agricultural Economics Association Annual Meeting, Portland, OR, July 29 - Agugust 1, 2007.

7. Congressional Budget Office (CBO). The impact of ethanol use on food prices and greenhouse - gas emissions. Congress of the United States, Pub. No. 3155, April 2009. http://www.cbo.gov/ftpdocs/100xx/doc10057/04 - 08 - Ethanol.pdf (Accessed on April10, 2009).

8. Fargione, J., J. Hill, D. Tilman, S. Polasky, & P. Hawthorne. Land clearing and the biofuel carbon deb [J]. Science, 2008, 319 (5867): 1235 - 1238.

9. F. O. Licht. World Ethanol and Biofuels Report [R]. 2009. Vol. 7, No. 18.

10. Helen H. Jensen, Bruce A. Babcock. Do biofuels mean inexpensive food is a thing of the Past? [J]. Iowa Ag Review, 2007, Vol. 13, No. 2, pp. 1 - 3.

11. Hill, J., Nelson, E., Tilman, D., Polasky, S., Tiffany, D. Environmental, economic, and energetic costs and benefits of biodiesel and ethanol biofuels [J]. Proc. Nat. Acad. Sci. (U. S. A.). 2006, 10330: 11206 - 11210.

12. IEA. World energy outlook 2004 [R]. International Energy Agency, Paris, 2004.

13. Josef Schmidhuber. Impact of an increased biomass use on agricultural markets, prices and food security: A longer - term perspective Global Perspective Studies Unit of FAO. This paper for the International symposium of Notre Europe., Paris, 27 - 29 November, 2006.

14. International Monetary Fund. World economic outlook 2007. 2007. April, http://www.imf.org.

15. Lankoski, Jussi, Ollikainen, Markku. Biofuel polices and the environment: the effects of biofuel feedstock production on climate, water quality and biodiversity [R] . Contributed paper prepared for presentation at the International Association of Agricultural Economists Conference, Beijing, China, 2009. August 16 – 22.

16. OECD. OECD Environmental Outlook to 2030 [R] . OECD – Organisation for Economic Co – Operation and Development, Paris, 2008.

17. Oxfam International. Bio – fuelling poverty: why the EU renewable – fuel target may be disastrous for poor people [R] . Oxfam Briefing Note, 1 November, 2007.

18. Paul Armah, Aaron Archer, Gregory C. Phillips. Drivers leading to higher food prices: biofuels are not the main factor, In Vitro [J] . Cell Devel Biol – Plant, 2009. 45: 330 – 341.

19. Royal Society. Sustainable biofuels: prospects and challenges. London. 2008.

20. Searchinger, T. The impacts of biofuels on greenhouse gases: how-land use change alters the equation [R] . Policy Brief. Washington, DC, The German Marshall Fund of the United States. 2008.

21. Siwa Msangi. Biofuel revolution threatens food security for the poor, http: //www. scidev. net, 2007 – 12 – 06.

22. USDA. USDA agricultural baseline projections to 2019. Washington, DC, USA: United States Department of Agriculture. 2010.

23. Von Lampe, M. Agricultural market impact of future growth in the production of biofuels. Directorate for Food [R] . Agriculture and Fisheries Committee for Agriculture—Working Party on Agricultural Policies and Markets; OECD; AGR/CA/APM (2005) 24/ FINAL. February. 2006.

24. 白浩然．废弃食用油制备生物柴油新展望．中国新能源网，http: //www. newenergy. org. cn, 2010 – 10 – 18.

25. 陈健鹏．全球生物燃料的发展对国际粮食市场和中国粮食安全的影响 [J] ．世界农业，2009 (4) ．

26. 陈伟，张军，刘清．生物燃料生产的负面影响评述［J］．科技经济透视，2007（11）．

27. 程序．生物能源与粮食安全及减排温室气体效应［J］．中国人口·资源与环境，2009（3）．

28. 高峰，赵礼恩，王学真．生物燃料发展对农产品市场及农业发展的影响研究综述［J］．山东理工大学学报（社会科学版），2010（1）．

29. 公茂刚，王学真，刘力臻．发展中国家粮食安全影响因素的理论分析［J］．东北师大学报（哲学社会科学版），2009（6）．

30. 黄季焜，仇焕广，Keyzer M，等．发展生物燃料乙醇对我国区域农业发展的影响分析［J］．经济学（季刊），2009（2）．

31. 李碧芳．发展生物质能源对能源安全和粮食安全的影响［J］．生态经济，2010（3）．

32. 李超民．美国生物质能源政策激励与粮食消费展望［J］．农业展望，2010（3）．

33. 李青．生物燃料支持政策的效益．www. drcnet. com. cn（国研网），2009－10－10.

34. 刘芳，李泽碧，李清荣，等．沼气肥与化肥配施对甜玉米产量和品质的影响［J］．土壤通报，2009（6）．

35. 刘笑然．中国生物燃料发展与粮食安全［J］．黑龙江粮食，2006（4）．

36. 宁泽逵，王征兵，付青叶．生物能源发展与粮食安全及其对中国的启示［J］．统计与决策，2010（1）．

37. 汪翔，王树进．生物质能发展对我国粮食安全的影响研究［J］．求索，2009（7）．

38. 肖超．从我区森林资源快速增长看沼气建设的重要作用［J］．广西林业，2006（6）．

39. 张锦华，吴方卫，沈亚芳．生物质能源发展会带来中国粮食安全问题吗？［J］．中国农村经济，2008（4）．

40. 张锐．全球粮食安全：瓶颈［J］．生态经济，2009（10）．

41. 张忠明. 我国发展生物燃料对粮食安全的影响研究——基于CGE模型的模拟分析［C］. 浙江工业大学硕士论文，2009.

42. 赵建，李春梅. 欧盟发展生物燃料的有关政策及其启示［J］. 中外能源，2006（4）.

43. 周曙东，崔奇峰，吴强. 美国发展生物质能源对国际市场玉米价格、贸易与生产格局的影响［J］. 中国农村经济，2009（1）.

44. 周勇刚. 燃料乙醇产业再起争端［N］. 中华工商时报，2010－07－01.

45. 朱行. 世界主要国家和地区生物燃料发展现状和趋势展望［J］. 粮食流通技术，2010（4）.

第五章　我国生物质能源产业服务体系研究

姜长云

内容提要：

从国内外经验和国内需求看，加强生物质能源产业服务体系建设具有重要性和紧迫性。本文分析了我国生物质能源服务体系建设的现状，揭示了其面临的主要问题，即生物质能源配套服务体系薄弱、生物质能源技术研究能力不足、城乡结构转型和劳动力成本提高加剧了服务体系的供求矛盾、农业发展方式转变日益挑战传统的生物质能服务体系建设思路。在此基础上，提出加强生物质能源服务体系建设需要拓宽生物质能源产业发展思路，着力完善建设其服务体系的长效机制；顺应城乡经济社会结构的变化和农村发展方式转变，调整支持生物质能源服务体系的方向和重点；要加强财税支持，完善其他配套支持和监管措施。

长期以来，许多国家在发展生物质能源产业的过程中，都把支持服务体系建设作为重要措施之一。近年来，我国发展生物质能源的经验证明，服务体系的支撑不足，往往是发展生物质能源产业面临的瓶颈约束；面向发展生物质能源产业的需求，研究加强其服务体系建设的难点与对策，具有重要的理论意义和政策参考价值。为叙述简便起见，本文将面向生物质能源产业的服务体系，简称为生物质能源服务体系。

一、加强生物质能源服务体系建设的重要性

（一）国际经验的启示

许多生物质能源产业走在世界前列的国家，不仅通过财税金融措施，支持生物质能源产业的发展；在面向发展生物质能源产业的需求，加强服务体系建设方面，也采取了许多得力措施。如美国在生物质能源的研究和开发方面一直走在世界前列，通过对生物质能源研发的强有力支持，为生物质能源产业的发展提供坚强后盾。美国还通过对生物质燃料的流通环节提供补贴，引导生物质燃料流通服务体系建设，为生物质燃料的流通提供便利。2008 年的美国农业法规定，对收集、收获、储存及将能源作物运输到转换工厂，给予为期两年不超过 45 美元/吨的匹配支付。[①] 为支持生物质能源产业的发展，德国巴伐利亚州政府整合地方基础研究、技术开发和市场营销等机构，成立了州生物能技术开发推广中心。[②]

① 农业部考察团．美国的生物质能源政策及其启示［J］．农村经济文稿，2009（9）．

② 张希良，等．国外生物质能开发利用政策［J］．农业工程学报，2006－10，22（1）．

（二）国内生物质能源产业发展的迫切要求

《中华人民共和国国民经济和社会发展第十二个五年规划纲要》有多处提到发展生物质能，提出要“大力发展沼气、作物秸秆及林业废弃物利用等生物质能”。在其“培育发展战略性新兴产业”一章中，把生物质能作为新能源产业重点发展的内容之一，作为推动重点领域跨越发展的一个组成部分。在其“推动能源生产和利用方式变革”一章，又专门提出要积极发展生物质能。

目前，生产生物质能源的原料大致有农作物秸秆、农产品加工剩余物、畜禽粪便、工业有机污水等工业废弃物、城乡生活垃圾、林木生物能资源和能源作物等。能源作物主要包括速生林木、木本油料植物和甜高粱、木薯、甘蔗等糖类和淀粉类作物。[①] 从国内外经验来看，目前生物质能源的发展，大多面临产品生产成本高、经济效益低的困扰，严重影响企业对生物质能源开发利用的积极性。生物质能源不仅转化成本高，由于资源分布分散、能源密度低，其采集和运输成本高也是一个突出问题。我国生物质能源的原料资源多种多样，且品质差异较大；加之，生物质能源原料植物的选育栽培和规模经营技术尚不完善，生物质能源的产业化模式和资源综合利用技术较不成熟。由此影响到生物质能源产品品质的稳定性，加大其生产成本。

迄今为止，我国虽有盐碱地、荒草地和荒山荒坡等大量边际土地亟待开发；但在现有经济技术条件下，其中到底有多少具备适宜种植能源作物的自然条件？在适合种植能源作物的边际土地中，又有多大比例种植能源作物具备经济合理性？况且，

① 王仲颖，等．中国生物液体燃料发展战略与政策［M］．北京：化学工业出版社，2010：3－6.

除种植能源植物外，还有生态、养殖、肥料、工业原料等多方面的用途，希望在这些边际土地上做作文章。就生物质能源的开发利用和产业化发展而言，这种多用途竞争不仅会提高能源植物作为原料的获得成本，也会影响其原料供给的稳定性。除能源植物外，我国其他生物质能源资源的开发利用，也存在类似情况。如农作物秸秆有用作饲料、造纸、还田作肥料等用途。因此，面向生物质能源产业发展的需求，加强相关服务体系建设，有利于弄清生物质能源市场供求、原料供求的信息，促进其产业链各环节的协调配合；还有利于降低生物质能源的生产成本，增加其原料资源的可获性和原料、产品供给的稳定性，促进生物质能源的开发利用及其产业化发展更多地由可能变成现实。

（三）国内沼气等生物质能源开发利用的经验教训

“十五”期间，我国生物质能源的发展在总体上仍处于起步阶段。“十一五”期间，我国明确提出生物质能源的发展要走“以非粮为主”的道路，加快了非粮生物质能源产业的发展步伐。但我国在沼气等部分生物质能源的开发利用方面已有较长历史，甚至户用沼气技术等已处于国际领先水平，其发展规模位居世界前列。回顾我国开发利用沼气等生物质能源的历史过程，可以得出一个重要的经验教训：要促进生物质能源开发利用的可持续发展，加强服务体系建设是不可或缺的基础与关键。从 20 世纪 60 年代末以来，我国农村沼气经历了“两落三起”的发展历程，沼气服务体系建设跟不上，不能及时解决使用过程的问题，是导致农村沼气“两落”的重要原因之一。[①] 目前，许多地方农村沼气池建成后，由于缺少维修服务，

① 农业部办公厅、国家发改委办公厅．全国农村沼气服务体系建设方案（试行），农业部网站，2004－04－05.

导致沼气设施产气率低、故障率高，使用不方便，存在安全隐患，甚至“一年好，二年行，三年不管用不成”。至于对沼气综合利用技术的推广服务不足，导致大量的沼液、沼渣未能有效利用，甚至形成农村环境污染事件。

基于前文分析，促进生物质能源产业的可持续发展，加强服务体系建设，具有至关重要的战略地位和现实作用。在我国，由于农村空间广袤，农村生物质能源规模化、商业化生产与原料收集难、收集成本高的矛盾往往更为突出；农村生物质能源服务体系建设更容易出现成本高、难持续的问题。基于人多地少和国内主要农产品供给长期紧平衡的国情，我国生物质能源产业的发展，不可能像美国那样走主要依靠农业原料导向或种植能源植物的道路，只能更多地依靠农作物秸秆、农产品加工剩余物、畜禽粪便、工业废弃物、城乡生活垃圾等有机废弃物的转化。因此，我国生物质能源开发利用的重点和难点都在农村。此外，农村生物质能源的开发利用，对于促进农村能源的供求平衡、农村环境综合整治和加快社会主义新农村建设具有特殊重要的意义。因此，本文将结合笔者 2010 年 6 月、9 月分别对安徽 HB 市和山东 PD 市的调查，对生物质能源服务体系建设进行专门探讨，重点关注农村生物质能源服务体系建设问题。

二、我国生物质能源产业服务体系建设的现状

（一）各级政府的重视和支持力度不断加大，生物质能源服务体系建设初显成效

近年来，我国农村生物质能源产业迅速发展，相关服务体系建设日益引起重视。如早在 2007 年 4 月，农业部办公厅和

国家发改委办公厅就专门制定了《全国农村沼气服务体系建设方案（试行）》，明确提出要将沼气服务体系建设与沼气发展协调推进。2010 年 5 月，农业部常务会议进一步提出，加快推进农村沼气服务体系建设，保障沼气建、用、管、服的有机衔接，推进沼气产业发展。在沼气技术培训方面，政府的投入力度和培训的规模逐年明显增大。有些地方还结合区域实际，出台了鼓励市场化能源服务机构加快发展的政策措施。如河南洛阳市很早就出台了关于鼓励发展股份制和民营农村沼气技术服务体系的意见。在各级政府的支持下，许多地方县、乡、村三级沼气技术维修服务网络已逐步健全，沼气池建后管理和维修服务工作明显加强（参见案例 1）。

案例 1 位于胶东半岛的山东 PD 市，现有常住人口接近 140 万人。近年来，该市加强对资源及废弃物的综合利用，推广人畜粪便沼气发酵、综合利用等能源转换新技术和资源化利用新技术。到 2010 年 6 月，全市已建成农村户用沼气 10400 余户，农村沼气服务网点 75 个，中小型沼气工程 15 处，“四位一体”的沼气大棚 60 个，秸秆汽化站 1 处。

——资料来源：笔者 2010 年 6 月对山东 PD 市的调查。

（二）各具特色的生物质能源服务体系建设模式迅速形成，部分地区不同利益相关者参与发展的积极性有所增强

如近年来，湖北省在农村沼气的发展中，形成了谷城县依托农村沼气合作社，以农村多功能沼气服务车为纽带，坚持三

业（沼气产业、养殖业、种植业）、四方（建池农户、专业合作社、生态养殖基地、绿色种植基地）协调发展，三沼（沼气、沼渣、沼液）综合利用的模式；松滋的“一站式”综合服务模式；恩施的服务门店、主兼营产品、能源协会、专业服务队伍、服务设备、协会服务管理规章制度“六个一”生态富民超市模式；罗田的“沼气技术服务流动式、器材供应定点网络化”模式。[①] 河北临漳县适应当前农业和农村发展的特点，面向农户开展全过程、全方位、一条龙式沼气服务，形成了全托管型农村沼气服务模式，保障农户享受“傻瓜式”、“保姆式”服务。这些模式的共同特点，是综合考虑了当前农村发展的特点和不同利益相关者的要求，形成了沼气发展与沼气服务体系建设、公益性服务与经营性服务、沼气池建设与沼气池使用维护协调推进的机制，调动了不同利益相关者积极参与沼气发展的积极性和主动性。

三、生物质能源产业服务体系建设面临的主要问题

（一）生物质能源技术推广和其他配套服务体系薄弱，可持续发展能力不强

当前在我国许多地方，尤其是广大的农村地区，面向生物质能源产业的市场化服务体系仍然比较薄弱，可持续发展能力不强。生物质能源产业的发展，主要依靠政府准政府的服务体系。这些政府准政府部门对生物质能源技术的推广服务，不仅

① 周立明．积极探索实践农村能源服务新模式［J］．湖北农机化，2008（5）．

在总体上较为薄弱，还面临经费少、人员缺的困扰。长期以来，许多地方对沼气技术推广，没有专项示范经费和推广经费；对沼气项目，没有乡村两级的工作经费，甚至要求县级财政提供部分配套资金。[①] 企业等市场化组织和非营利组织，对生物质能源技术的推广服务，更缺乏参与的积极性。因此，生物质能源技术推广服务体系薄弱，可持续发展能力不强，可持续发展机制不健全，是个突出问题。许多地方农户不掌握沼气技术操作规程，甚至不知道沼气池需要换料，换料时不知道要关闭阀门导致净化器被烧坏，都与沼气技术服务跟不上有关。

生物质能源产业配套服务体系不健全，也在相当程度上制约着生物质能源的开发利用及其产业化。沼气池建设“三分靠建七分靠管”。当前，许多地方农村沼气建设中“四难”、“三低”、“三高”问题突出，与此有很大关系。“四难”即沼气池进料出料难、沼气配件购买难、故障维修难、新技术推广应用难，“三低”即沼气池使用率低、沼液沼渣综合利用程度低、综合效益低，“三高”即病池率高、弃管率高、报废率高。由于施工质量或维护中的问题，有些户用沼气池往往出现漏气、漏水、火苗小等故障，又因得不到及时有效的专业服务，甚至买不到易损易耗的零部件而被迫弃用。有些地区依托政府的项目资金，建成了农村沼气服务点。待项目实施结束，其服务功能往往名存实亡。甚至由于服务设施配备不齐，缺乏抽渣设备等，严重影响服务效果。服务体系薄弱对农村沼气项目的影响参见案例2。

---

① 在安徽HB市，2008年后，农户沼气池建设作为拉动内需项目，农户每建一个沼气池，可以得到中央投资800元、省级配套640元，县区财政提供配套资金160元。

案例2 根据我们对安徽HB市的调查，“十一五”时期是HB市农村沼气发展最快的时期。到2010年8月底，全市已建成农村沼气2.12万户，沼气已成为当前解决农村生活用能最经济适用的措施之一。2009年，该市仅濉溪县就新建农户沼气池2000户。但是，迄今为止，仍有相当一部分农户对沼气的认识水平较低，只知道沼气可以做饭、照明，不了解沼液、沼渣可以作为养分全面的优质有机肥，有抑虫防病之效；更不了解利用沼气厌氧消化技术处理人畜粪便，可以减少农村传染病的发生，改善农村卫生面貌，治理养殖业污染。由此导致部分农户对于建设沼气池的积极性不够，观望心理严重，国家给钱就修，不给钱就不修。这与农村沼气及其综合利用技术推广不够有很大关系。目前，沼气技术的推广服务过度依赖地方政府的农村能源部门。而地方政府的农村能源部门人员少，且沼气项目建设任务繁重，很少有时间向沼气户提供日常使用、管理和维修服务。近年来，全市虽在加强沼气服务网点建设，但由于服务人员的报酬问题难以得到妥善解决，服务人员的流动性往往比较大，对沼气户的沼气池日常管理、维修和利用技术服务，往往难以得到及时、有效保证。因此，部分沼气户不懂沼气安全使用和日常管理知识，只知道向沼气池进粪，不知道如何出料，影响沼气正常产气。部分沼气池建成不久后，甚至因此遭遇废弃。由于沼气输送技术不过关，许多为养殖小区和规模养殖户建设的小型沼气工程，因离村庄太远，难以达到养殖小区连接50户等要求。由于当地沼气是常温发酵，冬季产气量低，沼气池难以常年均衡供气，也影响到养殖场、养殖小区联户供气的积极性。

（二）生物质能源技术研究能力不足，产业发展缺乏坚实的技术支持

近年来，生物质能源产业的发展，虽然引起了许多国家的重视。但是，许多国家生物质能源产业的发展，走的是以粮食和重要经济作物为主要原料的发展路线。如美国、巴西、欧盟分别以玉米、甘蔗、小麦和甜菜作为生产生物燃料乙醇的主要原料。但是，由于全球粮食安全和重要经济原料供给问题的长期存在，以粮食和重要经济作物为主要原料来发展生物质能源，其空间和可持续性往往面临很大限制。我国粮食安全警钟长鸣，甘蔗等重要经济作物的供给问题也不可掉以轻心，从中长期的角度看，生物质能源产业的发展，不能走主要依靠粮食和重要经济作物为主要原料的路线。利用秸秆和其他农林废弃物作为主要原料，将是我国发展生物质能源的重要选择之一。

但是，迄今为止，我国生物质能源产业发展的技术基础仍然比较薄弱，在许多方面与发达国家仍有较大差距，从生产技术到产品标准、生产设备等方面，我国生物质能源产业发展面临的瓶颈制约都比较突出，许多方面离实现规模化、商业化生产尚有较大差距，有很长的路要走。如迄今为止，我国还缺乏以不同生物质为原料的燃料乙醇产品和技术标准。以秸秆和农林废弃物为代表的纤维素燃料乙醇生产技术还很不成熟，在如何降低纤维预处理和纤维酶成本等方面，与发达国家之间差距较大。[①] 近年来，利用甜高粱替代粮食生产生物燃料乙醇的模式，在我国部分地区受到重视。甜高粱作为普通高粱的变种，具有抗旱、抗涝和耐盐碱等特点，利用甜高粱生产燃料乙醇时

① 国家发改委产业经济与技术经济研究所．中国产业发展报告·2010［M］．北京：经济管理出版社，2011：265.

仅用其茎秆，其籽粒部分仍可食用或作为酿酒原料。我国虽自主开发了以甜高粱茎秆为原料生产生物燃料乙醇的技术，并在部分地区建设甜高粱种植和燃料乙醇加工基地。但在甜高粱原料储藏、木质纤维素预处理技术和降低纤维素酶制剂成本等方面，尚缺乏实质性的技术突破，严重制约甜高粱燃料乙醇的规模化、商业化生产。可见，在相当长的时期内，技术研发体系仍是我国生物质能源产业服务体系最为薄弱的环节之一。[①]

（三）城乡经济社会结构加快转型和劳动力成本迅速提高，加剧了生物质能源服务体系的供求矛盾

随着生物质能源产业的迅速发展，加强其服务体系建设的需求不断扩张。但与此同时，近年来，随着城乡经济社会结构的加快转型，农村劳动力成本和机会成本不断提高，农户生产活动简约化的趋势加快显现，正在对生物质能源服务体系建设带来三方面的影响，加剧生物质能源服务体系供不应求的问题。一是推动面向生物质能源产业的服务，逐步由农户或企业内部的自我服务，转向商品化、市场化服务，加剧相关服务需求的扩张。比如，沼气池出渣换料劳动强度大，往往费力费工，且有一定程度的危险。以前，此项工作可由农户自我完成。近年来，许多农户主要劳动力外出打工后，留守妇女、留守老人往往嫌脏怕累或由于其他原因，不愿或不能从事沼气池出渣换料工作，需要借助服务体系来解决。二是推动生物质能源配套服务价格的提高，增加生物质能源的成本和使用成本。这在沼气方面尤为突出。人工成本的提高，是支撑生物质能源服务价格提高的重要因素。近年来，农村人工成本的提高速度一直比较

① 鹿建光，等．我国生物燃料乙醇产业现状及发展政策研究［J］．经济研究参考，2008（43）．

快。如2004~2009年，在中国三种粮食平均和棉花生产中，雇工工价分别增加了138.5%和61.0%。叶荣平等通过对江苏徐州市贾汪区的调查发现，按照当前工价计算，全部出清一个8立方米的沼气池，需要4个工，工价共240元。[①] 许多地方沼气服务体系的从业者频繁变动，熟练的沼气维修人员严重流失，一个重要原因是，沼气服务工每年工作时间不长，主要是春夏秋三季，服务收入大多低于外出打工。这从反面说明，在农村沼气发展中，提高配套服务价格的压力尚待进一步释放。三是增加了生物质能源投资和服务体系建设的风险。根据我们2010年对山东PD市的调查，建设8~10立方米的沼气池，需要一次性投资1500元。如果再配套进行“一池三改”，共需投资3000元。如果日常管理和维修技术能够得到保证，沼气池的使用寿命可达10~15年甚至更长。但是，近年来，随着农村劳动力外出规模的不断扩大，举家外出的农户迅速增加。一旦农户举家外出，该户建设的沼气池往往自动停用，甚至逐步报废，由此会增加沼气项目的投资风险。有些地方随着青壮年劳动力的外流和农户小型化的发展，人畜粪便明显减少，农户沼气池被迫大量投放未经轧碎、堆沤的作物秸秆，导致产气量明显减少，也会增加农户沼气投资或服务体系建设的风险。在依靠能源作物发展生物质能源的过程中，类似问题同样存在。如农村劳动力成本和机会成本提高，加大了能源作物的采收和运输成本及运输困难。

（四）农业发展方式转变的加快推进，正在对传统的生物质能服务体系建设思路形成全面挑战

鉴于我国生物质能源的发展，只能走主要依靠农业和城乡

---

① 徐荣平，等．贾汪区农村沼气服务体系建设的发展与完善［J］．中国沼气，2009（27）：48.

生产生活废弃物[①]为主的道路。沼气应该是我国生物质能源发展的重点之一。在以小规模农户分散经营为主体的农业经营格局下，农户沼气也是我国沼气发展的主导选择。但是，近年来，农业发展方式的转变正在加快推进，[②] 对农村沼气发展模式的影响正在显著加深。如随着畜禽养殖规模化和养殖小区、养殖大村、养殖大镇的发展，由畜牧业污水和粪便排放引发的连片环境污染与公共卫生问题迅速凸显，对加快农村沼气发展和模式创新的需求迅速扩张。在许多农产品种植基地，随着特定农产品种植规模和销售规模的扩大，对农业废弃物处置不当引发的环境污染问题也在显著增加。在部分蔬菜、花卉种植基地，这种情况尤其严重。通过加快发展沼气更好更快地处理畜禽粪便和农业废弃物，已经不仅仅是支持农村能源发展的客观要求，还日益成为完善农村环境政策的迫切要求。随着农业生产专业化、规模化、集约化的发展和农业生产连片化、集群化的推进，农业生产集中化和户用沼气池分散化的矛盾日趋突出。比如，在许多地区，农户分散化、副业化养殖，已经被企业或大户的集中化、专业化养殖迅速替代，户用沼气池“无粪下池”的问题迅速凸显，农村沼气发展走规模化、集中化道路的需求显著增强，由此必然对农村沼气服务体系建设提出新的更高要求。农村沼气服务体系建设，如果仍然采取以服务户用沼气为主的发展道路，将日益不适应农村沼气发展的要求，其局限性还将进一步凸显。有些地方随着农户兼业化、分

---

① 如农作物秸秆、农产品加工剩余物、畜禽粪便、工业有机污水等工业废弃物、城乡生活垃圾等。

② 如在微观层面，农业的专业化、规模化、集约化迅速发展，规模化的种养大户、种养大村、种养大镇和养殖小区建设加快推进。在产业层面，农业产业化迅速推进，日益形成对农村生产生活的深刻影响。在区域层面，农业发展的集群化和连片化不断取得进展，农业优势特色产业带、产业区建设日益引起重视。

散化、小规模养殖向专业化、集中化、规模化养殖的加快转变，沼气发展模式正在由小规模沼气向大中型沼气加快转型。但在这些大中型沼气池的运行中，如何消除畜禽养殖过程中使用杀菌消毒饲料对发酵菌生长的抑制作用，如何促进沼液、沼渣的有效利用和综合利用，仍亟待通过完善服务体系来解决。

四、加强生物质能源产业服务体系建设的对策思路

（一）拓宽生物质能源产业的发展思路，着力完善其服务体系建设的长效机制

近年来，许多研究从国内外能源发展和能源安全的角度，来探讨生物质能源开发利用及其产业化的重要意义。按照这种思路，探讨生物质能源服务体系建设问题，固然有其必要性和可行性，但是，当前乃至今后相当长时期内，鉴于我国生物质能源服务体系建设的重点和难点都在农村，要加强生物质能源服务体系的长效机制建设，必须跳出生物质能源来看生物质能源，否则很难找到有效出路。所谓跳出生物质能源看生物质能源，就是考虑加强生物质能源服务体系建设、支持生物质能源产业发展的对策措施时，不仅要在能源政策的框架下考虑问题，更要在环境政策、社会政策和经济政策的框架下考虑问题。加强对生物质能源产业发展及其服务体系建设的支持力度，不仅应该是能源政策的重要内容，更应是环境政策、经济政策和社会政策的重要内容。生物能源发展思路的这种调整，有利于切实加强政府对生物质能源服务体系建设的支持，完善其长效机制。

在环境政策的框架下考虑生物质能源的发展及其服务体系

建设，是因为生物质能源的发展具有良好的生态效益，对于减少城乡环境污染和疾病传播、加强农村环境综合整治，具有重要意义（参见案例3）。许多地方农业产业化发展到一定程度后，新的农村环境污染问题迅速凸显，加强农村环境综合整治的需求迅速扩张，加强对农村生物质能源开发利用及其服务体系建设的支持，其重要性和紧迫性就会迅速增强。利用生物质能源技术处理城镇生产生活排放的有机垃圾，既会增加能源供应，也会改善城镇环境。随着我国城镇化的迅速发展，一方面，城市人口迅速增加，“十二五”期间城市人口将会超过农村人口；另一方面，城市人均消费水平迅速提高。这两方面都会导致城镇有机垃圾迅速增加，为相关生物质能源的生产提供丰富原料。在环境政策的框架下考虑问题，相对于在能源政策的框架下考虑问题，更应重视生物质能源技术在城镇垃圾处理中的应用，促进相关生物质能源的开发。在重要环境政策的框架下考虑生物质能源的发展，要注意适度提高畜禽养殖场污染废弃物排放的国家标准或地区标准，借此引导和督促畜禽养殖场、畜禽产品加工厂利用生物质能源技术加强对污染、废弃物的处理。在畜牧业、畜禽产品加工业较为发达的地区，尤应注意这一点。

根据我们对安徽HB市的调查，大中型沼气工程的前期申报包括可研报告、初步设计到建设手续的审批，涉及土地、规划、消防、防雷、环评等环节，需要花费很长时间。后期建设基建投资大、运行成本高，往往很难回收投资，导致多数养殖场不堪重负。从环境政策的框架下考虑生物质能源产业的发展及其服务体系建设，就应适当放松申报限制，通过加强对相关技术创新的支持、加大财政补贴力度等措施，降低大型养殖场建设大中型沼气池的投资门槛，激发其投资建设大中型沼气池的积极性；要结合以奖代补等措施，鼓励养殖场自用沼气，严禁偷排沼气，重视沼气的环境保护作用。建议把配套建设沼气池，作为审批规模养殖场建设项目的必要条件，适度简化审批手续。

案例3　我们对安徽 HB 市的调查显示，一个 3 ~5 口人的农户，建一口 8 ~10 立方米的沼气池，每年可产沼气 400 立方米，可替代 615 公斤标准煤，减少 CO_2 排放，并节约购煤支出 700 元。利用人畜粪便和农村生产、生活废弃物制取沼气，结合进行农村改水、改厕、改厨、改圈，不仅有利于杀灭粪便中的病源菌和病毒，解决养殖业污染；还有利于切断农村部分传染病的传播途径，改善农村环境，维护农民的身心健康。通过开展沼气综合利用，利用沼液、沼渣发展生态农业，不仅可以抑虫防病，还可以为农业提供优质有机肥，替代部分化肥和农药。每口 8 ~10 立方米的沼气池，每年可产 12 ~15 立方米的沼肥，年节约化肥、农药投入 400 元。

在社会政策的框架下考虑生物质能源的发展及其服务体系建设，是因为把支持其发展同支持农民发展种养业结合起来，有利于更好地带动中低收入农户的脱贫致富。除规模化的养殖场外，一般而言，越是贫困农户，愿意养猪、养家禽的越多。将支持农户户用沼气的发展同支持农户发展养殖业结合起来，有利于农村扶贫工作和促进农民增收更好地瞄准农村低收入农户。以能源作物为主要原料开发利用生物质能源，还有利于带动山区、贫困地区或其他欠发达地区的农民就业增收。因为种植能源作物的边际土地往往位居这些地区。

在经济政策的框架下考虑生物质能源的发展及其服务体系建设，是因为把支持生物质能源的发展与支持农业产业化、发展现代农业等结合起来，甚至通过农业产业化和现代农业的发展，拉动生物质能源的开发利用，可以在培育生物质能源服务体系的市场需求、拉动相关市场化服务组织成长方面，收到画龙点睛之效，有利于生物质能源及其服务体系的可持续发展。如在支持沼气发展和沼气服务体系建设的过程中，如果首先将关注的重点直接放在推进沼气池或沼气服务体系建设，往往出现过度依赖政府投入、市场化组织缺乏参与积极性的问题。但如果首先将关注的重点放在支持畜牧业专业化、规模化、区域化发展和畜禽养殖小区建设上，把支持沼气发展作为畜牧业迅速发展后配套解决农村环境治理、公共卫生和能源问题的手段，那么，就容易形成农村沼气发展的连片效应和集群效应，培育区域规模化、市场化的农村沼气服务需求。在此背景下，农村沼气服务体系建设就容易形成可持续的发展机制。有些地方农业产业化的发展可能尚未形成规模，但沼气池的建设已走在前列。如果沼气池的效益仍主要体现在能源方面，农户难免会对沼气使用“认识不足”、对沼气池建设“缺乏热情”。在此背景下，如果将支持沼气发展的重点放到引导农户加强沼气的综合利用，鼓励农户利用沼液、沼渣等发展生态农业、高效农业，推广和探索“猪—沼—果”等不同的农业循环经济发展模式，并在这些方面取得明显成效。那么，“榜样”的力量会自动激发农户发展沼气的热情，有利于培育加强沼气服务体系建设的需求。

（二）顺应城乡经济社会结构的变化和农村发展方式转变的需求，调整支持生物质能源服务体系建设的方向和重点

第一，要注意引导传统的公共服务组织加快转型改造，增强面向生物质能源产业提供服务的能力。如鼓励公共服务组织

开展生物质能源技术的应用性研发和推广服务、培训服务，加强生物质能源产业质量标准和产品检验中心等配套服务体系建设。结合支持发展现代农业和推进农业农村经济结构战略性调整，鼓励公共农业服务机构延伸服务领域，拓宽服务范围，在加强沼气等生物质能源服务体系建设中发挥作用。如引导县、乡农技站或农业技术综合服务站等，直接参与农村沼气技术培训等；引导传统的公共农业服务机构为市场化能源服务企业的运行提供平台支撑，降低其运行成本和风险。要重点加强市、县两级生物质能源公共服务机构建设。借此引导、鼓励和督促其全面提高服务质量、增强服务能力，特别是引导、带动龙头企业、中介组织、示范典型又好又快地提供生物质能源服务的能力。

第二，要注意引导企业和合作社、行业协会、农业公共服务平台在生物质能源服务体系建设中发挥作用。[①] 如引导、鼓励农民兴办和参与能源作物种植、农作物秸秆收集与预处理、沼气等合作社，开展相关公益性服务。要加强对发展生物质能源示范户、示范企业、示范基地、示范合作社的支持。通过政府采购公共服务的方式，更好地支持龙头企业、行业协会和合作社参与农村能源服务体系建设。要结合引导、激发农户和中小生物能源企业外包服务需求，鼓励市场化的生物质能源服务企业或非营利机构增加服务供给（参见案例4）。在户用沼气较为密集的地区，鼓励成立市场化运作的沼气服务公司。在规模化的养殖小区，鼓励成立市场化运作的沼气中心服务站，面向农户提供沼气供应服务。

① 公益性农业生产性服务具有不同程度的公共品属性，而公益性农业生产性服务应该是分层次的，包括合作社或龙头企业层面的公益性服务、特定地区层面的公益性服务和国家层面的公益性服务。

案例4 近年来，宁夏银川市兴庆区沼气建设发展很快。该区掌政镇茂盛村农民王明中把具有一定专业技能的沼气服务人员组织起来，牵头成立了明瑞农村新能源服务专业合作社，合作社现有5个服务队30余人，专业车辆10台。专业服务队立足于保证沼气用户管道维修、配件更换等基本服务，延伸服务领域，把重点转向绿色沼肥的加工和田间施肥，采取分区划片、承包到人的办法，按市场化原则向沼气用户提供全方位服务。把管道维修、配件更换等一般服务作为稳定绿色沼肥加工用户的宣传手段，只收服务成本费。通过清掏沼液、沼渣，为绿色有机肥加工提供原料来源，并向农户支付沼液、沼渣清掏费用。把施肥作为使用绿色沼肥的广告。通过合作社的影响和带动，越来越多的农户主动联系沼气维修、换料和田间施肥。兴庆区为扶持新能源服务专业合作社的发展，鼓励农民长期使用沼肥，规定农户每使用1吨沼渣、沼液，政府补贴给合作社100元。仅此一项，该专业合作社每年可获补贴14万元。

——资料来源：马虎、杨北桥，“宁夏农村沼气服务可持续发展探讨”，《中国沼气》2010年第28期，第42、43页。

第三，要引导政府主导型、营利性、非营利性生物质能源服务组织加强联合和分工协作，形成以政府公共服务机构为依托，以合作经济组织、行业协会和龙头企业为骨干，以民营服务企业为有生力量，公益性服务和经营性服务、综合性服务与专业性服务分层发展，多层次、多类型、优势互补、网络发展的生物质能源服务体系建设模式。有些生物质能源服务，通过以上不同类型的服务机构合作提供，可能更具效率和比较优势。

第四，要顺应农村人口和经济布局集中化趋势，以及农业生产专业化、规模化、集约化发展的方向，调整农村生物质能源服务体系的发展模式和发展方向。如鉴于农村沼气的发展方向是走规模化、集中化发展道路，在农村沼气技术服务体系建设中，要加强沼气储气技术和远距离传送技术、沼气发电技术的研究开发，并努力降低其推广应用的成本。根据我们对安徽HB市的调查，由于人畜分离，将养殖场制造的沼气输送到1公里之外的农户，基本上就没有压力。如能研制出罐装沼气技术，即可有效解决这一问题。有些地方由于农民不愿交钱使用沼气，养殖场往往把所产沼气偷排到空中，既影响环境，又影响沼气池建设的投资回收。这与沼气储气技术和远距离传输技术不过关，沼气发电技术推广不够也有很大关系。此外，适应城乡劳动力成本和机会成本迅速上升的趋势，加强农村沼气进、出料机械以及生物质能源原料采收机械的研发，努力降低其使用成本和风险，也是重要的。

第五，要结合实施区域层面、产业链层面的农业重大项目或专项行动，突出加强包括生物质能源服务在内的生产性服务综合体系建设，培育其长效机制。最近几年来，区域层面的农业重大项目和专项行动迅速增加，有效带动了各具特色的农业产业集群、农业产业区、优势特色农业产业带迅速崛起。实施这些重大项目或专项行动，整合资源，集约服务，突出重点，连片开发，可以协调推动农业的市场创新、制度创新、经营方式创新和发展模式创新，促进不同类型服务机构、不同类型经营主体之间分工协作、优势互补，形成联动机制，整体带动区域层面或产业链层面的农业发展方式转变。但是，这些区域层面或产业链层面的重大项目与专项行动能否持续，能否形成自我发展能力，关键取决于科技服务、信息服务、营销服务、机械服务、生物质能源和环境服务等生产性服务体系的综合支撑能力。结合推进区域层面或产业链层面的重大项目、关键行动，突出加强这些生产性服务能力建设，也有利于引导和培育其市场需求，促进生物质能源服务等需求规模的扩张，为市场化、社会化生物质能源服务企业的成长创造条件。近年来，部分地区积极培育甜高粱、麻风树、甘蔗等能源作物新品种，并进行生物质液体燃料生产示范基地建设。在此过程中，也应把生物质能源原料的运输、生产加工技术的开发、市场营销等服务体系建设放到重要位置。

（三）加强对生物质能源产业服务体系建设的财税支持，完善其他配套支持和监管措施

要加强对政府和准政府部门开展生物质能源服务的财税支持。加强对生物质能源技术研发体系的支持力度，支持具有自主知识产权的生物质能源技术和设备的开发，特别要支持结合农村特点，加强沼气等生物质能源综合利用技术和模式的研究。通过加大对生物质能源重大技术产业化的示范补贴，强化面向生物质能源生产企业、服务企业的政府采购制度等，大力引导和鼓励生物质能源技术的产业化和生物质能源的产业化、商业化、规模化发展，带动生物质能源服务需求的扩张，大力支持相关试点、试验和示范活动。要根据所在地区生物质能源产业的发展目标、阶段需求和区域特点，以中央和省级财政为重点，切实加大对生物质能源技术推广、质量检测中心等公共服务体系建设的财政投入，增加必要的工作经费，大力支持生物质能源公共检测中心等配套服务机构建设，加大以奖代补的力度。鼓励公共服务机构积极开展生物质能源培训等。鼓励通过政府引导、村社或农民参与等方式，建立农村能源综合服务站。可结合加强环境综合整治等，加大对生物质能源原料基地

建设的支持。要加强对生物质能源公共服务的质量监管，完善监管制度，尤其要注意引导和督促提高相关培训质量和沼气池等设施建设质量。要结合完善金融支持政策，鼓励风险投资等支持生物质能源产业发展及其服务体系建设。优先支持城市生物质能源服务企业发挥对农村生物质能源服务企业的带动作用。

参考文献

1. 王仲颖，等. 中国生物液体燃料发展战略与政策［M］. 北京：化学工业出版社，2010.

2. 农业部考察团. 美国的生物质能源政策及其启示［J］. 农村经济文稿，2009（9）.

3. 顾振华. 对秸秆综合利用的思考［J］. 农村经济文稿，2009（9）.

4. 鹿建光，等. 我国生物燃料乙醇产业现状及发展政策研究［J］. 经济研究参考，2008（43）.

第六章　我国沼气业发展研究

于慧利

内容提要:

近年来，我国沼气业发展迅速，至2010年年底，全国户用沼气已经超过4000万户，大中小型沼气工程超过6万处。以沼气装备、沼气施工、沼气科技、沼气服务为主要内容的农村沼气产业化体系初步形成，秸秆沼气技术、沼气工程控制自动化、沼气发电、车用沼气等工艺和技术均取得重大突破，沼气产业在推动节能减排、改善生态环境、开发能源资源、推动农业产业化发展，提高农民生活质量等方面的作用日益显现。未来我国的沼气发展，具有诸多有利条件，但也面临着一些新的问题和挑战。借鉴国外发达国家沼气产业发展经验，必须从国家战略高度重视我国沼气产业发展，研究制定并实施覆盖沼气全产业链的扶持政策，调动中央和地方政府、企业、社会等各方面的积极性，增强市场配置资源的主导性作用，加强科技创新和成果转化，创新管理体制机制，完善服务体系建设，推动我国沼气产业向着产业化、规模化方向发展。

沼气业好似变废为宝的巧手，将人类社会生产和生活中必然产生的有机固体、液体等污染环境之物，通过厌氧发酵获得清洁的能源和沼渣、沼液等有机肥料，为人类社会再生产提供宝贵资源，为城乡人民新生活创造清洁环境。当今世界，气候变化、环境保护、可持续发展等问题越来越成为全人类所共同关心的重要话题，沼气在减少环境污染、保障能源安全、发展低碳经济中的重要作用也日益为人们所认识。我国是发展中国家和农业、人口大国，正处于工业化、城镇化的快速发展阶段，一方面面临着能源资源匮乏、环境压力增加、农业产业化滞后、城乡差距不断加大等诸多发展中的矛盾和问题，另一方面城乡发展过程中也产生大量的沼气发展原料资源，因此，加快沼气产业发展，在调整能源结构、践行科学发展、推进农业产业化进程、改善农民生产生活条件等方面具有重要的现实意义。

一、我国利用沼气的工程特点

（一）沼气的理化性质和生成原理

沼气是有机物质在厌氧环境中，在一定的温度、湿度、酸碱度的条件下，通过微生物发酵作用产生的一种可燃气体。由于这种气体最初发现于沼泽、湖泊和池塘中，故称之为沼气。沼气是一种混合气体，主要成分是甲烷（CH_4），其次有二氧化碳、硫化氢（H_2S）、氮及其他一些成分。沼气的成分中，可燃成分包括甲烷、硫化氢、一氧化碳和重烃等；不可燃成分包括二氧化碳、氮和氨等。其中甲烷含量为55%～70%、二氧化碳含量为28%～44%、硫化氢平均含量为0.034%。

沼气的主要成分甲烷是由一个碳原子与四个氢原子结合而成的简单碳氢化合物，常温下无色、无味、无臭、无毒，密度仅为空气的一半，难溶于水但易燃烧。燃烧后生成二氧化碳和水，同时放出大量的热量。纯甲烷每立方米发热量为36.8千焦。每立方米沼气完全燃烧可以放出约23000～27600千焦耳的热量，相当于0.55千克柴油或0.8千克煤炭充分燃烧后放出的热量。从热效率分析，每立方米沼气所能利用的热量，相当于燃烧3.03千克煤所能利用的热量。

沼气细菌分解有机物产生沼气的过程，叫沼气发酵。根据沼气发酵过程中各类细菌的作用，沼气细菌可以分为两大类。第一类细菌叫做分解菌，它的作用是将复杂的有机物分解成简单的有机物和二氧化碳（CO_2）等。第二类细菌叫含甲烷细菌，通常叫甲烷菌，它的作用是把简单的有机物及二氧化碳氧化还原成甲烷。因此，有机物发酵变成沼气的过程，如同工厂里生产一种产品的两道工序：首先是分解细菌将粪便、秸秆、杂草等复杂的有机物加工成半成品——结构简单的化合物；其次是在甲烷细菌的作用下，将简单的化合物加工成产品，即生成甲烷。

（二）世界和我国沼气利用过程

国外发展沼气的历史可以追溯到18世纪。1776年意大利物理学家伏尔泰首先发现，在厌氧状态下有机物质腐败后能产生可燃气体（即沼气），并测定其主要成分为甲烷等气体。1781年，法国科学家L. 穆拉发明世界上第一个沼气人工发生器，18世纪20年代中期德国、美国分别建造了备有加热设施及集气装置的消化池，这是现代大中型沼气发生装置的原型。第二次世界大战后，沼气发酵技术曾在西欧一些国家得到发展，但因大量廉价石油涌入市场而受到冷落。1955年新的沼气发酵工艺流程——高速率厌氧消化工艺诞生，突破了传统的工艺流程，使单位池容积产气量（即产气率）大幅度提升，成为沼气发展新的动力。1973 年发生的世界性石油危机，提升了人们对发展石油替代能源的重要性的认识，激发起一些国家发展沼气的积极性。自此，德国、丹麦等欧洲国家沼气发展的步伐大大加快。

我国很早就有利用沼气煮盐的记载。但是真正开始应用是在 20 世纪 20 年代后期，台湾新竹人士罗国瑞在广东潮梅地区建成了我国第一个具有使用价值的混凝土沼气池，并成立了“中华国瑞瓦斯总行”，专门建造沼气池和生产沼气灯具，推广沼气实用技术。1936 年，浙江舟山普陀山洪筏禅院内建设了一个以粪便、厨房废物和青草为发酵原料的 125 立方米的沼气池，用于煮饭和照明。此后许多地方都建造有这种类型的沼气池。新中国成立后，我国政府曾多次组织推广沼气技术。1958 年广东番禺建成了我国最大的农业沼气工程，即番禺市桥沼气发电站，容积为 3000 立方米，带动 44 千瓦的沼气发电机。1964 年河南南阳酒精厂建设了一座 2000 立方米的工业沼气池，利用酒精废料生产沼气。20 世纪 60 年代末到 70 年代初，由于农村能源供需矛盾突出，我国出现了兴建沼气设施的热潮，全国建起了 600 多万个农村家用沼气池及少量大中型以人、畜粪便为发酵原料的沼气池。但由于沼气基础研究和技术水平的限制，沼气池的设计和施工不规范，技术服务和管理手段落后，能够有效使用的沼气池为数很少。20 世纪 80 年代，我国沼气研究取得了新的进展。1980 年北京师范学院在国内首次分离获得了甲烷八叠球菌的培养物，随后浙江农业大学、中科院成都生物研究所、农业部成都沼气研究所等部分高校和研究机构相继建立了厌氧微生物实验室，对沼气发酵微生物学、生态学和生物化学进行了比较广泛的研究，取得了多项成果，使我国在沼气基础研究的某些方面逐渐接近国际先进水平。与此同时，我国沼气实际利用也取得积极进展。1979 年，国务院成立了全国沼气建设领导小组，总结沼气发展工作中的经验教训，积极推动沼气开发利用。1988 年成立了中国沼气协会，组织 1700 多名沼气技术工作者对沼气的关键技术进行协作攻关。按照“因地制宜、坚持质量、建管并重、综合利用、讲求实效、积极稳步发展”的建设方针，开展了大规模的沼气基础应用技术研究，引进消化国外厌氧研究新成果，逐步形成比较规范标准的水压式沼气池及相配套的科学建池技术、发酵工艺及配套设备，使我国沼气建设进入了稳步发展的阶段。进入 21 世纪以来，在国家一系列鼓励和扶持政策支持下，我国沼气业尤其是农村户用沼气池获得快速发展。据有关资料显示，目前我国已成为世界上最大的户用沼气生产国和消费国。

（三）我国沼气业的工程特色

世界上现代沼气产业大规模发展源于 20 世纪 60 年代。由于不同国家发展沼气产业的原动力、类型和发展速度不同，因此形成了不同的工程特色。比较而言，我国的沼气工程具有如下特点。

1. 工程规模以池容量计算

欧洲丹麦、德国等一些国家，沼气发展起源于能源危机，从建大型工业沼气工程起步，目的是为了获得尽可能多的能源，所以沼气工程规模以发电装机容量计算。而我国沼气发展，起源于农村能源短缺和农民生活方式的改善，从小型户用沼气工程起步，目的是方便做饭和照明，工程规模以池容立方计算。虽然近年来在保护环境、保障能源安全和扩大内需抵御金融危机等背景下，大中型沼气工程建设得到社会各界关注，投资增长很快，但目前我国仍以池容量表示沼气工程规模。

2. 沼气生产以户用池和解决农村生活用能为主

我国沼气的开发利用，初始目的是解决农村生活用能，改善农民生活条件。几十年来，沼气的工艺技术开发、发酵设备研制、管理模式及政策制定都围绕着这一目的而进行，并由此在全国不同农村地区形成了因地制宜的发展模式。特别是近年来，在社会主义新农村建设过程中，许多适宜发展沼气的农村地区，由单一沼气池建设，发展到与改水、改厨、改厕、改圈相结合，以户用沼气池建设为核心，形成了“一池四改”的农村能源发展系统，创建了不少新的生态家园模式。截至2009年年底，我国池容量12立方米以下的户用沼气池达到3507万户，正常利用的为3230万户，年产沼气124亿立方米，占全国沼气产量的93%以上。据资料显示，到2007年，我国发达地区、传统农区和传统牧区沼气在农村生活用能中的比重分别由2005年的1%、0.2%和1.3%提高到1.5%、0.4%和2%[①]。与西方一些国家沼气主要用于发电以替代化石能源不同，我国已经建成的3000多座农业沼气工程中，具有一定规模沼气发电工程屈指可数，2009年发电总装机容量约6.7兆瓦，真正并入电网的很少，大都为企业内部用电或满足沼气生产过程耗电。

3. 沼气发酵工艺技术种类多

西方沼气发展比较快的国家，沼气工程的厌氧消化工艺是根据处理规模、发酵原料的性质和浓度以及发酵温度等因素来选择的。如德国，发酵料液TS浓度为8%～10%，采用完全混合式中温厌氧消化工艺（CSTR）居多；TS浓度10%～20%，原料为牛粪或有机垃圾采用塞流式中（高）温厌氧消

① 马晓河、姜长云等，《我国农村能源发展战略研究》，2010年3月。

化工艺(HCPF)；TS浓度≥30%，采用中温半干式厌氧消化工艺；全秸秆采用中温干式厌氧消化工艺。美国也主要有三种典型厌氧消化工艺，即覆膜厌氧塘、全混合厌氧消化器和塞流式厌氧消化器。这三种工艺因为工程造价低，管理方便而成为美国主流厌氧工艺。而我国农业沼气工程最初主要是处理畜禽粪便及冲洗污水，随着能源需求和环境改善压力的不断加大以及国内沼气基础研究和沼气产业的发展，沼气开发利用的工艺技术得以不断拓展和提升，几乎所有常规和高效的厌氧消化工艺在我国都有示范工程应用。如：完全混合式厌氧反应器(CSTR)、厌氧接触反应器（AC)、厌氧序批式反应器（ASBR)、厌氧挡板反应器（ABR)、厌氧复合反应器（UBF)、上流式厌氧污泥床（UASB)、升流式固体床（USR)、内循环厌氧反应器（IC）等。近几年随着秸秆制沼气技术的开发，秸秆发酵工艺进一步多样化，农业部沼科所开发的"竖向推流式厌氧消化工艺、北京化工大学开发的"自载体生物膜秸秆沼气工艺、农业部规划设计院的"覆膜槽秸秆沼气技术和一体化两相厌氧消化技术"、中国农业大学的"全混式厌氧发酵技术"、青岛天人环境股份有限公司的"全混联系厌氧消化工艺"和"车库干式发酵工艺"，华北电力大学的"多能互补秸秆沼气增温发酵技术"、中科院青岛生物能源与过程研究所的"秸秆高温发酵工艺"，哈尔滨滨西沼气有限公司的"间歇式干法沼气发酵工艺"等，均有沼气工程示范应用。可以说，我国已经成为世界沼气生产新工艺的最大试验地。

二、我国沼气业发展现状

进入21世纪以来，我国沼气业迅速发展。投资结构不断优化，服务体系逐步健全，沼气功能进一步拓展。形成了农村户用沼气、养殖场大中型沼气工程、养殖小区和联户沼气工程、秸秆集中供气沼气工程、农村中小学校沼气工程等多种模式的建设格局。以沼气装备、沼气施工、沼气科技、沼气服务为主要内容的农村沼气产业化体系初步形成，秸秆沼气技术、沼气工程控制自动化、沼气发电、车用沼气等工艺和技术均取得重大突破，我国的沼气业进入快速发展阶段。

（一）户用沼气设施建设步伐加快

来自农业部的数据显示，从2000年起，我国农村户用沼气池（12立方米以下）保有量连续十年快速增长（见图6-1）。至2010年年底，全国户用沼气已经超过4000万户，占全国适宜农户的33%，比2005年增长20个百分点，沼气年生产能力约140亿立方米，受益人口达1.55亿人。[①] 农村沼气建设，成为新时期最重要的民生工程之一和新农村建设的亮点，被广

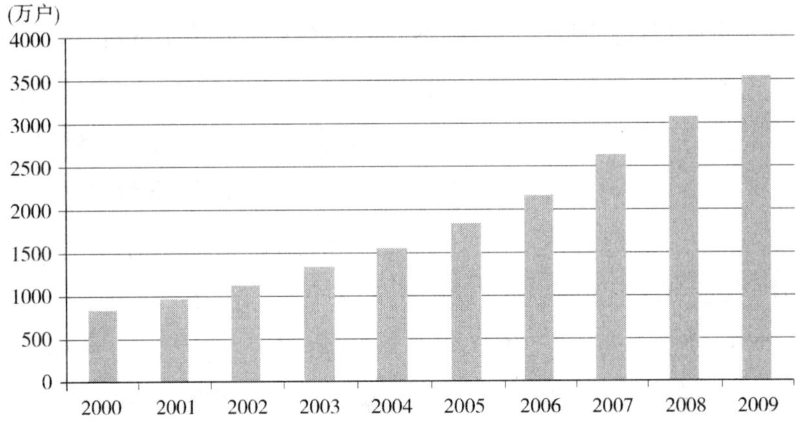

图6-1　2000~2009年我国户用沼气池保有量

资料来源：屠云璋，吴兆流．沼气行业2010年发展报告．doc in 豆丁网．

---

① 高俊才．加大政策力度　发展农村沼气，《中国投资》记者专访稿，来源：和讯网2010-12-09.

大农民誉为民心工程、德政工程。从世界范围看，我国是世界上户用沼气数量最多的国家，据有关统计，2008 年全世界户用沼气池保有量约 3500 万户，其中我国为 3050 万户，约占 87%，而户用池保有量位居第二名的印度只有 300 多万户，仅为我国的 1/10 左右。

（二）大中型沼气工程发展迅速

近年来，国家大力支持处理工农业生产废弃物和城市生活垃圾的大中型沼气工程建设，发展速度逐渐加快。每年新建大中型沼气工程数量从原来每年几十处到百来处，2009 年当年达到 1700 处。据农业部统计，2005～2009 年，我国大中小型沼气工程由 1219 处增加到 56856 处（见图 6－2），2010 年沼气工程总量超过 6 万处。2009 年，处理工业废弃物大型沼气工程（500 万立方米以上）322 处，总池容 56.12 万立方米。处理农业废弃物大中小型沼气工程 56534 处。其中，大型沼气工程（发酵池容大于 500 立方米）3717 处，中型工程（50～500 立方米）18853 处，小型沼气工程（50 立方米以下）33964 处。2009 年各类大中型沼气工程共产沼气 91728 万立方米。其中，处理工业废弃物大型沼气工程年产沼气 15236 万立方米，供 36.72 万户用气；处理农业废弃物大中小型沼气工程年产沼气 76492 万立方米，供气用户 97.1862 万户。截至 2009 年，我国累计建成生活污水净化沼气池（工程）186945 处，总池容达 851.3887 立方米（见图 6－3）。2009 年我国大中型沼气工程年产气占全部沼气的比重由 2005 年的 4.8%、2007 年的 5%，上升为 7% 左右，有了较大幅度的提升。

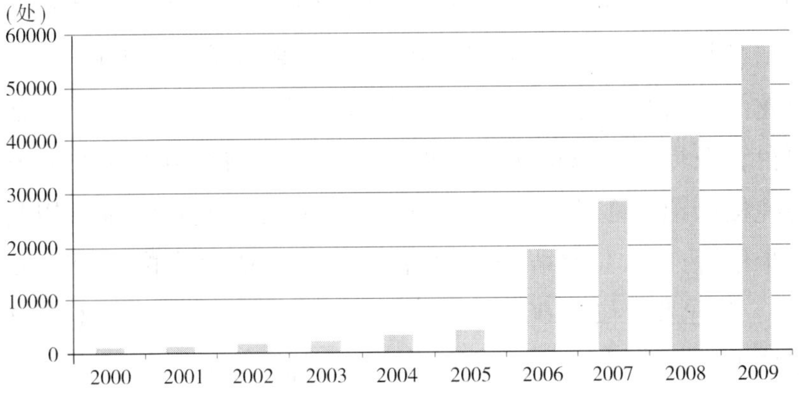

图 6 -2 2000 ~2009 年沼气工程保有量

资料来源：屠云璋，吴兆流．沼气行业 2010 年发展报告．doc in 豆丁网．

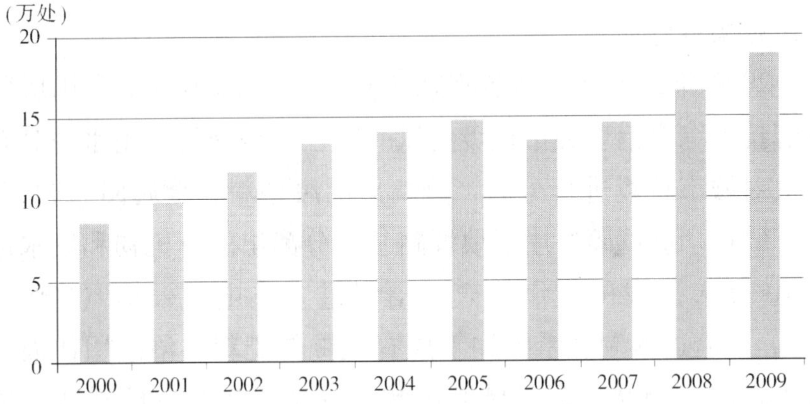

图 6 -3 2000 ~2009 年生活污水京华沼气池保有量

资料来源：屠云璋，吴兆流．沼气行业 2010 年发展报告．doc in 豆丁网．

(三) 沼气技术开发应用取得新进展

近年来，我国沼气工程开发应用不断取得新的进展，沼气在节能环保和促进农业经济发展方面的多重功能日益显现。为了克服农村集中供气发酵原料不足，2009 年农业部加大了对秸秆沼气工程研究和开发的支持力度，安排了 12 个省共兴建 16 个秸秆沼气工程示范项目，目的是以技术创新和机制创新为动力，深入探索不同地区、不同原料、不同工艺、不同规模的秸秆沼气集中供气工程技术模式和管理经验。山西、河北、黑龙江、吉林、辽宁、天津等省市都组织了一批秸秆沼气示范项目，取得了可喜的进展。例如，河北省青县耿官屯公司建设的纯秸秆沼气工程，建有1000立方米的地上发酵罐，以青储玉米秸秆或干玉米秸秆切碎加工进行高浓度发酵，日产沼气1200立方米，供1500多农户和一个饭店用气，冬季还为1000多平方米办公楼供暖，取得了明显的综合效益。福建北环公司建造的江苏省金坛市直溪镇汀湘村稻草发酵集中供气站，在地下混凝土结构上覆红泥塑料建筑发酵池，供100多农户用气。项目共投资80万元，只需要一人管理，农民既用气又用肥，使用效果良好。

2009年，内蒙古鄂尔多斯市启动了我国第一个采用厌氧发酵技术综合治理城市垃圾的试验工程。该项目采用水洗分解方法对城市垃圾进行分离，分离出的废塑料、金属回收利用，砖石砂料、玻璃碎块用于填埋路基，分离出的有机物和废水进入10个大型发酵罐制沼气，沼气进入发电机发电（500千瓦），沼渣进入制肥系统加工成有机颗粒肥料，沼液用作液肥施予农田。2009年2月昆明市政府支持滇池管理局开展“滇池水葫芦富集氮磷及资源化利用研究示范项目”，通过种植水葫芦进行厌氧发酵，解决滇池水体富营养化的问题。该项目建设1000立方米厌氧发酵装置，每天可处理200～300吨水葫芦，日产沼气1000立方米，每年可为滇池带出氮磷总量80～100吨，同时可将80～100吨氧磷营养素返回农田和苗圃，形成良性循环。同年，安阳市恒生能源有限公司与丹麦公司合作，建设我国首个处理城市公共厕所污物、餐厨垃圾、猪牛养殖场动物粪便及屠宰场废物，并提纯沼气含量超过95%的压缩车用沼气项目，设计日产气14000立方米，每日提纯压缩沼气9000立方米，供当地天然气汽车加气站销售之用。[①] 2011年月，甘肃定西市开工建设利用马铃薯淀粉渣、废水循环综合利用项目。该项目引进丹麦沼气技术，总投资2.55亿元，设计每年处理淀粉渣和废水54万吨，年加工生产颗粒性生物有机肥10万吨、液体生物有机肥10万吨、水基性农药2万吨、车用燃气300万立方米。[②] 除此之外，全国还有多个大中型沼气工程正在建设之中。以生产沼气为核心，厌氧发酵技术应用的领域日益广泛，并在项目实施过程中引入市场机制和公司化运作，我国沼气业正在显示出越来越旺盛的生命力。

（四）沼气设备设计和制造迈开步伐

沼气生产设备制造的产业化和商品化是沼气产业化发展的前提。进入21世纪以来，我国商品化沼气池的研究开发不断取得新的进展，一些研究开发机构针对水泥混凝土浇筑沼气池的不足，同时考虑重量轻、运输方便和少维护、低成本等多重要求，研究运用新材料、新工艺和新技术，开发出不同材料和工艺的沼气池产品，并在推广和试用中不断完善。最有代表性的是玻璃钢户用沼气池（玻璃纤维增强塑料沼气池），自2000年开发到2009年在全国已试用近20万台。2009年3月，农业部办公厅发布农业行业标准，其中规定了生产玻璃钢沼气池的四种工艺下（手糊、传导模塑、SMC模压、缠绕）沼气池产品的技术条件、试验方法以及检测要求，并于2009年5月在唐山举办了第一次“玻璃钢纤维增强塑料户用沼气池”标准宣贯会议，为玻璃钢沼气池质量控制提供了科学技术依据和标准。除此之外，还有一些其他类型商品化沼气池也得到试用和

① 董菁．丹麦B2B项目促进中国沼气利用．人民网，2010－12－03.

② 牛小亚．国内最大沼气生产项目定西开建［N］．兰州晚报，2011－01－05.

少量推广利用。例如，有些地方利用硫铝酸盐加玻璃纤维及沙石或其他骨料的 GRC 沼气池，改变了原水泥混凝土沼气池用料多、建设周期长、笨重、易漏气等弱点。2009 年河北永清县沼气合作社开发了用钢筋网加强、以粉煤灰为骨料的 GRC 沼气池，适于工厂化生产。辽宁省岫岩县农村能源公司研发了小型钢板焊接户用沼气池，装上轮子便于移动，适于东北地区沼气发酵。商品化户用沼气池的开发利用是沼气业发展与时俱进的必然结果，商品化沼气池适用于规模化生产和商品化供应，具有现场快速组装、易于保证质量等特点，有利于户用沼气池工业化水平的提高，对促进我国户用沼气的快速发展具有积极作用。

（五）沼气服务工作体系走向完善

近几年，国家有关部委进一步贯彻户用沼气建管并重的建设方针，加强农村户用沼气池使用服务体系建设，创建了县级服务中心、乡镇沼气服务站、村服务点的基本模式。到 2009 年年底，全国有沼气管理推广机构 12795 个（省级 37 个，市级 357 个，县级 2807 个，乡镇 9594 个），工作人员 40106 人。各级政府不断加大沼气服务体系建设的投入力度。2009 年 5 月，农业部和国家发改委联合印发通知，规定乡村服务网点和县级服务站的功能和设备配备，以及补助标准和地方配套补助要求，并专门印发了《全国沼气服务体系建设方案（试行）》，安排 69465 万元用于农村服务网点建设补助，投资 825 万元在 20 个省 50 个县启动县级服务站试点建设项目。对于国家补助配备的沼气中心工具宣传车，沼渣沼液进出料车，沼渣沼液电动出料泵，沼气测试仪器以及成套沼气维修工具等服务设备实施招标采购。各地在服务网点建设实践中不断探索，涌现出一些较好的服务模式。如沼气生产工承包户服务、农民沼气协会自我服务、沼气合作社自我服务、事业公司服务到户以及政府办公司共同服务到户的多种服务体系模式。为了保证沼气业发展和设备安全，农业部在成都建有沼气设备监督检测中心，部分省市也建立了省级沼气设备质检中心，负责参与制定技术标准和产品质量监督检测工作，为推广符合标准的优质产品把关。沼气行业对从业人员实施专业培训，持证上岗制度。在北京设有沼气职业技能鉴定总站，各省设立职业技能鉴定站，统一对经过全国各区域农业大学和农业中专学校培训的专业服务人员进行考试，合格者按不同级别发给职业技能证书。

近年来，随着沼气业的快速发展，涌现出诸多关注和服务沼气建设事业的新社会团体。例如，农业部主管的中国农村能源行业协会、中国沼气协会、中国农学会、中国农业工程学会；中国科协主管的中国可再生能源学会、中国能源研究会农村能源专业委员会；国家发改委主管的中国资源综合利用协会、中国节能协会等。各省市也设立了很多的相应社会团体。这些社团组织活动活跃，每年组织举办行业研讨会、标准宣贯、产品参展、培训、调研评审及国际交流等活动，在沼气建设中发挥着政府和企业间的桥梁作用。

（六）吸引更多研发机构和企业进入

随着节能减排和可持续发展理念的深入人心，沼气作为国家鼓励发展的清洁能源日益受到重视，吸引越来越多的科研单位和设计、施工企业进入，参与沼气工艺的研究开发和沼气工程的施工建设。一大批沼气行业的老企业越战越强，一大批新企业脱颖而出，国内一些建筑、环保行业的企业和一些国外企业也纷纷加入。目前，我国承担沼气工艺和技术开发任务的主要有清华大学、中国农业大学、浙江大学、西北农业大学、南京农业大学、华中农业大学、首都师范大学、昆明师范大学等大专院校；有农业部沼气科研所、农业部规划设计研究院、中科院广州能源所、中科院成都生物所、北京市环科院、辽宁能源所、河南省能源所等研究院所。还有近几年发展起来的杭州能源环境工程公司、湖南迅达公司、江西共创公司、北京百合意公司、青岛天人环境工程公司、四川国交公司、北京三益公司、北京菲涅尔科技公司等沼气专业企业。形成了能力较强的产、学、研科技队伍，承接国家科技部和各省科技部门委托的沼气开发项目，承担大中型沼气公司的设计和施工。农业部沼气研究所和农业部规划设计院是有着 30 年历史的沼气研究设计院所，杭州能源环境工程有限公司和四川国交能源环境工程有限责任公司是在农村能源领域有 30 年历史的沼气工程设计施工企业，近两年都承建了在国内具有标志性的大中型沼气工程，应用了国内国外前沿技术和材料，产生了较大影响。目前全国有各类农村能源（沼气）涉及生产、施工安装、沼气产品销售服务企业 3900 多家，从业人员达 27 万多名，实现年产值 260 多亿元，[①] 比 2005 年翻了两番。涌现出一大批销售收入超过亿元的沼气设备制造和生产企业，如北京合百意、湖南迅达、中山华帝、江西共创等公司，其中北京合百意公司各类沼气专用设备和用具 2009 年总销量超过 4 亿元。一大批企业正在成长为我国沼气产业发展的领头羊。

三、当前我国沼气业发展中存在的主要问题

近年来，在中央投资的带动下，我国沼气业正在步入快速发展阶段。但同时也要看到，与沼气在促进农村经济发展、保

① 高俊才．加大政策力度　发展农村沼气，《中国投资》记者专访稿，来源：和讯网，2010－12－09.

障能源供给安全、调整能源产业结构和减少温室气体排放中应该发挥的作用相比，与国外沼气产业发展的进程相比，我国沼气业还有很大的差距。随着农村劳动力的大量转移、畜禽养殖方式的变化和城镇化的快速发展，农村沼气建设也面临一些新情况，出现了一些新问题，遇到了一些新挑战。

（一）沼气业发展尚未提升到国家战略高度

应该肯定，多年来我国各级政府积极支持沼气业发展。2001 年起，国家就把农村沼气建设列入农村基础设施建设的“六小工程”，中央财政给予重点支持。从 2003 年开始，中央把农村户用型沼气池建设纳入国债项目，进一步拓宽融资渠道。2006 年之后，中央又把农村户用型沼气池作为新农村建设的重点工程，大幅度增加投资规模，加快普及速度。2004 年到 2010 年连续 7 年，中央一号文件和党的十七届三中全会、五中全会都对农村沼气发展提出明确要求。“十五”期间，中央投资 34 亿元专项资金支持农村沼气建设，直接受益农户达 374 万户。[①]“十一五”时期，中央累计投入农村沼气建设资金达 212 亿元。[②] 2008 年 11 月 5 日国务院常务会议决定扩大内需，促进经济增长的十项措施，“加大农村沼气建设”显居第二位，并增拨 30 亿元资金支持农村沼气的建设计划。与此同时，近几年我国制定或修改出台的《能源法》、《节约能源法》、《可再生能源法》、《畜牧法》、《循环经济促进法》等法规中，也都有专门条款规定鼓励支持农村大力发展沼气和农作物秸秆、畜禽粪便、农产品加工副产品、废农用薄膜等的综合

① 赵立欣，张艳丽．我国沼气物业化管理服务体系建设研究［M］．北京：化学工业出版社，2008：10.

② 高俊才．加大政策力度　发展农村沼气，《中国投资》记者专访稿，来源：和讯网，2010－12－09.

利用，促进社会主义新农村建设，推动城乡和谐发展。如此推动力度下，我国沼气业实现快速发展是应有之义。但时至今日，户用沼气池年产气量占农村生活用能的比重仍不足5%。各种大中型沼气工程大多还只停留在示范项目，尚未得以大规模推广。沼气产业化发展的路途仍然遥远。究其原因，其中重要的一条是多年来我国沼气业发展更多地着眼和立足于解决农村用能、改善农民生产生活环境、促进农业发展和农民增收，而没有提升到维护国家能源安全、应对气候变化和促进可持续发展的战略高度。实际操作中沼气业更多作为一项民生工程建设，而不是一个基础产业来发展，因此缺乏从发展环境、发展条件、科技创新、市场机制等多层面制定出产业发展规划和整体制度及政策安排。正是由于认识高度的局限，导致实践中存在着诸多问题。

（二）缺少系统性的政策支持和引导

沼气产业既是利国利民的环保能源工程，又是可持续发展的阳光产业。与其他可直接采掘的化石能源相比，沼气是在消耗废弃物的同时产生能源资源，不仅同时发挥环保和资源开发的功能，而且其生产和使用过程也更为复杂，涉及的产业环节更多。因此，沼气的产业化和市场化发展，需要得到政府强有力的政策扶植。近年来，国家利用多种渠道加大对农村沼气设施建设的扶持力度。例如，农村小型公益设施建设补助，农村能源基本建设项目补助，国债资金对“一池三改”农村沼气建设项目补助等。但是，国家投入主要集中在设施建设环节的补贴，而对于沼气设备生产和销售、沼气生产和使用，沼渣沼液制肥生产和使用，秸秆能源化利用等生产运行和销售环节，缺少覆盖全产业链的扶持政策，甚至在有些环节还存在着体制机制障碍。由于多重原因，目前大中型沼气工程接入电网困难，已经成为制约大规模沼气发展的主要障碍之一。北京德青源项目因为电网接入困难延迟了一年才并网发电。2006年出台的可再生能源发电上网的电价补贴政策，对大型沼气发电上网工程有一定的调节作用，但中小规模工程的沼气或其电力产品目前无法进入市政燃气供气系统和地方公共电网，对这些中小规模的沼气工程没有实际作用。对于具有一定规模的沼气发电工程而言，若所发的电不能与地方电网连接，统一进行调节，不但其经济效益大打折扣，也会带来运行负荷匹配和发电余热供应不稳定等诸多问题，反过来又会间接影响厌氧消化工序的运行稳定性和经济效果。

（三）产业模式不成熟，机械装备落后

虽然沼气开发利用在我国已经多年，多种沼气工艺和技术在我国都有示范应用，但大规模发展的产业模式还不成熟，要实现大规模商业化应用，还需要在生产工艺和产业组织等方面做大量工作。长期以来，沼气科技项目更多地重视工艺技术的研发和示范项目建设，而对沼气工程设备的开发研制和标准化重视不够。当前沼气工程中的必备设备如搅拌装置、泵类、脱硫器、脱水器、防暴、增压泵、加量仪表等尚无专用设备产品和专用设备技术标准，众多沼气设计单位只能选用通用产品或自制设备。有些关键替代设备不适应沼气工程的功能和性能需求，或者质量不过关，致使设备性能不稳定，维修率高、使用寿命短。大多数设备操作和工程运行管理以手动为主，自动化程度低，物耗水耗高，原料利用率低。大中型沼气工程沼渣沼液制肥工艺及设备开发不足，尚无成熟的系列化成套设备可选利用。沼气生产机械装备的落后，严重制约着我国沼气产业化发展。

（四）资源配置中市场机制作用弱

多年来，我国沼气业发展基本上是政府行为下的农村基础设施建设，更像是一项解决农村居民生活用能、提高农民生活质量的民生工程，不仅硬件设施建设需要国家政策补贴，设施运行、维护、管理和服务也都依赖于政府投入和具体组织，市场机制在户用沼气建设中配置资源的作用还很小，只在近几年一些大中型沼气工程中才初步显露。和其他类项目审批一样，国家给予沼气项目补贴时，要求地方政府和业主自筹一部分经费，实际上往往是中央财政补助能够兑现，但地方配套补助和业主自筹经费难以完全落实。由于缺少市场化运作的物业公司对沼气工程实施管理，沼气工程建成后主要由畜禽场业主管理，缺乏专业的技术支持，沼气工程的正常运行难以保证。沼气作为主产品供农户使用，可沼渣和沼液不作为产品进入市场，沼气工程难以取得最大综合效益。因此，几十年来沼气工程的推广和发展一直受到投资大、收益低、建池难、管理难等诸多难题的困扰。目前，沼气工程或沼气发电工程的终极产物（沼气或电力、热能、有机肥料）还没有形成实际产品进入市场，不能完全体现出它的经济价值，投资者无法靠这些终极产品获得应有的收益，致使沼气业发展缺少对社会投资者的强大吸引力。

（五）行业标准体系不健全

沼气行业标准体系是沼气技术开发与推广利用、沼气设备制造、沼气工程建设、沼气设施维护的技术基础，也是沼气建设与行业管理行政执法的技术准则和调整优化沼气业结构与布局的技术指南，在沼气业发展中起着举足轻重的作用。目前，我国沼气行业标准的建立刚刚起步，仅有《玻璃钢纤维增强塑料户用沼气池》等少数设备和技术颁布了行业标准，组织了贯标活动，而大量的项目设计、设备制造、管理运行等技术标准尚未形成，严重制约着整个行业的发展。沼气工程建后运行缺少后评估，很多项目建成后经济运行状况少有人问津。随着国家投入增加和沼气业发展，沼气建设管理机制、沼气工程运营机制都急需加强和创新。

（六）户用沼气发展面临新的挑战

随着我国农业产业组织方式的变化和农村劳动力的大量转移，农村户用沼气池建设和使用面临一些新的挑战。一是在农业产业化进程中，国家鼓励和支持大中型养殖基地建设，农村散养牲畜家禽的数量下降，户用沼气池原料自给自足的状况发生了变化，户用沼气料源受到影响。二是根据户用沼气发展的环境，特别是大部分适于户用池发展地区普及率已经较高，经济发达地区农民收入提高后不再使用户用沼气池，改用更为简便、清洁而市场化的生活用能。经济不发达地区农民经济条件差，仍然无力建造沼气池。余下的边远山区和交通不便地区建池难度大。尽管近几年在发酵原料缺的地区开展了秸秆沼气的示范推广，对提高老池的利用率起到了一定作用，但作用仍很有限。三是在城镇化进程中，农村大量中青年劳动力进城，农村留守的老年人口和儿童对于户用池的使用及维护能力减弱，致使原有户用池的使用受到影响。近些年我国农村户用沼气池数量增长迅速，2009 年当年新建户用池达到 500 万户。但据专家估计，这个增长速度已经达到顶峰，此后将略有下降，或能够保持每年 400 万户稳定的发展速度。

四、我国沼气产业的发展前景分析

随着我国经济社会发展面临的气候变化和环境保护压力不

断增大，沼气产业发展的重要性日益受到重视，而我国也具有沼气发展的诸多有利条件。我国沼气正在步入产业化发展阶段，前景十分广阔。

（一）加快沼气产业发展的重要意义

1. 加快发展包括沼气在内的生物质能源是确保我国能源供应和能源安全的必然选择

我国拥有相对较为丰富的化石能源资源，其中煤炭占主导地位，已探明的石油、天然气储量则相对不足。受油气资源的限制，我国从1993年即成为石油净进口国，此后石油进口量逐年增加，2009年石油进口量已达2.038亿吨，约相当于全部石油消费量的51.3%。随着经济的发展和人民生活水平的提高，我国能源消费总量将持续增加。有专家预测，[①]"十二五"期间，按照单位国内生产总值能源消耗降低16%计算，如果国内生产总值年均增长7%、8%或9%，到2015年，能源消费总量将分别达到38.63亿吨、40.53亿吨和42.45亿吨标准煤。能源资源和能源环境问题将是我国经济发展面临的最重要的问题之一。因此，开发利用可再生能源是解决我国能源问题的战略选择，对维护我国能源安全、保持我国能源自给率，改善能源结构都将发挥重要作用。沼气原料属于本土资源，且分布广泛，可持续产生，其开发利用不受制于人，沼气产业的总体生存力较强。大规模沼气开发利用不仅解决能源供应短缺问题，有利于环境保护，对于我国建立长期稳定可靠的能源供应体系、调整能源结构，具有极其重要的战略意义。

① 林兆木．实施"十二五"规划的几个重大问题．内部资料，2011－05－27.

2. 加快发展沼气产业是我国减排温室气体和减少环境污染的重要举措

我国是世界上最大的发展中国家，也是目前经济发展速度最快的国家之一。长期以来，我国以煤为主的能源结构和粗放型的增长方式已对环境造成了巨大破坏。目前，我国的二氧化硫排放量居世界第一位，二氧化碳排放量仅次于美国居世界第二位。目前我国的酸雨面积已超过国土面积的1/3，据估算酸雨所造成的经济损失占到GDP的2%。随着能源消费总量的增加，我国控制有害气体排放量和环境保护的难度将越来越大。包括沼气在内的生物质能源属于清洁能源，生物质中有害物质（硫和灰分等）的含量仅为煤炭的1/10左右。生物质二氧化碳的排放和吸收构成自然界碳循环，其科学利用可实现二氧化碳零排放。有资料显示，目前我国农村沼气年产量140亿立方米左右，约为全国天然气年消费总量的16%，减排二氧化碳5000多万吨。可见，利用生产生活中有机废弃物发酵生产沼气，不仅可以减少城乡有机废弃物带来的污染，改善城乡生产生活环境，还可以替代化石能源消耗。因此，加快沼气的开发利用，对于提高能源利用效率，减少温室气体排放，保护环境，实现可持续发展都具有重要的作用。

3. 加快发展沼气产业是促进农村经济发展和增加农民收入的有效途径

沼气资源主要分布在农村地区，沼气产业发展上承养殖业，下启种植业，一头连着生产，一头连着生活，发展农村沼气对于转变农业发展方式，促进农村经济发展，有效解决“三农”问题，减轻环境污染、改善村容村貌、提高农民生活质量，都具有十分重要意义。发展农村沼气，可以持续延长农业产业链条，提高农业生产规模化和集约化水平，有利于调整农业产业结构，促进农村经济发展。通过推广以沼气为纽带的“猪—沼—果（菜、粮、茶）”等能源生态循环模式，在就地解决农民生活用能，提高农民生活质量的同时，可增加有机沼肥产量，减少化肥施用量，改良土壤，提高农产品品质，推动生态养殖业和高效种植业发展，增强农产品的市场竞争力。另据不完全统计，每年仅沼气施工和服务网点就能使30多万名农民实现就地转移就业，有利于促进农民增加收入。资料显示，“十一五”期间，户用沼气建设为农民增加工资性收入88亿多元。同时，农村沼气在消除疾病传染源、降低疫病发生率等方面的作用也十分显著。

4. 加快沼气产业发展是培育战略性新兴产业和提升装备制造业的重要内容

进入21世纪以来，在知识和技术体系创新的驱动及现代化进程强大需求的拉动下，一些重要科技领域发生革命性突破的先兆已经出现端倪。沼气等能源生物质产业与生物、环保、新能源等产业相互交叉，其产业发展需要强大的生物、装备制造等现代产业技术作为有力支撑。沼气产业发展为解决能源、环境保护等重大问题提供了强有力的手段，也为传统产业向高技术为基础的新兴产业转型拓展了新的路径。随着世界性能源短缺和气候变化压力的增加，很多发达国家和发展中国家都将发展沼气作为新时期国家发展战略的主要内容之一，沼气产业发展新工艺、新技术、新装备、新标准等的研制和创新也将成为各国争相抢占的技术领域。我国沼气工艺研发处于国际前列，沼气工艺技术示范项目多，沼气原料和产品市场巨大，有条件把沼气工艺技术研发和装备创新列入战略性新兴产业发展，作为培育我国生物能源产业和提高装备制造业水平的有效载体。

（二）我国加快沼气产业发展的有利条件

1. 沼气产业开始步入我国能源序列

大规模沼气发电技术是在欧美国家广泛使用的成熟技术。我国近年来通过引进消化吸收，开发了北京德青源、山东民和牧业等沼气发电项目，目前均已成功入网发电，取得了很好的试验示范效果。2009 年 4 月底，全国沼气发电工作会议在北京召开，会议就全国各地沼气发电的基本情况、工程投资、上网电价、优惠政策、规划管理和今后发展建议等方面的问题进行了交流和研讨。为今后编制沼气发电规划、出台上网电价、制定税收政策和沼气发电技术标准等提供了重要依据。2009 年 12 月 23 日，国家能源局组织召开了“规模化畜禽养殖场和垃圾填埋场沼气发电项目管理办法、设备制造及工程施工企业研讨会”。会议就适合于建设大型沼气发电的沼气资源、国内大型沼气工程建设、国内沼气及沼气发电工程技术、沼气发电设备等问题进行了研讨。相信沼气发电项目有望在我国进入大规模发展阶段。在 2010 年举行的“首届中国国际气体能源峰会暨生物天然气产业国际高峰论坛”新闻发布会上，安阳贞元集团提出了“生物天然气”的新概念。“生物天然气”是指将各类有机废弃物经过处理后发酵，产生的粗沼气经过净化、提纯、压缩成为甲烷含量在 97% 以上的生物气体，作为燃料用于车用或并入管网用于民用。“生物天然气”概念的提出，丰富了我国生物质能源发展的理论依据，也为加快我国沼气产业发展进行了理论探索。

2. 沼气产业已经进入我国清洁发展机制

近年来，沼气工程已经成为我国 CDM 项目的有效载体，在全国多个省市付诸实施。2009 年 2 月 19 日，湖北省恩施州生态家园 8 个县的 33000 个农户沼气 CDM 项目在联合国 EB 注册成功，核准年减排量为58444吨二氧化碳，每年可获得减排收入约82万美元。2009年2月，我国和芬兰正式签署农村户用沼气CDM合作项目，该项目合作期为10年，分两批实施。2009~2010年期间，芬兰政府通过购买湖南省12个县新建21万座沼气池而实现135万吨二氧化碳的减排指标，项目一期收益约1400万欧元。2009年3月14日，重庆市农户沼气CDM项目在开县大德乡龙王村正式启动，首批实施的项目将使756户农民受益。随着CDM方法学的不断完善和越来越多的项目申请成功，CDM项目将为我国沼气产业发展作出不可估量的贡献。

3. 具有丰富的沼气开发资源

近几年来，随着现代养殖业的迅速发展，大量畜禽养殖小区和规模化养殖场的粪便污水急需处理。有资料显示，目前我国生猪、家禽和牛等畜禽养殖业粪便排放量约18亿吨，实际排出污水总量约200亿吨，可生产沼气约500亿立方米。今后随着畜禽养殖业的发展，沼气资源的生产量还会增加。我国是一个农业大国，农作物播种面积约15亿亩，年产生物质约7亿吨，除部分作为造纸原料和畜牧饲料外，剩余部分都可以作为燃料使用。据测算，我国以秸秆为主的固体有机物产气潜力可达2690亿立方米，是各类生物质能源资源中最为大量和具有稳定产量的一种。目前在一些地方，尚存在将废弃秸秆在田间焚烧的现象，专家估计，每年焚烧的秸秆大约7000万吨以上，不仅严重危害周边环境，同时浪费了大量资源。[①] 我国农产品加工剩余物主要来自粮食加工和制糖厂，包括稻壳、玉米芯、花生壳、甘蔗渣和棉籽壳等，也是重要的生物质资源。中

① 王仲颖，赵勇强，张正敏，等. 中国生物液体燃料发展战略与政策［M］. 北京：化学工业出版社，2010：3.

国人口众多，粮食加工和制糖业规模较大，据统计，每年农产品加工废弃物量在 2 亿吨以上。全国工业企业每年排放的（可转化为沼气）有机废水和废渣约 25 亿立方米，可生产沼气约 100 亿立方米。我国目前每年城市垃圾量为 1.3 亿吨，今后随着城市化水平的进一步提升，城市垃圾量还会不断增加。预计到 2020 年，全国每年城市垃圾量将达到 2 亿吨以上。这些与农业产业化和工业化、城镇化有机联系的废弃物的综合利用，将为大中型沼气工程建设提供原料基础，具有深度开发的商业化前景。沼气工程也将成为我国沼气建设新的发展方向。

4. 具有沼气装备制造的技术基础

目前，虽然我国沼气产业机械装备水平与西方一些国家相比差距还比较大，但是，经过几十年的探索也取得了长足进步。沼气发电设备方面，“九五”、“十五”期间，国内数家有实力的研究院所和大型企业进行强强合作，针对市场需求开发出不同规格的沼气发电机组系列产品。其中 20 ~ 600 千瓦纯燃沼气发电机组系列产品，气耗率 0.6 ~ 0.8 立方米/千瓦时（沼气热值 ≥21 兆焦/立方米），价格在 200 ~ 300 美元/千瓦时，而德国、丹麦、奥地利、美国比较先进的纯燃沼气发电机组，气耗率 ≤0.5 立方米/千瓦时（沼气热值 ≥25 兆焦/立方米），价格在 300 ~ 500 美元/千瓦时。与之相比，我国自主生产的发电机组性价比有较大的优势，适合我国经济发展状况。在大机组方面，胜利油田胜利动力机械集团已全面开发出了全烧沼气内燃机的沼气发电机组，并在污水处理、柠檬酸、酒精等行业应用成功。值得一提的是，国内新一轮开发出来的沼气发电机组，已不是过去简单改装内燃机的发电机组。新的发电机组在性能方面已缩小了与国外先进机组技术指标的差距。随着我国沼气产业的大规模发展，沼气生产设备的市场需求量将大大增加，作为“制造业大国”，我国具有装备制造业发展的良好基础，沼气生产装备水平的提升指日可待。

（三）我国沼气产业发展前景广阔

当前，我国农村沼气发展正从解决农村能源和环境卫生的需求向在改变农业农村发展方式中发挥基础性作用转变，从户用沼气建设为主向户用沼气与大中型沼气工程建设并重转变，从分散建设管理向产业化和社会化服务转变，沼气产业正在步入快速发展阶段。国务院2010年1号文件第十三条特别提到，要加快推进农村户用沼气、大中型沼气和集中供热工程建设，加强沼气技术创新、维护管理和配套服务。支持农村开发利用新能源，推进农村废弃物资源化、清洁化利用。“十二五”期间，中央将进一步加大农村沼气投资力度，在现有基础上进一步提高户用沼气补贴标准。进一步优化投资结构，加大向农户集中供气大中型沼气工程支持力度，发展“产业沼气”，不断提高沼气发展的综合效益。国家能源局副局长吴吟在“中国能源战略与‘十二五’能源发展论坛”上表示，“十二五”期间天然气消费比例将翻番，由目前占能源消费结构比重4%左右提高到8%。我国将加大煤层气、页岩气、城市垃圾沼气等非常规气体能源的开发力度。各种生物质制气、垃圾制沼气都将成为未来天然气的有效补充。按照国家规划，到2020年沼气生产能力将达到440亿立方米。① 随着我国经济的持续快速发展，农村居民生活水平的提高，能源的紧张和环境压力的增加，作为清洁能源之一的沼气开发利用越来越受到重视。沼气产业不仅是避免污染、提供能源和有机肥的产业，而且是有机体和有机物回归自然的途径，随着沼气原料从畜禽粪便、生活

① 我国沼气将步入产业化时代．“2010首届中国国际气体能源峰会暨生物天然气产业国际高峰论坛”新闻稿．来源：千龙网，2010－10－15.

垃圾到所有生物粪便、植物秸秆、果实和工业废弃物，用途从生活供气、发电、制肥到汽车燃料、制氢等，其内涵、用途和空间不断拓宽。沼气产业必将伴随人类社会的发展，迎来一个又一个新的发展周期。

五、世界各国发展沼气产业的经验及启示

受 20 世纪 70 年代世界石油危机的影响，欧洲一些国家沼气产业得以较快发展。进入 21 世纪以来，石油短缺与价格高涨以及气候变化带来的环境压力，使得寻求可持续替代能源日益成为全球面临的迫切任务，包括沼气在内的生物质能源成为各国竞相追逐的能源新宠，纷纷制定发展战略和鼓励政策，推动生物质能源的发展。

（一）主要国家沼气发展状况

1. 瑞典

瑞典在沼气开发利用方面独具特色，不仅利用动物粪便、动物加工副产品、食物废弃物等生产沼气，还专门培育出用于生产沼气的麦类植物。从 1996 年开始，将沼气提纯至甲烷含量 95% 以上作为汽车燃料。沼气在瑞典被应用于火车、城市公共交通和私人出租车。2005 年 10 月，世界上首列沼气火车在瑞典投入运营，时速达到 130 公里。有关资料显示，瑞典已建设了 40 多家沼气提纯工厂和一批沼气动力汽车加气站。目前全国约有 20% 的车辆用沼气作燃料动力，在交通工具的气体燃料中，沼气占 54%，消费量已超过了天然气。有的城市还把垃圾收集和公共交通系统联结起来，以便于更好地使用沼气。1990 ~ 2006 年，瑞典国民经济实现了 44% 的增长，但二氧化碳排放量每年递减 9%，“沼气”在其中发挥了重要作用。

2006 年，瑞典政府宣布将在不增建核电厂的前提下，15 年内摆脱对石油的依赖，成为世界上第一个不依赖石油的国家。

2. 丹麦

丹麦以工业化的方式生产和使用沼气始于 20 世纪 80 年代末期。目前，丹麦已建立 20 多个集中式的中心沼气厂。中心沼气厂通常以周边农场（猪、牛粪等占 75%）和食品加工企业提供的有机废物（占 25%）为原料，经工业化处理生成沼气，再输送到地区的燃气供热锅炉或热电联产厂，余料可以作为很好的肥料。另外还有 55 个独立的农场沼气厂。由于这些农场沼气厂在各地区的分布合理，有效地促进了农业资源综合利用、地区发展和环境保护。据统计，丹麦近 20 年经济增长了 56%，而能源消耗仅增长 3%，二氧化碳排放量减少约 13%，其成功的实践经验被称为“丹麦模式”。有资料显示，在 2025 年之前，丹麦还将另外新建 50 个中心沼气厂。丹麦正在以其经济增长和节能减排双赢的出色实绩，成为全球低碳发展当之无愧的领跑者。

3. 德国

德国的沼气产量在欧洲名列前茅。2004 年，德国国会对《可再生能源优先法》进行了修订，加大了激励政策，促进了沼气及其发电工程的快速发展，2005 年当年新建的沼气工程数量几乎是 2000 年以前的 3 倍。沼气工程数量从 1996 年的 370 座增加到了 2005 年的 3800 多座，发电装机容量达到 970 兆瓦。[①] 2006 年后德国沼气产量在欧洲排第一（英国人均量为第一）。德国沼气提纯技术应用发展迅速，到 2009 年年底，沼气提纯企业达 38 家，2010 年将达到 70 家，供气能力约合 4 亿

① 颜丽，邓良伟，任颜笑．德国沼气产业发展对我国的借鉴，来源：力勤资讯，2009.

立方米提纯甲烷气。到 2020 年，德国生物甲烷生产能力将达到 60 亿立方米，占 2007 年德国天然气消费总量的 6%。到 2030 年将达到 100 亿立方米，占 2007 年德国天然气消费总量的 10%，平均每年约新建 120 处。德国沼气工程主要分为大型沼气工程和农场小型沼气工程。由于德国政府严格控制畜牧业与种植业的协调发展，区域性的土地资源基本上能够消纳所在地的沼气工程产生的沼渣、沼液。因此，处理农业废弃物的沼气及发电工程的建设目标以能源效益为主，工程模式比较单一，即沼气用于发电，沼气发酵后的残留物（沼液）经储肥池贮存几十天后，直接运输到田间进行喷灌。少数大型沼气工程的沼液也以还田为主，剩余的沼液实行固液分离，脱水后的沼渣制成有机固体肥料，清液按工艺要求部分循环回流入沼气池，部分经灭菌处理后用作畜舍的冲洗水或再经过深度处理后排放。德国处理农业有机废弃物的沼气工程所产生的沼气 98% 用于发电，并实行热电联供。因此，沼气发电系统工程中的资源与能源转化效率都比较高。德国沼气工程的设计、设备安装等工作一般由专门的技术服务工作或服务组织来完成，有的技术及设备公司采用交钥匙工程方式为农场主建设沼气发电工程。大电网的区域布局和建设由电力公司负责完成，农场主建设沼气工程只承担链接到电网的投资。据德国沼气协会预计，沼气热电联产厂的投资，2020 年将累计达到 500 亿欧元，提供就业岗位 8 万多个，发电量达到 750 亿千瓦时。[①]

4. 美国

美国沼气工程总体上与欧洲相比发展缓慢。20 世纪 70 年

① 高俊才．加大政策力度，发展农村沼气．《中国投资》记者专访，来源：和讯网，2010－12－09.

代因石油涨价，激发了一些沼气工程设施建设。1970～1990年，以能源为主要目的，建造了约140座沼气工程。但由于设施简陋、设计不规范、安装不合理、管理较差等问题，这些早期的沼气发酵罐大多已停用。据美国环境保护署（EPA）的调查，1990～2005年来自能源和工业行业的二氧化碳等温室气体排放量呈下降趋势，而畜牧场粪污管理中甲烷等温室气体释放增长了34%。因为美国农场的养殖业和种植业发展基本相匹配，原来养殖粪污大多在贮存塘露天存放，然后还田做肥料，存放环节产生了大量的甲烷和二氧化碳等温室气体。近年来，随着全球气候变暖和化石能源紧缺，沼气技术又日益受到重视，相关研究和示范工程建设逐步“回暖”。据美国环境保护署（EPA）统计，2007年正常运行的沼气工程大约有111个，沼气工程生产的能量是2003年的3倍，大多为畜禽场沼气发电工程。环境与能源效益是美国沼气工程发展的主要推动力。

5. 印度

印度是除中国之外户用沼气数量最多的国家。印度农村沼气技术的研究和开发开始于20世纪60年代，受国际油价上涨、滥伐森林造成生态破坏的影响，1981年印度政府开始在第六个五年计划中实施国家沼气开发技术（NPBD）计划，到2005年底，已经建成约380万个户用沼气装置，此外还建设了近2000个大中型沼气工程。印度推广农村沼气具有很好的自然条件，一是当地自然温度较高，二是印度牛的饲养量比较大，印度户用沼气以牛粪为主要原料，解决了大量牛粪带来的环境污染问题，并为农村家庭提供了炊事、照明等生活用能。沼渣沼液用作有机农肥，取得了一定经济、社会和环境效益。但是印度沼气计划的执行力比较弱，根据印度全国应用经济研究协会对1985～1990年建设的户用沼气的评估调查，在拉贾斯坦邦建设的沼气装置只有45%在运行。[①]

除上述几个国家之外，英、法、波兰等其他欧美国家和越南、柬埔寨、孟加拉国、老挝、尼泊尔等亚洲国家近年来也越来越重视沼气发展。

（二）国外沼气发展对我国的启示

1. 把加快沼气产业发展作为国家基本战略付诸实施

瑞典把“节约能源和替代能源的可持续发展”作为基本国策和能源政策的重心。在此基础上，政府大力推进新能源的开发和利用。其中最突出的成就便是充分利用“沼气”，实现节能减排。1973年和1979年的两次世界石油危机使长期依赖石油进口的丹麦遭受重创。痛定思痛之余，丹麦不仅开始了新能源种类、结构与利用方式探索，并将其置于国家战略的高度。1976年，丹麦能源署正式设立，开始从国家高度统筹能源发展。其功能由最初的能源安全不断深入拓展到能源的生产、供应、销售等多个环节和领域，形成了强有力的组织机构。据丹麦能源署的规划，随着风能、太阳能、生物质能源利用比例的不断提高，2025年可再生能源将占发电总量的36%；2050~2070年则可能完全摆脱对化石能源的依赖。2007年，美国总统布什提出了“10年内将汽油的消费量减少20%”的倡议，促使美国制定了生物燃料发展计划，即到2017年生物质燃料达到1324.9亿升，相当于年汽油使用量的15%。2009年5月，美国新任总统奥巴马签署了总统令成立生物燃料跨机构工作小组，并宣布经济刺激计划中7.865亿美元用于加速先进生物燃料研究和开发，并通过为商业生物精炼厂提供额外资

① 赵立欣，张艳丽．我国沼气物业化管理服务体系建设研究［M］．北京：化学工业出版社，2008.

助推动其商业化。

2. **制定并实施覆盖全产业链的支持政策**

为了促进包括沼气在内的可再生能源的发展，很多国家都提出了明确的发展目标，并采取了积极务实的政策和措施扶持沼气产业发展。投资补贴、高价收购、减免税费和配额制度等是欧盟国家促进包括沼气在内的生物质能开发和利用的重要措施。如瑞典从1975年开始，每年从政府预算中支出3600万欧元，对生物质能源技术研发和商业化前期技术示范项目予以补贴。1997~2002年，对生物质能热电联产项目提供25%的投资补贴，还根据各种可再生能源的技术特点，制定合理的上网电价，通过立法的方式要求电网企业按确定的电价全额收购。1997年开始实行固定电价制度，对生物质发电采取市场价格给予每千瓦时0.9欧分的补贴。瑞典是能源税赋比较重的国家，税种包括燃料税、能源税、二氧化碳税、二氧化硫税等，但对生物质能开发项目免征所有种类能源税。丹麦从1981年起制定了每年给予生物质能生产企业400万欧元的投资补贴计划，并对生物质发电的上网电价给予10年期的补贴。1991~2001年，德国联邦政府在生物质能领域的投资补贴总计为2.95亿欧元。德国实行固定电价机制，生物质发电的上网电价根据电站装机规模不同而设置不同的电价，装机规模大的电价低。1991~1995年，意大利对生物质利用项目提供30%~40%的投资补贴。美国联邦政府和各州制定政策对发展沼气工程提供财政支持。2003年以来，美国农业部已经为厌氧消化系统总计拨款3100万美元。

配额制度是随着电力市场化改革逐步发展起来的一项新的促进可再生能源发展的制度，主要是规定电力生产商或电力供应商在其电力生产中或电力供应中必须有一定比例的电量来自可再生能源发电，通过建立“绿色电力证书”和“绿色电力证书交易制度”来实现。电力生产商或电力供应商如果自己没有可再生能源发电量，可以通过购买其他可再生能源企业的“绿色电力证书”来实现，可再生能源发电企业通过卖出“绿色电力证书”可以得到额外的收益，以此促进可再生能源发电的发展。目前，瑞典、丹麦和意大利都在推行可再生能源配额制，如意大利2000年规定发电企业或电力进口企业，必须至少有2%的电力来自可再生能源发电，这种配额要求逐年增加，2007年达到3.1%。

3. **高度重视装备和技术研发**

伴随着沼气发电工程的大规模发展，德国、丹麦、荷兰等发达国家的沼气工程装备已达到了设计标准化、产品系列化、生产工业化，设备重量和工程质量都得到有效控制。工程装备的组装技术也达到模块化、规范化。德国的大型厌氧消化装置（容积为2000~5000立方米）为圆柱形立式罐，多为钢结构；中小型厌氧消化装置（容积在200~1500立方米）多为圆柱形立式罐、钢结构或钢筋混凝土结构。沼气配套设备，如带切割装置的高固形物的进料泵、低速混合搅拌器、增温保温设施、生物脱硫装置等已形成专用、系列化产品，制造工业水平较高，产品性能稳定，很有实用价值和市场竞争力。德国的沼气工程的机电设备操作基本实行自动控制，工程运行管理也实施远程在线监测，工程运行管理人员只有中国同等规模工程的1/4，保证了沼气工程运行的稳定性和可控性。

4. **建立有完善的质量控制法规和标准**

德国沼气生产拥有一套完整的沼气工程质量控制法规和标准。如安全操作规程（Operational Safety Regulations）、农业贸易协会安全规程（Agricultural Trade Association Safety Regulations）、欧盟机械指南（EU Machinery Directive）、德国工业标

准（DIN Standards）等规章和文件中，对沼气工程的设计安装、运行操作、检查维修、故障处理、机械设备、技术培训等都进行了详细的规定。[①] 沼气工程从申请建设到投入使用有一套严格的程序。工程设计报告需要得到有关行政主管部门，如环保、农业、效仿等部门的审查批准后，才能按要求进行工程建设，工程完工后还必须接受检测机构的现场检测，通过认证后工程才能进入正常运行。

5. 沼气工程实行物业化管理

国外的沼气工程管理大都实行物业的所有权与管理权分离，并结合国情形成了符合本国特点的管理模式。如德国形成了市场化、标准化的物业管理模式，印度形成了政府统筹的物业化管理模式。沼气物业管理公司或机构自负盈亏、自主经营，与沼气业主是雇佣关系，业主通过招标或协议等方式选择物业公司，考察公司的信誉、专业知识背景、财务管理及法律水平、管理费用高低等。物业公司面临市场竞争的压力，必须注意其形象，改善管理职能，提高效率，尽量让业主满意。物业化管理及收费标准由市场形成，管理费由沼气业主与管理公司通过讨价还价决定，视市场供应状况、当地人均收入、沼气池数量、服务内容等情况而不同。政府虽然在物业化管理中发挥了重要作用，但政府一般不直接干预物业化管理收费的具体标准，而是多以详尽完善的法律、法规规范物业化管理的各方面关系和人的行为与责权利。近年来，为推动沼气工程建设，实现节能减排，美国农业部、环境保护署、能源部共同推出AGSTAR项目，建立沼气项目发展服务管理平台，提供沼气工程建设的政策、法律、技术、设备和市场服务信息。

---

① 赵立欣，张艳丽．我国沼气物业化管理服务体系建设研究［M］．北京：化学工业出版社，2008：20.

六、我国沼气产业发展的战略思路及具体举措

（一）战略思路

1. 从国家战略层面提高对沼气产业发展的认识

我国作为世界上人口最多的发展中国家，在保障能源安全、保护生态环境、应对气候变化和促进农村、农业发展等方面都面临着巨大挑战。近年来，各级政府出台了一系列政策措施，有效地推进了沼气产业的发展。但是，在气候变化节能减排已关乎人类可持续发展的当今时代，在化石燃料供应日趋紧张能源安全拷问经济安全的现实阶段，我国沼气产业发展，已经不仅仅是增建多少个沼气工程项目和多少户用沼气池的问题，而是一个综合性基础产业发展问题，必须从国家发展战略高度增强对沼气产业发展的认识，从政策、融资、市场、技术、装备和法律等全方位对沼气产业发展进行制度性研究与设计。“十二五”期间，按照国家发展绿色经济、建设资源节约型社会和社会主义新农村的总体要求，围绕“巩固成果、优化结构，建管并重、强化服务，综合利用、提高水平”的思路，把沼气产业作为促进节能减排，发展现代农业、改善农村环境、提高农民生活水平的一项全局性、战略性、长远性的系统工程，进一步加大建设力度。

2. 完善覆盖沼气产业链的扶持政策体系

沼气产业本身是一个复杂的系统，其发展不仅直接涉及能源环境、农业发展及农民生活水平的提高，还涉及中央和地方政府、有关部门、科技单位、投资企业等多方面的关系和利益。因此，要把整个沼气产业从投入到产出，再到市场销售的各个环节视为一个有机整体，进行统一规划，促进协调发展。

借鉴欧洲一些国家的做法，根据各个环节的需求，制定出台相应的鼓励政策和财政补助措施，吸引更多的投资者进入沼气产业发展。改变目前对节能环保产业的财政补贴政策仅仅针对建设项目的做法，财政补贴逐步向原料、产品以及消费等领域转移或扩展，包括沼气及其电力、沼渣、沼液等产品的市场流通机制的建立。

3. 加大市场配置沼气资源的作用

以市场为导向，把沼气产业发展与市场需求有机结合起来。从研发、生产、消费、服务等环节引入市场机制，加快市场体系建设，加速沼气产业化进程。针对沼气原料和工程建设模式的多样性，培育多元化的市场主体。政府通过各项扶持政策，鼓励和支持企业、社会团体和个人等投资沼气产业，提高民间资本在沼气产业投资领域中的比重。进一步规范沼气产业各市场主体行为，按照“谁污染，谁治理”、“谁投资，谁受益”的原则，从法律上保护各投资主体的合法权益，促进沼气产业迅速成长。

4. 加快沼气产业的科技创新和成果转化

研究建立对沼气科技创新投入的长效机制，加大对沼气工艺技术创新的投入力度，围绕沼气产业发展的技术瓶颈，开展新产品、新技术、新材料的研发。推动一些关键装备技术，如高固体料液高效传质技术及设备、沼气生物净化与提纯技术、沼气发电及其余热利用的高效转化设备、远程在线监测与自动调控技术的联合攻关，从各个环节保证工艺参数的实现，提高工程运行稳定性和经济效益。研究开发沼气工程专用设备和装备的制造技术，以及各种设（装）备的工厂化生产技术和工程组装技术，实现沼气产业工程装备与设备的专业化、标准化、规模化生产，降低工程造价，减少项目实施企业的投资风险和不确定性。加快沼气工艺技术和装备制造技术科研成果的转化，尽快将实验和示范项目成果进行推广和大规模应用，全面提升我国沼气产业整体技术水平和综合竞争能力，加快推进我国沼气产业化进程。

5. 加强沼气工程管理和服务体系建设

加强沼气工程管理和服务体系建设，是确保沼气设施加快发展并充分发挥效益的重要基础。按照“政府引导、多元参与、方式多样”和“服务专业化、管理物业化”的原则，因地制宜地鼓励发展协会领办、个体承包、股份合作等多元化沼气工程管理和服务组织，将沼气工程管理和服务体系建设与沼气产业发展协调推进。对于农村户用沼气池，继续完善以省级技术实训基地为依托、县乡服务站为支撑、乡村服务网点为基础、农民服务人员为骨干的沼气服务体系，为沼气用户提供优质、规范、高效、安全的服务，巩固户用沼气池建设成果，发挥其最大效能。对于大中型沼气工程，积极推进物业化管理，充分发挥专业物管运营公司人员专业化、管理制度规范化、管理市场化、运行管理费用低和综合利用率高等优势，确保沼气工程长期稳定运行，实现沼气产业持续健康发展。

（二）具体措施

1. 加大对沼气产业发展的财政支持力度

（1）沼气设施建设环节。沼气工程同时具有环保和能源资源开发的功能，尤其是环保功能，受益的是全社会。因此，在投资建设上，要动员政府、企业和社会投资者等多方面力量。对于农村户用沼气池的建设和管理服务，坚持已有的中央、地方政府补贴形式，保证户用沼气池和用户数量稳定增长。对于大中型沼气工程，国家通过制定产业发展规划进行宏观指导和产业扶持。同时，制定项目投资补助、减免工程税费等优惠政策，调动各投资主体的积极性，鼓励社会各界以各种形式投资开发沼气资源化利用项目。

（2）沼气装备制造环节。重点扶持一些专用设备生产企业，研究开发沼气生产装置、沼气净化设备、沼气发电机组等沼气生产和沼气发电专用设备，扩大生产规模，提高产品种类和产品质量。国家像支持农机补助政策那样，将沼气设备列入农机补贴范围之内，扶持沼气设备生产企业发展，提升沼气产业技术装备水平。

（3）沼气资源利用环节。沼气生产企业每消耗一吨工农业生产废弃物或城市垃圾原料，国家给予一定金额的补贴，在提高废弃物利用率的同时，鼓励沼气生产企业扩大生产规模，消纳更多废弃物，在节能环保方面发挥更大的作用。

（4）产品销售环节。对于沼气生产企业投放市场的产品，按照市场经济原则定价，政府根据不同产品制定不同的价格补贴或配额限定政策，保证沼气企业在市场环境下的合理利润率，增强沼气企业的市场竞争能力和可持续发展能力。解决好沼气发电的上网问题。明确沼气项目接入电网的设施投资由电网企业承担，国家用可再生能源基金对电网企业建设接入网设施给予补助。根据沼气发电项目双向清洁功能和运行成本较高的实际情况，提高上网电价补贴。加快研究制定和出台可再生能源发电配额比例、份额标准、绿色证书以及发电上网的优惠政策，筑造有利于绿色电力发展的交易平台。对使用沼气能的居民给予一定补贴，扩大沼气、沼渣、沼液、沼肥等沼气生产产品的市场容量。

2. 推动沼气产业领域的科技创新

（1）强化沼气产业科研能力建设。鼓励科研院校建立沼气重点实验室和沼气科技创新中心，改善科研基础设施条件，提高沼气产业科技创新能力。

（2）建立国家沼气产业化基地。加快关键装备研发，加快沼气装备国产化步伐，重点扶持自主创新能力强、有国际竞争力的沼气工程设计、建设和运营企业，促进沼气工程建设综合实力提升，加快沼气产业化发展。

（3）引进、研发先进实用技术，特别是提纯压缩和管道输送、气罐使用等技术，拓展沼气产品用途。

3. 加快沼气产业化推进步伐

（1）支持养殖场建设沼气工程。开展联户沼气和养殖小区沼气工程建设试点，努力降低建设成本，探索建立适宜的建设和使用机制，按照养殖小区和联户沼气工程试点项目建设方案做好组织实施。各地要按照“减量化、资源化、无害化”循环农业发展要求，加强畜禽粪便等废弃物的综合利用，治理养殖污染。要积极向养殖场推广“统一建池、集中供气、综合利用”的沼气工程建设模式，向农户提供清洁能源，向农业提供高效有机肥。

（2）加强秸秆沼气工程的开发和试点示范。改进管理办法，科学选点，优化设计，精心施工、创新管理，加强沼气、沼渣和沼液的综合利用。

（3）鼓励沼气的高效利用。开展沼气提纯用于车用燃气的试点，启动一批沼气发电上网和高效利用的大型示范工程。

（4）创新沼气工程管理。开展大中型沼气工程运行管理的创新试点示范，引入公司制管理模式，创新管理体制机制，为沼气工程大规模发展探索经验。组织开展大中型沼气工程调研和评选，推荐优秀工程宣传推广，提高沼气工程运行经济效益。加强商品化户用沼气池的试用和推广。

（5）进一步加强服务体系建设。国家重点支持村级服务网点建设，为村级服务网点提供进出料设备、检测设备或维修工具，倡导扶持壮大农民沼气服务合作社。各地要安排专项资金支持沼气服务体系建设，抓紧健全县乡村三级沼气服务网络，创新服务机制，推广“全托式”和建管用“一条龙”等成功的服务模式。因地制宜地探索推广服务体系市场化运营或与基层农技推广体系相结合的服务模式，提高服务质量。要加强对各类沼气服务组织的管理。

4. 加快制定沼气产业专业标准

（1）完善沼气行业相关标准。根据沼气产业迅猛发展的新形势和沼气产业化发展的新要求，制定和完善沼气工程设计和建造质量、沼气发酵关键设备及其附属装置、沼气发电设备及配套设施、沼渣沼液抽排设备、沼气工程维修养护和管理服务等方面的技术标准和专业标准，确保工程质量、提高工程效率、减少项目实施企业投资风险、提高工程运行可靠性和准确性。

（2）加快研究制定沼气工程设计、施工的准入制度，培养和扶持一批专业工程设计和施工单位，提高工程质量和管理水平。

5. 加强沼气人才队伍建设

（1）支持大专院校开设沼气生产、设备制造、市场营销、管理服务等相关专业，培养高层次沼气产业人才。

（2）进一步加强沼气方面的国际交流与合作，学习借鉴发达国家沼气资源开发、工艺技术和装备制造、管理服务等方面的先进经验。

（3）重视提高农村沼气能源管理推广队伍的人员素质。坚持做好管理技术干部、持证技工的再培训工作，将农村沼气技工培训内容纳入农村劳动力转移培训阳光工程、新型农民科技培训工程、农业科技入户工程，逐步实现户用沼气和大型禽畜饲养场“一村一名技工，一户一个明白人”，建立懂技术、会施工、能管护的高素质农民沼气生产工队伍，不断提高技术人员业务素质和服务能力，推动沼气产业走上可持续发展轨道。

（4）加强沼气科普宣传，让沼气节能减排的作用达到家喻户晓，通过多种形式、确实有效的科普宣传，提高广大农户懂沼气、用沼气的积极性。

参考文献

1. 马晓河，姜长云，等．我国农村能源发展战略研究［M］．北京：中国计划出版社，2010.

2. 高俊才．加大政策力度　发展农村沼气［J］．中国投资，2010（12）．

3. 屠云璋，吴兆流．沼气行业 2010 年发展报告［R］．doc in，豆丁网．

4. 赵立欣，张艳丽．我国沼气物业化管理服务体系建设研究［M］．北京：化学工业出版社，2008.

5. 牛小亚．国内最大沼气生产项目定西开建［N］．兰州晚报，2011－01－05.

6. 王仲颖，赵勇强，张正敏，等．中国生物液体燃料发展战略与政策［M］．北京：化学工业出版社，2010.

7. 林兆木．实施“十二五”规划的几个重大问题．内部资料，2011－05－27.

8. 我国沼气将步入产业化时代．“2010 首届中国国际气体能源峰会暨生物天然气产业国际高峰论坛”新闻稿，2010－10－15.

9. 杨海霞．农村沼气利用政策亟待升级［J］．中国投资，2010（12）．

10. 董保成．我国农村沼气发展势头强劲，小沼气形成大能源．人民网，2010－02－09.

11. 吴杰民．沼气作为车用燃料应用模式的研究．中国能源网，2010－11－01.

12. 刘京. 培育沼气市场才是最重要的［N］. 中国能源报，2010-06-18.

13. 颜丽，邓良伟，任颜笑. 德国沼气产业发展对我国的借鉴. 力勤资讯.

14. 董菁. 丹麦 B2B 项目促进中国沼气利用. 人民网，2010-12-03.

第七章　燃料乙醇发展前景研究

黄汉权

内容提要：

发展燃料乙醇，替代部分化石能源，对缓解我国石油供给压力、保护生态环境、提高农民收入、促进可持续发展具有重要的战略意义。很多国家都非常重视燃料乙醇特别是纤维素乙醇发展，采取多种措施开发生产和推广使用燃料乙醇。我国开展燃料乙醇生产和推广使用试点工作已有十多年，取得了积极成效。综合原料供给潜力、市场前景、技术进步和政策环境等因素，我国发展燃料乙醇前景看好，但也面临着土地资源不足、研发能力有待提高、政策支持不到位等突出问题，为此建议：制定燃料乙醇产业中长期发展规划，完善支持燃料乙醇发展的产业政策，加大科技研发和推广应用力度，提高原料供给保障能力，健全相关技术标准体系，积极开展国家合作等。

近年来，随着全球石油消费需求快速增长，国际石油价格大幅度上涨，开发和利用可再生资源日益受到国际社会的重视。燃料乙醇是可再生能源的重要组成部分，在替代化石能源、改善生态环境、促进农业提质增效、实现可持续发展等方面具有重要作用。发展燃料乙醇已经成为很多国家特别是发达国家的重要战略之一。我国自2001年开始开发生产燃料乙醇，至今已有10年，燃料乙醇生产和推广使用都取得了积极成效。但是，受原料的制约，我国燃料乙醇经历了起始5年的快速增长后，从2006年开始进入一个缓慢增长期。展望未来，资源和能源短缺是我国工业化、城市化进程中必须面对的重大挑战，发展包括燃料乙醇在内的可再生能源将是我国不懈的探索。深入分析国内外燃料乙醇发展的现状，科学判断我国燃料乙醇发展的前景，研究提出相关对策，对推动我国燃料乙醇发展具有重要意义。

一、发展燃料乙醇的重要意义

能源是支撑我国经济社会持续快速发展的要素之一。随着经济社会持续较快增长，我国资源（能源）和环境的压力日益加大，特别是石油对外依赖程度逐年增加，迫切需要寻找石油替代能源。开发利用我国丰富的生物质资源，发展燃料乙醇，替代部分化石能源，对于缓解我国石油供给压力、保护生态环境、促进经济社会可持续发展具有重要的战略意义。

（一）弥补石油燃料不足，缓解石油供需矛盾

我国从1993年起即成为石油净进口国，进口量逐年增加，2004年原油进口首次突破1亿吨，2012年进一步增加到2.71亿吨，原油对外依存度上升到56.4%，超过50%的国际警戒线。根据国际能源署（IEA）预测，我国石油稳定供给将不会超过20年，到2020年和2030年我国石油进口依存度将进一

步上升到76.9%和82%。[1] 过高的进口依存度使我国的能源安全面临重大隐患，特别是近年来国际原油价格大幅度上涨和激烈波动，已经对我国经济社会发展造成了重大影响。燃料乙醇具有和普通汽油相当的优良燃烧性能，能较好满足交通能源需求，而其能量投入产出为1∶1.2～1∶1.4，优于太阳能、风能、水电等其他可再生能源，是替代石油的理想燃料之一。大力发展燃料乙醇可以在一定程度上减轻我国对石油的需求，缓解石油供需矛盾，降低我国石油对外依存度，有利于维护国家能源安全。

（二）减排温室气体排放，保护和改善环境

以化石燃料为主的能源消费结构是导致我国空气污染严重、环境恶化的主要因素之一。目前，我国二氧化硫和二氧化碳的排放量分别居世界第一和第二位，酸雨区面积已占到国土面积的30%左右。预计到2020年，我国二氧化硫和氮氧化物的排放量将进一步增加到4000万吨和3500万吨，均远高于国家规定的环境容量（分别为1620万吨和1880万吨）。大力推广使用清洁能源和可再生能源，保护和改善环境生态，建设“两型”社会，已成为我国的重要战略任务。燃料乙醇不仅燃烧更完全，CO排放量较低，不影响环境，而且可通过植物的光合作用实现可持续利用。[2] 具体而言，

① 1960年以来，世界大油田发现的数量及其平均产量都有很大下降，1992～2003年平均每年探明的石油储量为74.2亿桶，平均每年生产的原油为206亿桶。全球石油生产量29%来自新探明量，1992～2003年累计有222Gbbl石油是依靠1992年前探明的储量生产的，中国所面临的资源短缺形势更为严重。

② 太阳能、风能、水能等可再生能源可以提供能量，但不能形成物质性生产；不能像煤炭和石油那样形成庞大的煤化工和石油化工产业，生产出上千种能源等化工产品。而生物质既是可再生能源，也能生产出上千种化工产品，且因其主要成分为碳水化合物，在生产及使用过程中不形成污染，在这一点上又优于化石资源。

燃料乙醇对环境保护具有三大主要贡献，一是减排温室效应气体，燃料乙醇燃烧时排放的二氧化碳量相当于植物生长时需要的二氧化碳量，对大气的二氧化碳净排放量近似于零，可以有效地减轻温室效应；二是保护地下水源，MTBE（甲基叔丁基醚）作为汽油增氧剂、辛烷值提高剂等在我国被广泛使用，其大量使用MTBE造成了我国多数地区地下水严重污染。美国很多地区早已禁用MTBE。燃料乙醇在性能上可以完全替代MTBE，从而有效避免使用MTBE对地下水造成的污染。三是改善大气环境。随着我国汽车保有量快速增长，汽车的使用日益成为大气环境污染的重要污染源，北京市汽车排放污染物占大气污染物的比例已达到：一氧化碳92%、碳氢化合物91%、氮氧化物64%、可吸入颗粒物（PM10）23.3%。由于生物质的硫、氮含量低，燃料乙醇在燃烧过程中排放的硫化物、氮化物较少。实验结果表明，使用乙醇汽油比使用欧Ⅲ标准普通汽油可减少排放一氧化碳3%、碳氢化合物6.9%、氮氧化物均降低0.75%。

（三）实现工业反哺农业，促进农民增收

国外经验表明，燃料乙醇的产业链较长，并且与原料作物的选育、种植及粗加工紧密相联，有着较好的市场前景。发展燃料乙醇是落实工业反哺农业、促进农民增收的有效途径。首先，发展燃料乙醇需要在农村建立原料种植基地，促进农业产业化经营。从目前种植基地运作模式看，多是由公司通过多种途径组织农户种植，免费提供种苗和技术支持，有利于提高亩均产出水平，收获时由公司收购，直接增加了农民收入。其次，生产燃料乙醇的木薯、甜高粱等原料，可以在荒山、荒坡上种植，有利于开发利用闲置土地，在不占用耕地的情况下直接增加农民收入。以木薯为例，按目前平均亩产2000公斤、

价格 0.6 元/斤计算，每亩收入将达到 1200 元，如果每户农民种植 10 亩木薯，将可获得收入 12000 元。再次，发展燃料乙醇能够推动形成“农产品—加工—工业品”的发展模式，有利于带动周边农村地区二、三产业发展，创造就业机会，增加农民收入。

二、燃料乙醇发展的国际经验及启示

20 世纪 70 年代中后期发生的全球石油危机，使人们开始将目光转向生物燃料，特别是美国和巴西用玉米和甘蔗生产燃料乙醇获得成功，激发了很多国家开发利用可再生能源的热情。进入 21 世纪，随着化石能源渐趋枯竭，温室效应更趋明显，发展以燃料乙醇为代表的可再生能源已成为很多国家和地区的重要战略。

（一）全球燃料乙醇发展现状

进入 21 世纪以来，燃料乙醇在世界范围内得到快速发展，不仅美国、巴西等具有农业资源优势的国家都在积极发展燃料乙醇并推广应用车用乙醇汽油，很多发展中国家开始关注燃料乙醇的开发及应用。全球燃料乙醇的产量从 2000 年的 170 亿升增长到 2007 年的 496 亿升，累计增长了 1.91 倍，年均增长 16.5%（见图 7－1）。其中巴西和美国燃料乙醇的产量占全世界的 90%（见图 7－2）。

1. 美国燃料乙醇生产和使用现状

目前，美国是世界最大的燃料乙醇生产国，产量占世界的 50% 左右。美国燃料乙醇商业化生产始于 21 世纪 90 年代，但直到最近几年才出现快速增长。根据美国可再生燃料协会（The Renewable Fuels Association）统计，2008 年燃料乙醇产

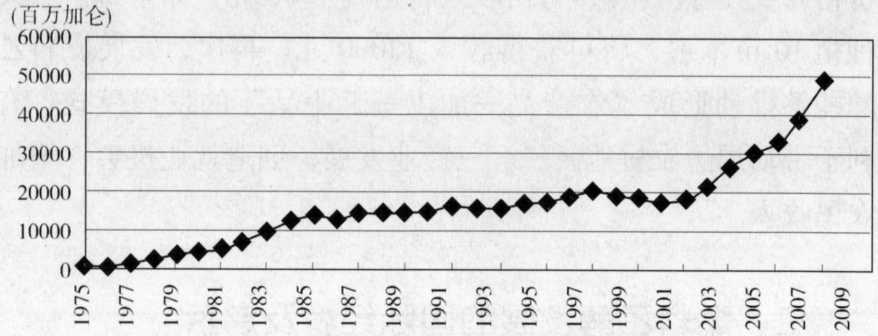

图7－1　世界燃料乙醇增长趋势图

资料来源：FO Licht's 2009，Vol. 5，No. 5.

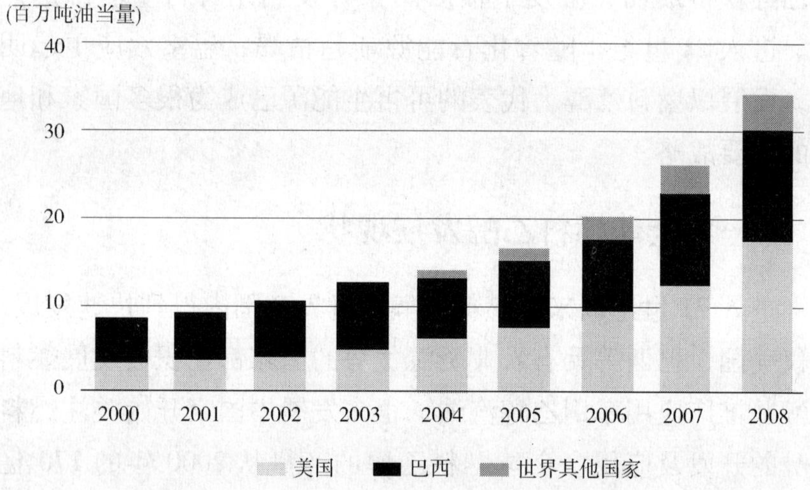

图7－2　世界燃料乙醇产量分布图

资料来源：同图7－1。

量达到272亿升，比2002年的21.3亿升增加250亿升，年均增幅达22.5%（见表7－1、图7－3）。较高投资回报率是美国生物乙醇产量迅速增长的主要原因。在过去的几年中，较高的乙醇价格和较低的玉米价格使得美国燃料乙醇企业的投资回报率高达25%～40%，从而吸引了很多资本投资该产业。

表 7－1　2002～2008 年美国燃料乙醇生产量

年份	乙醇产量（亿升）	比上年增长（%）
2002	80. 63	
2003	106. 36	31. 91
2004	128. 69	20. 99
2005	151. 4	17. 65
2006	211. 96	40. 00
2007	246. 51	16. 30
2008	272	10. 34
累计增长（%）	237. 34	
年均增长（%）	22. 47	

资料来源：美国可再生燃料协会（The Renewable Fuels Association）。

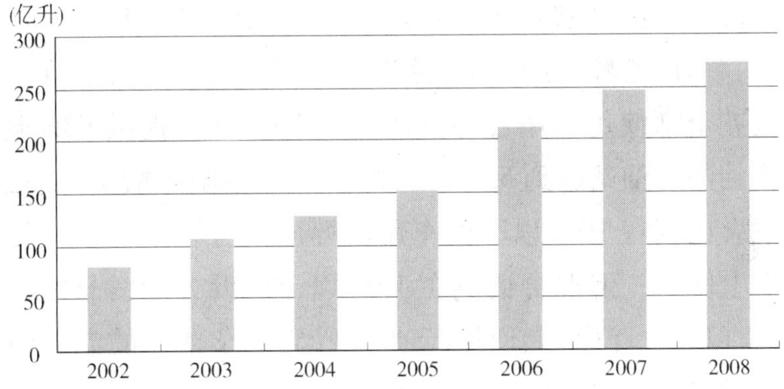

图 7－3　2002 年以来美国燃料乙醇产量变化情况

资料来源：同表 7－1。

美国生产燃料乙醇的主要原料是玉米，每吨玉米可生产 294 公斤燃料乙醇、268～322 公斤高蛋白饲料、286 公斤二氧化碳和 36 公斤玉米油。美国许多燃料乙醇企业并不仅仅生产乙醇，出于范围经济的考虑，它们往往会用相同的生产装置和原料生产淀粉糖浆，即通过实行联产以提高设置利用率，增加经济效益。

生产燃料乙醇有干磨法和湿磨法两种方式，湿磨法生产燃料乙醇的副产品有玉米蛋白粉、DDGS 蛋白饲料、玉米油和二氧化碳，干磨法的副产品只有 DDGS 蛋白饲料和二氧化碳。2000 年以前，两种方法在美国平分秋色，2005 年以后干磨法生产设备已占到美国燃料乙醇生产设置的 80% 左右。干磨法的优势在于生产成本相对较低，据美国农业部对美国干磨法生产工厂调查表明，每加仑生物乙醇的原料成本为 39 ~ 68 美分（占总成本的绝大部分），能源成本为 17.3 美分，劳动力成本为 3 ~ 11 美分，维护成本为 1 ~ 7 美分，管理成本为 1 ~ 18 美分；另外，新工厂的建造成本为每加仑 1.05 ~ 3.00 美元。

在使用方面，美国燃料乙醇在汽油中的混合比例为 5% ~ 85%。2005 年，美国已有 41 个州在推广使用车用乙醇汽油，车用乙醇汽油的消费量占全部汽油消费量的 20% 以上。在某些地区，车用乙醇汽油甚至实行区域封闭销售，例如，在芝加哥地区就全部使用车用乙醇汽油。到 2006 年，提供 E85 混合燃料汽油的加油站达到 550 家，大部分在美国中西部。美燃料乙醇混合比例在 10% 以下的车用乙醇汽油可以在任何种类的汽油车上使用，但混合比例在 10% 以上的混合燃料只能在灵活燃料（FFV）汽车上使用。通常 FFV 汽车使用的混合燃料最大的燃料乙醇混合比例为 85%。

2. 巴西燃料乙醇生产和使用现状

巴西政府从 20 世纪 70 年代中期开始实施“全国燃料乙醇计划”（National Fuel Alcohol Program）。经过 30 多年发展，巴西已成为全球第二大燃料乙醇生产国和最大燃料乙醇出口国。

2000 年以来，巴西燃料乙醇的产量年均增长率达 12% 以上，2008 年燃料乙醇产量为 242 亿升。巴西乙醇出口约占全国乙醇总产量的 20%，2005 ~ 2008 年乙醇出口量从 26 亿升增加到 48 亿升（见表 7 - 2），主要出口印度、瑞典、日本、美国等多个国家。目前，巴西共有燃料乙醇或联产乙醇生产企业335多家，其中1/3生产商单纯生产生物乙醇，2/3生产厂商实行乙醇和糖联产。由于巴西乙醇产业也吸引了国外资本的介入，外资在巴西糖业和乙醇业的比重分别达到11.5%和10%。

表7-2 2005~2008年巴西燃料乙醇产量增长情况

年　份	乙醇产量（亿升）	出口量（亿升）
2005	160.67	26
2006	167.00	38
2007	188.00	36
2008	242.24	48
累计增长（%）	50.77	84.62
年均增长（%）	14.67	22.67

资料来源：全球生物乙醇的开发与应用推广情况，中国可再生能源网（http://www.cses.org.cn）。

巴西发展燃料乙醇具有独特优势。一是原料丰富，巴西生产燃料乙醇的原料是甘蔗，该国土地面积广阔，气候条件优越，甘蔗可以一年产两季，且含糖率为14%~15.5%，高于国际平均水平的12.5%。二是耗能低，生产1升含水乙醇和无水乙醇所需水蒸气分别为2公斤和2.8公斤；同时，蔗渣和蔗叶均被用于产生电能和热能，因此，巴西的乙醇厂基本能实现能源自给。每投入一个单位的能量能够产生2.9个单位的能量（能量产出/能量投入），而北美只能产生1.3个单位能量。三是乙醇生产成本低，巴西通过对能源利用技术以及产业结构等方面的改进，使其燃料乙醇的生产成本不断下降，目前巴西是世界上生物乙醇生产成本最低的国家，也是世界上唯一实现乙醇生产成本低于汽油的国家，巴西燃料乙醇无须政府补贴就可以达到商业化发展的要求。巴西生物乙醇生产成本仅为0.19美元/升，大大低于美国以玉米为原料的0.33美元/升和欧盟以小麦为原料的0.55美元/升。

在使用方面，巴西一直是世界上最大规模使用乙醇汽油的国家，也是目前世界上唯一在全国范围内供应纯乙醇汽油的国家。巴西国内车辆发动机均使用乙醇汽油，目前提供的燃料乙醇汽油有两种：纯乙醇（乙醇含量大于93%）、乙醇汽油（乙醇含量为22%~26%，如E22、E25等）。

3. 欧盟燃料乙醇生产和使用现状

欧盟生产生物乙醇的主要原料是甜菜（甜菜糖厂的废糖蜜）和小麦。据欧盟燃料乙醇燃料协会（EBIO）统计，2008年欧盟燃料乙醇产量为28亿升，比2005年的9亿升增长了3.1倍，年均增长45.5%（见表7-3）。尽管如此，但欧盟燃料乙醇的消费量仍大于当年生产量。预计未来欧盟燃料乙醇产量仍将继续增长，根据2007年3月欧盟出台了新的共同能源政策，计划到2020年实现燃料乙醇使用量占车用燃料的10%。但由于欧盟国家生物燃料的发展重点是燃料乙醇，因此，欧盟燃料乙醇增长有限，许多国家仍需依靠进口来满足燃料乙醇的消费和使用。瑞典和英国是欧盟燃料乙醇的两大进口国，而法国、德国则是欧盟燃料乙醇产量最多的国家（见图7-4）。在使用方面，目前燃料乙醇的使用量约占欧盟交通燃料消耗总量的6%，欧盟的目标是到2020年提高至10%（其中燃料乙醇约占80%）。

表7-3　欧洲一些国家燃料乙醇产量　　单位：百万升

国　家	2006年	2007年	2008年
法国	2.93	5.39	10.00
德国	3.94	4.31	5.68
西班牙	4.02	3.48	3.17
波兰	1.20	1.55	2.00
斯洛伐克	0	0.30	0.94

资料来源：FO Licht's 2007.

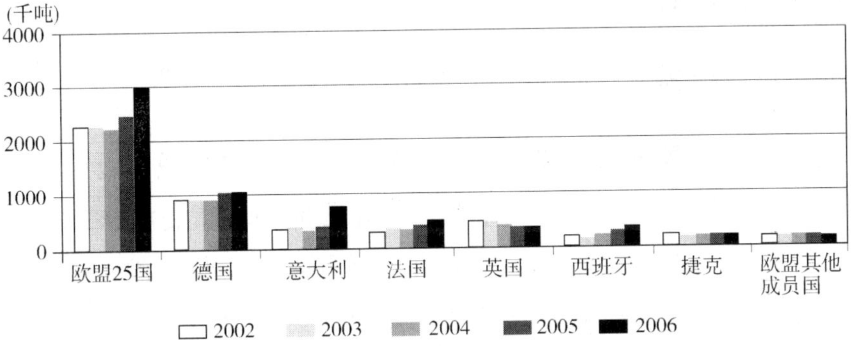

图 7-4 欧盟各国燃料乙醇产量分布图

资料来源：FO Licht's 2007.

4. 其他国家燃料乙醇生产和使用现状

除了上述国家外，亚太地区、拉丁美洲以及非洲等国家和地区在燃料乙醇的生产和使用方面进行了积极探索。澳大利亚确定本国的可再生燃料在 2010 年至少要占运输燃料市场总量的 1%。日本环境署（MOE）从 2003 年开始推动燃料乙醇在交通运输中的使用，他们试图在 2008 年以后开始推广燃料乙醇比例为 10% 的混合汽油，但因为日本没有多余的农业生产能力，所以生物乙醇产量增长并不快，为了满足国内生物燃料的需求，近几年日本从巴西进口了大量的燃料乙醇。

印度目前是亚洲仅次于中国的第二大乙醇生产国和消费国，燃料乙醇主要原料是甘蔗。目前，印度在全国十多个省推广 E5 乙醇汽油，其 2003 年启动的燃料乙醇计划提出 2010 年以后在全国推广使用 E10 乙醇汽油，但由于印度人多地少，能用于生产燃料乙醇的原料不足，所以近几年也从巴西进口不少燃料乙醇。

非洲最重要的生物乙醇生产国是南非共和国，它的乙醇产量占整个非洲大陆总乙醇产量的 70%。津巴布韦也是非洲重要的燃料乙醇生产国，它用甘蔗生产燃料乙醇来替代该国

12%的汽油消耗量。

（二）发展趋势

加快发展石油替代能源已成为世界各国的共识，目前主要有三种替代方式：一是利用煤炭等化石能源替代石油；二是利用风能、水能、太阳能、生物质能等可再生能源替代石油；三是加快核能和氢能的开发利用。在众多替代能源中，以燃料乙醇为代表的生物质能作为一种新型清洁燃料，以其具有的可再生、绿色、环保、健康等特性，已成为目前世界可再生能源的发展重点。

1. 燃料乙醇使用推广步伐加快

美国计划到2015年燃料乙醇的使用量增加到4650万吨，到2022年可再生燃料（主要是燃料乙醇）使用量进一步提高到1.1亿吨，预计占美国车用燃料的22%，到2025年这个比例进一步上升到25%。巴西政府积极倡导和推广燃料乙醇的使用，在增加国内使用的同时努力扩大出口，以加快燃料乙醇产业发展，为其经济发展提供新的增长点，预计到2013年，巴西乙醇产量将达到350亿升，乙醇出口量将扩大到100亿升。欧盟2008年底通过新的《可再生能源指令》，提出2020年再生燃料使用量约为3460吨，占道路交通燃料需求的10%。加拿大制定的燃料乙醇扩能计划提出到2010年乙醇汽油市场份额达到35%。日本自2007年起推广使用乙醇掺混比例为3%的燃料乙醇汽油，并计划到2015年推广率达到50%以上；到2020年以后开始推广乙醇掺混比例为10%的燃料乙醇汽油，到2015年推广率达到100%。亚太地区和拉美其他国家也纷纷因地制宜推广生物燃料乙醇。

2. 纤维素乙醇研发力度加大

纤维素类生物质是世界上唯一能够为人类提供大力生物燃

料的可再生资源，纤维素乙醇也是唯一能够大比重替代汽油的可再生液体燃料。目前，加拿大、欧盟等发达国家尤其是美国都在加大研发力度。美国总统布什在2006年国情咨文讲话中宣布，要用6年时间使纤维素乙醇实现工业化生产，并投资2.5亿美元建设两个以纤维素乙醇为重点的生物燃料研发中心；新《能源法案》提出推动10个纤维素乙醇项目，资助总额42亿美元，包括技术研发和基础设施建设等各个方面。受美国政府导向的影响，华尔街的多家风险投资公司也斥巨资进入纤维素乙醇研发领域。目前，包括中国在内的其他国家都把加大纤维素乙醇研发作为突破燃料乙醇发展瓶颈的主攻方向和占领可再生能源发展的制高点。

3. 高掺比燃料比重不断上升

由于减少温室气体排放的压力和石油价格的持续上涨，高掺比乙醇汽油推广使用受到各国的高度重视。欧洲、美国的一些汽车制造厂家都相继推出E85（乙醇掺混比例高达85%）车辆投放市场。巴西从1974年以来一直在大力推进高掺比乙醇汽油的使用，2003年开始推广灵活燃料汽车，2006年上半年灵活燃料汽车车型销售已占新车销售量的80%以上，目前巴西共有400万辆汽车使用纯乙醇为燃料。高掺比乙醇燃料的市场份额不断扩大，已成为全球燃料乙醇的发展趋势。

（三）经验与启示

1. 制定和实施燃料乙醇发展规划

1979年，美国联邦政府制定了“乙醇发展计划”，该计划的实施使美国乙醇产量从1979年的1000万加仑迅速增加到1990年的8.7亿加仑，年均增长50%以上。2002年，美国能源部和农业部联合提出了《发展和推进生物基产品和生物能源》报告及《生物质技术路线图》，计划到2010年，生物基产品由目前占产品总量的5%增加到12%，燃料乙醇占运输燃料总量的比例由目前的0.5%提高到4%。1974年，巴西政府开始在全国推行甘蔗乙醇汽油替代车用汽油计划。目前，巴西所有车用汽油均添加20%～25%的燃料乙醇，相当部分汽车使用纯燃料乙醇。2005年，巴西燃料乙醇的消费量达1200万吨，替代了当年汽油消费量的45%，约占车用燃料消费总量的1/3，为70多万人提供了就业机会。此外，2004年，由于国际石油价格大幅上涨，巴西乙醇出口成倍增加，约有16%的总产量出口到世界各国和地区，赚取了大量外汇。2002年1月，日本在《新能源法政令改正》中把生物质能源列入新能源范畴，同年12月，日本政府内阁会议审议通过了“日本生物质能源综合战略”，提出在运输部门加速利用生物质燃料。

2. 加强燃料乙醇技术研发

技术研发是燃料乙醇得以广泛推广使用的必要保障。2002年5月，美国众议院通过的农业法案批准在2002年拨款500万美元，并计划从2003年到2007年每年拨款1400万美元，以资助生物能源研究，同时提供赠款建设“生物提炼厂”[①]。这些研发极大地促进了美国生物能源产业的发展。巴西近30多年来投入了数十亿美元来从事燃料乙醇产业技术研发，培育和推广甘蔗优良品种，加强对蔗农进行技术指导，[②] 提高和完善乙醇生产与提炼技术。

3. 加大财税、金融支持力度

从财政补贴看，最近5年来，巴西政府每年用于燃料乙醇的财政补贴高达15亿里拉尔（合7.8亿美元）。1991～2001年，德国联邦政府在生物质能领域的投资补贴总计为2.95亿

① 这是一种把生物质改变成化学物质、燃料和能源的工厂。

② 目前，国际上每公顷土地产甘蔗约70吨，而巴西的产量要多出10吨以上；巴西甘蔗含糖率为14%～15.5%，高于国际平均水平的12.5%。

欧元。1991～1995年，意大利对生物质能源项目提供了30%～40%投资补贴。为了进一步鼓励使用生物燃料，美国农业部决定每年拿出1.5亿美元补贴生物燃料的生产。

从税收优惠看，1978年美国的《能源税收法案》规定，使用乙醇汽油，免除4美分/加仑（1加仑=3.1785升）的消费税。1980年，美国联邦政府规定，燃料乙醇生产企业的收入税不高于10%；乙醇汽油生产企业每生产1加仑燃料乙醇可免税30美分，后来该免税额又调整为54美分/加仑。1990年，美国联邦政府在《预算调停法案》中规定，年产量在3000万加仑以下的小型乙醇生产企业给予减少税收的优惠政策，减税额度为该企业本年度生产前6个月的产量，即1500万加仑的燃料乙醇可享受每加仑减税10美分。德国为鼓励人们使用生物动力燃料，对生物动力燃料免征矿物油税。

从金融支持看，在燃料乙醇计划实施过程中，巴西以3%的优惠利率向生产商提供流动资金贷款，同时设立了1亿雷亚尔（约合3400万美元）的信贷资金，鼓励农户种植甘蔗、大豆等作物，以便满足生物燃料的原料需求。同时，巴西政府还注重利用外资，吸引国外金融机构在当地设立分支机构，帮助农民和企业从国际金融机构获取贷款。

4. 颁布法律强制推广使用燃料乙醇

1970年，美国颁布《空气清净法》，这是美国涉及乙醇汽油推广的第一个法案。在该法案中，环境保护局规定逐步停止使用含铅汽油，并规定要在汽油中加入一定比例的含氧化合物，如乙醇、甲醇和醚类等。1990年，美国国会通过《空气清净法修正案》，要求从1992年冬季开始，在一些特殊地区如国家公园、国家自然保护区和水库周边地区等39个一氧化碳排放超标的地区，必须使用含氧量不大于2.7%（M）的含氧汽油（相当于添加7.7%的乙醇）；从1995年开始，美国9个臭氧超标地区使用添加 MTBE 或燃料乙醇作为增氧剂的新标准汽油。2005 年 8 月美国出台的《新能源法案》提出：“到 2012 年，要使每年利用燃料乙醇或生物燃料的数量达到 75 亿加仑。”

巴西是世界上最早通过立法手段强制推广乙醇汽油的国家。早在 1931 年，巴西政府就颁布法令，规定在全国所有地区销售的汽油必须添加 2% ~5% 的无水乙醇。1975 年 11 月，巴西政府以法令形式颁布了“国家乙醇燃料计划”。

三、我国燃料乙醇的发展现状和面临挑战

我国政府也非常重视生物能源的发展。1983 年 7 月颁布实施的《中华人民共和国农业法》第五十四条明确指出：“农业生产中的秸秆资源是中国最丰富的可再生能源，属于生物质能范畴，如果能充分利用，既可以提供新能源，解决农村的能源不足的问题，同时还可以减少温室气体的排放，保护生态环境。”这些年来，我国不断加大对可再生能源技术研究的投入，并出台了一系列政策鼓励和支持发展燃料乙醇，有效推动了燃料乙醇发展。

（一）发展现状

我国从“十五”期间开始发展燃料乙醇，其初衷是消耗多年积压的陈化粮，解决粮食主产区粮食相对过剩的问题。经过多年的试点，我国燃料乙醇发展并取得了积极成效，实现既定试点目标。

1. 完成大量基础工作

一是完成了乙醇汽油行车和发动机实验，制定了车用乙醇汽油和变性燃料乙醇国家标准。二是制定地方法规，颁布政府令。三是形成乙醇汽油生产、销售及使用成套技术措施

和管理办法。

2. 形成了一定生产能力

我国燃料乙醇生产实行“定点生产”。截至目前，国家批准建设了吉林燃料乙醇、黑龙江华润酒精、河南天冠燃料乙醇和安徽丰原燃料酒精5家定点生产厂。2009年，5个国家定点生产企业燃料乙醇产量达到172万吨。我国已形成生物燃料乙醇总生产能力200万吨/年，成为世界上继巴西、美国之后第三大生物燃料乙醇生产国（见表7-4）。

表7-4 我国燃料乙醇生产企业情况

试点项目单位	投产期	产能规模（吨/年）	投资（亿元）	主要原料
吉林燃料乙醇有限公司	2003.9	60	20.3	玉米
河南天冠燃料乙醇有限公司	2004.11	30	13.7	小麦、玉米、甘薯
安徽丰原生物化工股份有限公司	2005.11	32	13.4	玉米、小麦
黑龙江华润酒精有限公司	2001.4	10	0.15（改建）	玉米
广西中粮生物质能源有限公司	2008.3	20	8.6	木薯

资料来源：国家发改委产业司。

3. 推广使用目标进展顺利

建成年混配1020万吨乙醇汽油的能力，试点地区乙醇汽油市场平均覆盖率达到90%以上，乙醇汽油的消费量占全国汽油消费量的20%。在河南、安徽、黑龙江、吉林、辽宁五省全省范围以及湖北、山东、河北、江苏四省的27个地市封闭推广乙醇汽油。

4. 初步建立扶持配套政策

一是制定免征生产企业5%的消费税，增值税实行先征后返；对燃料乙醇生产和乙醇汽油在调配、销售过程中发生的亏损，实行财政定额补贴等财税扶持政策；二是确定了定价机制，按照同质同价原则，各标号乙醇汽油市场零售价格与同标号普通汽油价格一致，并随着普通汽油价格变化相应调整。

试点实践成功证明，推广使用乙醇汽油技术在我国是完全可行的；在现有政策环境下具有一定经济性；试点初期确定的拉动农业、保护环境、替代能源三大战略初见成效，社会效益显著。

（二）主要问题和挑战

我国燃料乙醇发展取得了积极进展，但与先进国家相比仍有较大差距，未来发展面临诸多制约因素。

1. 土地资源约束严重

我国是一个人均资源相对贫乏的国家，发展燃料乙醇受到资源供给的严重制约。目前我国燃料乙醇生产原料主要是玉米、小麦、木薯等。大规模发展燃料乙醇离不开大批量原料供给，势必占用耕地，这与保障国家粮食安全发生冲突。

2. 科技研发水平亟待提高

从今后发展趋势看，植物纤维有望成为生产乙醇的主要原料。我国每年产生的秸秆类农林废弃物总共约 10 亿吨（7 亿吨秸秆，3 亿吨林业废弃物），具有生产 2.5 亿吨乙醇的资源潜力。虽然我国纤维素乙醇研发已取得阶段性成果，与国际水平差距不大，但在产业化生产方面依然存在技术瓶颈制约，急需加快科研攻关和产业化示范。

3. 支持政策需要进一步完善

“十五”以来，生物燃料乙醇产业在立法先行，标准先行，配套建立规范、技术措施、管理办法体系方面取得较大成就，产业发展的政策体系已经初步建立，加大政策支持的条件也基本具备。但目前我国尚未建立适应产业长远发展的标准体系，财税扶持政策和定价机制有待根据实际情况变化进一步完善，市场监管中出现的一些问题也有待逐步解决。“十二五”期间要通过及时总结经验，查找问题，不断加以完善。

四、我国燃料乙醇发展前景分析

未来5~10年是我国生物能源产业发展的关键时期，搞得好，抓住了这次新能源和科技革命的机遇，我国就可以实现跨越式发展，缩小与发达国家的差距，甚至有可能在某些领域或某些行业实现赶超；搞得不好，特别是不能突破体制、机制和政策的制约，我国生物能源技术在产业化方面与世界差距就会越拉越大，可能再次与新能源和科技革命失之交臂。因此，正确判断未来我国燃料乙醇发展的前景，是制定燃料乙醇中长期发展战略的重要基础。

（一）资源潜力

鉴于我国人多地少、粮食供求紧平衡的基本国情，不能用粮食为原料发展燃料乙醇，必须走非粮原料路线，合理开发利用不适宜发展粮食作物的荒坡地、盐碱地等边际性土地，发展木薯、甘薯、甜高粱等作物，拓宽燃料乙醇原料来源。我国现有荒草地7.43亿亩，盐碱地1.56亿亩，建设非粮作物原料基地的土地资源充足。

1. 木薯

木薯素有“地下粮仓”、“淀粉之王”和“特用作物”之称。以木薯为原料生产乙醇，技术成熟，原料资源丰富。2009年，我国木薯种植面积约750万亩，鲜薯产量1000万吨左右（折干片近400万吨）；消费量（折干片）730万吨，主要用于淀粉、酒精及其他发酵产品生产。由于种植粗放、优良品种少、单产低、比较效益不突出等原因，进口木薯干片约330万吨，占消费量的45%。木薯适合在热带地区种植，我国主要集中在广西、广东，多年来其种植面积和产量都占全国90%以上。我国适于木薯种植的广西、广东、云南、海南、福建等地共有12305万亩荒地，其中，仅广西就有3453万亩，木薯乙醇生产潜力巨大。

2. 甘薯

我国是世界上最大的甘薯生产国，2011年我国甘薯产量约为1亿吨。目前甘薯的使用情况大体为：1/4在储存过程中损耗，其余为直接食用15%、加工45%、饲料35%、其他约5%。由于缺乏大规模加工转化，种植甘薯的收益不高，导致多年来种植面积处于缓慢下降趋势，但单产有所提高。甘薯可以在我国大部分地区种植，四川、山东、河南、重庆、安徽、湖南、湖北、河北等地都有大规模种植的传统，这些省份约有7463万亩荒地可以开发种植甘薯。

3. 甜高粱

甜高粱是耐盐碱、耐贫瘠、耐旱涝作物，光合作用效率最高，利用盐碱地、荒地等种植甜高粱是一个潜在的开发途径。我国目前甜高粱种植面积约40万亩，单产在4吨/亩左右，主要用于青贮饲料。黄河、淮河流域以北地区土地资源丰富，共有盐碱地面积8501万亩，适宜开发种植甜高粱，潜力很大。

4. 糖蜜

糖蜜可作为燃料乙醇生产原料的有益补充。2011～2012年度制糖期我国甘蔗种植面积2379万亩，产量1.06亿吨。我国甘蔗全部用于制糖，同期蔗糖产量1200万吨，副产糖蜜264万吨，可以生产燃料乙醇60万吨。

（二）市场前景

1. 市场空间较大

随着我国经济快速发展和汽车保有量的不断增加，国内汽油消费量将稳步增加。2012 年我国对成品油需求达到 2.77 亿吨，同比增长 5.4%，其中汽油消费量 8667 万吨，同比增长 12%。根据预测，2020 年我国对成品油需求将达到 3.7 亿吨，其中交通领域汽油的需求量将达到 9000 万吨，供需矛盾将进一步加剧，车用液体燃料快速增长是石油需求增长的主要因素。目前，我国乙醇汽油只占汽油消费量的 15% 左右，使用燃料乙醇替代传统汽油的市场空间非常大。此外，大力发展以生物乙醇为原料的乙烯、乙醇胺等生物化工产品，以间接缓解车用液体燃料供需矛盾，也是石油替代的重要方面，将为乙醇产业发展拓展新的市场空间。根据可再生能源中长期规划提出的目标，预计到 2015 年，我国仅燃料乙醇需求量保守估计将不低于 500 万吨。

2. 经济性日益显现

我国推广使用乙醇汽油初期，国际市场原油价格为 23.5 美元/桶，目前原油价格已上升到 100 美元/桶左右。按照目前的技术水平和原料价格，我国燃料乙醇的综合销售成本为 5500 元/吨，在我国目前成品油现行的定价机制下，燃料乙醇与 90#汽油价格相比，已基本具备一定的盈利能力。从长远看，我国成品油价格将逐步与国际接轨，且国际原油价格长期低于 70 美元/桶的可能性不大，燃料乙醇产业经济性将日益显现，产业发展的内在动力增强。

（三）宏观政策

1. 国家更加重视对燃料乙醇发展的支持

改革开放以来，我国的经济建设取得了举世瞩目的伟大成就，但同时经济增长与资源约束之间的矛盾愈发突出。针对这一问题，党中央、国务院提出要转变经济增长方式，走新型工业化道路。党的十七大、十七届三中全会提出，要把加快发展生物产业和新能源作为培育战略性新兴产业的重要内容之一，这为我国发展燃料乙醇指明了方向和重点。《可再生能源法》的颁布实施进一步为生物燃料乙醇产业的发展提供了法律保障。按照国务院的部署，国家发改委制定了生物能源替代石油的中长期发展计划，主要目标包括：到2020年，生物液态燃料生产规模达到2000万吨，其中燃料乙醇1500万吨和燃料乙醇500万吨，并争取达到3000万吨以上，生物能源消费量占整个石油消费量的20%。同时，国家发改委和财政部也出台相关财税支持政策。可以预计，随着全社会日益关注可持续发展战略，燃料乙醇产业将更加受到政府重视，支持政策体系更为完善，为我国燃料乙醇产业发展提供良好的外部环境。

2. 环保压力为产业发展提供了动力

我国经济社会发展面临的环境压力日益加大，特别是随着我国汽车保有量的快速增长，机动车排放的污染物已成为城市大气污染的主要来源之一。加快转变经济发展方式刻不容缓，低碳化将成为我国经济社会发展的方向。建设资源节约型、环境友好型“两型”社会，是我国经济社会可持续发展的基本要求。在2009年的哥本哈根全球气候大会上，我国政府承诺到2020年单位GDP能耗比2005年降低40%～45%。与化石能源相比，燃料乙醇整个生命周期具有明显的温室效应气体减排效果。同时，燃料乙醇作为绿色、清洁燃料添加剂，可以改善大气环境，替代甲基叔丁基醚（MTBE）保护地下水源。此外，大力发展甜高粱、木薯等非粮农作物，有利于改良土壤，改善生态环境。

五、发展燃料乙醇的思路及政策建议

今后一个时期，我国燃料乙醇发展要按照建设资源节约型和环境友好型社会的要求，坚持多元化的原料路线和能化并举的产品路线，加大政策支持力度，紧紧依靠科技创新，促进资源深度开发和综合利用，积极发展循环经济，形成合理的产业布局，增强产业的经济性和竞争力，着力打造包括原料种植、原料加工、科技研发、市场销售在内的全过程产业链，培育形成市场引导、企业主导、政府推动的产业化生产体系和运行机制，促进我国燃料乙醇产业健康发展。

（一）制定燃料乙醇产业中长期发展规划

目前我国还没有完整的燃料乙醇发展和推广使用规划。受国家财政补贴政策的诱导，各地方竞相上马建设燃料乙醇项目的积极性高涨，如不加以引导和协调，将会出现原料短缺、资源配置低效、市场流通不规范等问题。从宏观管理角度看，燃料乙醇产业链长，涉及农业、林业、工业等多个部门，要真正形成政策合力，有效促进产业发展，相关政府部门间首先要协调一致。因此，按照《可再生能源法》以及《可再生能源中长期规划》的要求，国家需要研究制定燃料乙醇发展规划，研究燃料乙醇技术、产品开发重点，合理确定应用领域和范围，规划产业发展的区域布局，及早组织技术攻关和安排产业化示范项目。以规划统领和协调燃料乙醇产业发展，在全社会范围内明确产业发展的方向和目标，促进各政府部门统一思路，引导企业行为，规范市场消费。

（二）完善支持燃料乙醇发展的产业政策

我国燃料乙醇与其他能源相比有三个劣势。一是价格劣势，由于技术投入大，生产规模小等原因，燃料乙醇的生产成本一般要高于其他传统能源。燃料乙醇具有良好的生态环境效益，但这些效益都没有内部化，造成了收益外泄，而化石能源产生的环境成本也没有内部化，使得燃料乙醇的优势在价格上得不到体现，也就得不到市场的认可。第二是技术劣势。相对于传统能源，燃料乙醇的技术要求高，其产品成熟度和产品的技术标准方面都不完善，技术转化和技术专利保护方面刚刚起步，使得这个阶段基础的技术理论创新和技术研发应用都具有高风险、高投入的特性，在企业能够以市场化方式进入之前只能依靠政府的研发投入。三是机制劣势。传统能源经过几十年的使用，已经形成完整的生产销售渠道，价格形成机制也相对完善，而燃料乙醇属于新兴能源，其产品的生产、销售、使用都处于初始探索阶段，尤其是能源使用的转换，需要相关动力设施的更新换代，在缺少价格优势的前提下，没有政府的相应政策支持是不可能完成的。

1. 坚持加大科技投入和实行税收优惠政策并举

各级政府要在加大自身科技投入和落实政策措施力度的基础上，通过设立技术创新专项资金，建立科技风险担保基金制度，运用财政贴息（补助）等方式，鼓励和引导社会资金投入燃料乙醇产业；通过深化税制改革，允许高新企业抵扣外购专利权和非专利技术等无形资产和技术设备的固定资产进项税金，从产品销售收入中据实扣除企业研究开发费、技术转让费，在计算增值税税基时扣除高新技术产品所含折旧部分的增值税等，以促进企业加大科技研究与开发投入。

2. **加大市场推广的支持力度**

各级政府要为燃料乙醇发展创造一定的市场空间。一是要实行有利于企业发展的政府采购制度，通过预算控制、招投标等形式，引导和鼓励政府部门、企事业单位择优购买国内产品。二是要实施买（卖）方信贷政策。对于大型燃料乙醇成套设备制造业，通过买（卖）方信贷支持，使企业可以取得开拓市场时的优势和主动权，减少技术创新及市场开发的风险。政府应做好宏观调控和引导作用，应制定完善的市场运转细则，调动企业积极参与新能源的生产销售，利用好传统能源的流通销售渠道作为新能源产品的流通体系基础。应以市场机制为基础，处理好国家价格调控和市场价格形成之间的矛盾。

3. **加强金融支持**

一是商业银行要扩大科技贷款规模，建立风险贷款机制，在信贷投入方式上进行金融创新，设立高新科技风险投资基金。二是建立和完善风险投资机制。通过多方筹措资金，加强与国内外风险投资机构的联系，吸引国内外风险投资基金和投资机构对高技术产业进行风险投资。同时积极争取政府支持，逐步建立健全产权交易市场，实现非上市企业的资本流动，为风险投资建立退出机制，也为中小企业的兼并提供资本化处理手段。

（三）加大科技研发和推广应用

技术问题是目前燃料乙醇大规模产业化发展最大的制约因素，同时也是打开燃料乙醇发展的金钥匙。从国际比较看，美国、欧洲、巴西等燃料乙醇发展较好的国家都拥有先进的生物能源科技。

1. **处理好基础理论研究和技术开发的关系**

我国虽然理论研究较多，但普遍研究水平不高，理论创新不足，没有很好地起到引导整个领域发展的作用，大多是就理论研究而研究理论，脱离实际的技术开发，导致理论研究的空泛化，技术研发的理论化，结果是技术创新不足，技术转化率极低。推动能源科技的研究，加大投入是必需的，但不处理好理论研究与技术开发的关系，再大的投入都是徒劳的。

2. **加强科技攻关协作**

科研院所和高校是我国科研的主要基地，应作为燃料乙醇基础研究的主要阵地。同时应积极鼓励企业和科研院所组成战略联盟，开展科技攻关和技术开发，加快推动燃料乙醇的技术创新和市场化推广应用。

3. **选择好攻关重点**

目前主要突出两个环节重点：一是加强优质能源作物品种的选育，要将容易推广种植、产量高和产品转化率高的能源作物作为研究重点；二是生产和加工工艺环节。优先选择技术难度低、投资少、见效快、市场容量大的项目作为攻关重点，避免造成投资浪费，盲目开发。

（四）提高原料供给保障能力

原料是发展燃料乙醇的前提条件。我国的生物质资源虽然总量巨大，但分布较分散，收集成本高，难以满足产业化规模化的原料需求。因此，建立稳定的、集中的、市场化和规模化的生物质原料供应是燃料乙醇产业化发展的必然趋势。要对我国的土地生态资源进行调查评估，制定实施能源作物种植规划。开发利用适宜闲置土地资源，大面积种植技术上容易转化、产量高而又成本低的能源作物，因地制宜，在全国范围内建立若干连片原料供应基地，解决好原材料的流通和稳定供应问题。

（五）健全相应的技术标准体系

各国的经验和事实表明，燃料乙醇标准的制定可以为产业的健康发展提供依据。目前，欧洲、美国、奥地利、捷克、法国、德国、意大利、瑞典等国家都建立了燃料乙醇标准，对产品的密度、孰度、馏程、闪点、硫含量等25项指标全部或部分做出了界定。但我国尚未颁布正式的国家标准，使得我国燃料乙醇的生产和使用都没有相应的依据。因此，应当尽快确立燃料乙醇产品的相关技术标准，为产业化发展确立标准前提。

（六）积极开展国际合作

要积极引进国外先进成熟技术为我所用，加强科学理论研究和技术开发的跨国交流。积极参与国际间生物质能源发展组织和论坛，通过这些平台，加强和其他国家的战略合作，共同探讨燃料乙醇发展问题。同时，学习国外的制度和管理经验，包括市场体制、法律法规等。要立足于国际国内两个市场，积极利用国外原料和产品，弥补我国原料供给的不足。

参考文献

1. 仇珺．你对燃料乙醇了解多少？——访中国化石石油化工科学研究院高级工程师、两院院士闵恩泽，2006－08－03.

2. 郭晓熹．国际燃料乙醇发展状况［J］．中国科技财富，2006（1）.

3. 钱伯章．燃料乙醇生产现状及技术进展，中国石油天然气集团公司网站.

4. 生物燃料——石油替代的一道亮丽风景．中国新能源网，http：//www. newenergy. org. cn/html/2006－9/200697 _11735. html.

5. 生物质能源全球受宠．上海证券报，http：//www. newenergy. com. cn，2006－07－13.

6. 于洁．生物乙醇及其应用概况．上海行业科技情报服务平台，2006－03－03.

7. 杜风光，冯文生．燃料乙醇发展现状和前景展望［J］．现代化工，2006－01，26（1）．

8. 张晓阳．国际燃料乙醇工业发展概况［J］．玉米科学，2003（2）．

9. 玉米生物基在中国成功开发［N］．中国纺织报，2006－07－05.

10. 肖维箴．国内外乙二醇市场现状与发展趋势［J］．合成纤维工业，2004－08，27（4）．

11. 我国乙二醇产品的生产消费现状以及发展建议．慧聪网涂料行业频道，http：//www. asia－paint. com/news/hangye/yc. html.

12. 瞿丽曼．聚乳酸专利数量分析：国内外增长迅速，日本独占鳌头．上海情报服务平台，2005－09－14.

13. 瞿丽曼．聚乳酸相关专利分析（五）——聚乳酸纤维最新专利剖析．上海情报服务平台，www. istis. sh. cn，2005－02－01.

14. 聚乳酸技术专题．资讯麦网，www. zxmw. com.

15. 张大伟．原油价格不断高涨　生物质能源全球受宠．http：//finance. sina. com. cn，2006－07－13.

16. 黄显慈．国外燃料乙醇的生产与应用近况［J］．粮油加工，2003（3）．

17. 全球生物乙醇的开发与应用推广情况．中国可再生能源网，http：//www. cses. org. cn/newbody. asp？id＝600.

18. 王正友．美国生物燃料乙醇生产近况［J］．粮油食品科技，2006（1）．

19. 可生物降解聚合物——聚乳酸．中国塑胶业网，http：//www. qx100. com. cn，2005－03－11.

20. 瞿丽曼．聚乳酸专利数量分析：国内外增长迅速，日本独占鳌头．上海情报服务平台，2005－09－14.

21. 石元春．发展生物质产业，http：//www. casad. ac. cn/2005－3/2005323113246. htm.

22. 日本新能源有多大发展空间 可持续发展战略可借鉴．中国新能源网，http：//www. newenergy. org. cn/html/2006－7/2006721_11033. html.

23. 吴志华．巴西的能源农业战略［J］．求是，2006－05－23.

24. Dr. Madhukar Onkarnath Garg. 印度燃料乙醇发展战略解析．http：//www. chemnews. com. cn/bin/othernews/detail. asp？id＝29.

25. 燃料乙醇各国产业标准规范现状．上海情报服务平台，2006－10－27.

26. 胡思彤．厨房流出燃料乙醇［N］．新京报，2006－05－25.

27. CRESP项目办．巴西生物能源开发全球领先地位．http：//www. cresp. org. cn/chinese/content. asp？id＝254.

28. 德国生物能源市场情况和鼓励及保护措施．驻汉堡总领馆经商室子站，2006－04－26.

29. 于凤文，计建炳．能源环境保护，2003年第17卷第6期。

30. 戎志梅．生物化工：21世纪重大产业［N］．中国化工报，2002－08－22.

31. 王春阳．我国燃料乙醇发展的法律完善和对策．中国环境法网，2006－10－09.

32. 朱行．世界可再生燃油生产现状和发展趋势［J］．粮食与油脂，2005（3）．

33. 魏学锋，张小云，罗婕，等．生物质燃料的开发利用现状与展望［J］．节能，2004（8）．

34. 李十中．美国燃料乙醇工业考察报告．内部资料．

第八章 我国生物柴油的发展前景分析

王明姬

内容提要：

21世纪以来，受国际原油价格上涨和全球气候变化影响，生物质能由于具有可直接利用、可较大规模生产并可有效缓解能源压力、改善环境和促进农民增收等特点，其开发利用日益受到各国政府的重视。但近年来随着世界粮价的暴涨，生物质能的开发利用也引起更多争议，有专家认为生物质能的开发利用是导致当前粮食危机的重要原因，“汽车与人争粮”的议题甚至上升到伦理层面。鉴于生物柴油是优质的石油柴油替代品，也是生物质能重要的利用方式之一，我们必须用全新的战略眼光对发展生物柴油的利弊进行全面、客观评估，以正确看待生物柴油的开发利用，科学判断生物柴油的发展前景，才能有效应对国际能源危机所带来的一系列问题。

一、我国发展生物柴油的战略意义

目前，生物质能仅次于煤炭、石油和天然气而居于世界能源消费总量的第四位，其消费总量位居六大可再生能源（太阳能、风能、地热能、水能、生物质能和海洋能）之首。生物质作为唯一可再生碳源，具有 CO_2 零排放（生物质利用过程中排放的 CO_2 量等于其生长过程中吸收的 CO_2 量）、硫含量低和可生物降解等特点，而且，生物质能燃烧后的草木灰含有丰富的钾、镁、磷、钙等成分，可用作高效农业肥料，因此，生物质能成为世界各国大力发展的可再生能源之一。据预计，到 2020 年全世界生物质能的商业化利用将达到 1 亿吨油当量，并形成千万吨级规模的生物液体燃料生产能力。据联合国开发计划署（UNDP）估计，可持续的生物质能潜力巨大，可满足当前全球能源需求量的 65% 以上。①

生物柴油是以油料作物、木本油料植物果实、水生油料植物、动物油脂和废餐饮油为原料制作的液体燃料，是通过不饱和油酸 C_{18} 为主要成分的油脂分解获得的一种高脂酸甲烷。

二、我国生物柴油的发展现状与制约因素

（一）生物柴油的生产原料与技术分析

生物柴油是由动、植物油脂与醇（如甲醇或乙醇）经酯交换反应制得的脂肪酸单烷基酯，最典型的生物柴油是脂肪酸甲酯。生物柴油的原料来源主要是天然的动植物油脂，天然油脂的分子结构是含双键或不含双键的直链脂肪酸三甘油酯，碳链长度在 12 ~ 26 碳数，一般为偶数碳链。世界上已经确认的油料作物有 350 种之多。② 根据自然条件不同和农业政策不同，

① 钱伯章．新能源——后石油时代的必然选择［M］．北京：化学工业出版社，2007：（25）．

② 吴谋成．生物柴油［M］．北京：化学工业出版社，2008：129.

不同国家和地区采用的原料也不同，如巴西以蓖麻油、南非以葵花子油为原料生产生物柴油，生物柴油的生产工艺流程如图 8－1 所示。①

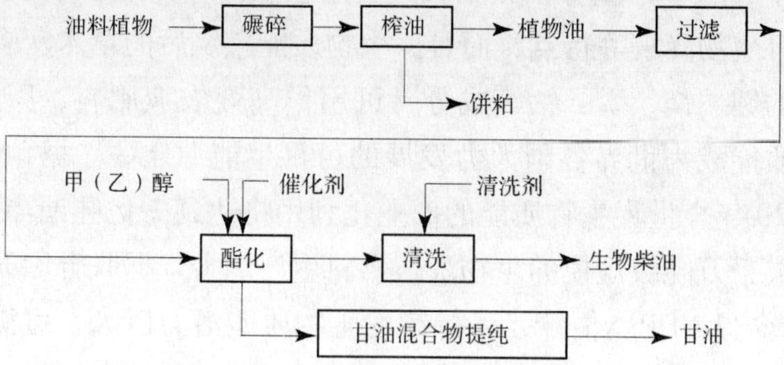

图 8－1　生物柴油的生产工艺流程

国内生物柴油的生产才刚刚开始，根据地区不同原料变化较大，菜籽油、棉籽油、大豆油、椰子油、麻疯果油、葵花籽油等均被作为生物柴油原料，但更多集中在野生植物油（如麻风果油、乌桕油、黄连木果油等）和一些不能食用的副产油料（如花椒油、烟籽油、蓖麻油、棉籽油等）。②

目前，生物柴油的生产原料大致可以分为四类：一是含油植物的种子，包括油料作物，如油菜、棉花、大豆、芝麻、花生等；木本油料，如乌桕树、蓖麻、棕榈树、椰子树、油桐树、亚麻、野苏树、桉树、油茶。麻风树、光皮树等含油植物。二是动植物油脂，如猪、牛、羊等加工的各种油脂。三是微生物油脂与工程微藻。四是一些废弃物的回收，如餐馆的地沟油，各种脂肪加工厂的下脚料、酸化油、废机油、汽油、柴

① 李仲来．生物柴油生产技术与发展概况［J］．化工设计通讯．2008，34（1）：29－35.

② 梁斌．生物柴油的生产技术［J］．化工进展．2005，24（6）：577－585.

油等的回收利用，废塑料、废橡胶提炼的柴油。[1] 原料对生物柴油的质量有一定的影响，油脂中所含的脂肪酸的碳链长短、不饱和键的多少直接影响生物柴油的闪点、十六烷值、倾点等性质。不同产地、不同品种的油脂化学成分有很大的区别，[2]我国使用化学法生产生物柴油所用的原料基本上是废弃食用油和地沟油。

目前，制造生物柴油的途径主要有直接混合法、微乳化法、化学合成法、高温热裂解法、生物酶法、超临界甲醇法和工程微藻法。

第一，直接混合法，就是将植物油与矿物柴油直接混合，使植物油的密度和黏度降低，基本符合燃料油使用的要求。该方法工艺简单，但长期使用中会出现炭化、结焦现象等问题。

第二，微乳化法，即将植物油或动物脂肪、溶剂和微乳化剂混合，从而将植物油稀释，降低黏度，满足作为燃料油的要求。微乳状液是一种透明的、热力学稳定的胶体分散系，是由两种不互溶的液体与离子或非离子的两性分子混合而形成的直径在 1 ~ 150rim 的胶质平衡体系。微乳化方法易受到环境条件的限制，环境条件的变化会引起破乳现象的发生，使得燃料的性质不稳定，不能达到普遍使用的目的。1982 年 Gcoring 等用乙醇水溶液与大豆油制成微乳状液，这种微乳状液除了十六烷值较低之外，其他性质均与 2 号柴油相似。[3]

第三，化学合成法，也称酯交换法，即用动物和植物油脂与甲醇或乙醇等低碳醇在酸性或者碱性催化剂（KOH、NaOH、$NaHCO_3$或浓 H_2SO_4等）作用下进行酯交换反应，生成

---

① 吴谋成．生物柴油［M］．北京：化学工业出版社，2008：129.

② 梁斌．生物柴油的生产技术［J］．化工进展．2005，24（6）：577 -585.

③ 诸葛玉香．油脂制备生物柴油的工艺研究［D］．陕西：西北大学，2008.

相应的脂肪酸甲酯或乙酯，再经洗涤干燥即得生物柴油，目前生物柴油主要是用化学合成法生产。甲醇或乙醇在生产过程中可循环使用，生产设备与一般制油设备相同，生产过程中可产生10%左右的副产品甘油。① 酸催化反应的催化剂可选用浓硫酸、苯磺酸和磷酸等，在酯交换过程中不会发生皂化，但反应速率较慢；碱催化的反应时间短，工艺较成熟，目前生产厂家大多采用该法生产生物柴油。化学法合成生物柴油有以下缺点：工艺复杂、醇必须过量，后续工艺必须有相应的醇回收装置，能耗高；脂肪中不饱和脂肪酸在高温下容易变质而导致色泽深；酯化产物难以回收，成本高；生产过程有废碱液排放等。Boocock 等以无水甲醇和脂肪酸为原料，先以质量分数2%的硫酸为催化剂，在50℃～65℃温度下反应45 分钟，再以氢氧化钠为催化剂（同时中和硫酸），在同样温度下反应10 分钟，最终得到的生物柴油中甲酯含量在99%以上。②

第四，高温热裂解法，即将植物油中的大分子甘油三酯在没有氧气存在的情况下在高温下进行热解反应，以降低植物油的平均分子量，获得与矿物柴油品质相近的燃料油。高温热裂解法的主要产品是生物汽油，生物柴油只是其副产品。热裂解的优点在于操作简单、原料利用充分，可以有效保证产品质量，且适合长期使用，但热解工艺复杂，设备庞大且昂贵，反应产物难于控制、产物中不饱和烃含量较高且经热解后产品中有利于燃烧的氧以二氧化碳的形式损失掉，造成产品成本太高，不能达到工业化生产及广泛使用的

---

① Fangrui MA, Hanna MA. Biodiesel production a review [J]. Bioresource Technology. 1999, 70 (1): 1－15.

② 李浩南，罗金华，张彩，钟耕．生物柴油技术研究进展［J］．能源研究与利用．2006，(3)：1－4.

目的。

第五，生物酶法，即用动、植物油脂和低碳醇通过脂肪酶进行转酯化反应，制备相应的脂肪酸甲（乙）酯。目前常用的酶主要有酵母脂肪酶、根霉脂肪酶、毛霉脂肪酶、猪胰脂肪酶等。生物酶法合成生物柴油具有条件温和、醇用量小、无污染物排放等优点。[①] 而且，生物酶法生产工艺的设备投资少，污染小，能耗低，对油脂原料的要求也比较低。但该方法同样存在对甲醇及乙醇的转化率低（一般为 40% ~60%）等缺点。[②] 由于目前脂肪酶对长链脂肪醇的酯化或转酯化有效，而对短链脂肪醇（如甲醇或乙醇等）转化率低，而短链醇对酶有一定毒性，使酶的使用寿命缩短，同时副产物甘油和水也难以回收，不但对产物形成抑制，而且甘油对固定化酶有毒性，使固定化酶使用寿命减短。[③] 因此关键是要提高酶的活性和防止酶中毒。

第六，超临界甲醇法，是最近几年发展起来的一种新方法，甲醇在超临界状态下具有疏水性，油脂能够很好地溶解在超临界甲醇中，用于生物柴油的制备具有反应迅速、转化率高等优点，对原料油脂的适应性强，当脂肪酸含量高达 30% 以上，对生物柴油的得率也基本上没有影响，水含量超过 30% 的原料也能达到 90% 以上的得率。此外，超临界甲醇法制备生物柴油的反应时间可以在 4 分钟内完成，而且生物柴油和甘油可以一次完全分离，而化学法合成最短也需要 2 小时，酶促

---

① 李仲来．生物柴油生产技术与发展概况［J］．化工设计通讯．2008，34（1）：29 –35.

② Nelson L A，Fogila T A，Marmer W N. Lipase – catalyzed production of biodiesel［J］. Journal of American Oil Chemists Society. 1996，73（8）：1191 –1195.

③ Kakugawa K，Shobayashi M，Suzuki O，et a1. Purification and Characterization of a Lipase from the Glycolipid Producing Yeast Kurtzmanomyces spI – II［J］. Bioseience Biotechnology and Biochemistry. 2002，66（5）：978 – 985.

法最少需要24小时。超临界法制备生物柴油通常需要高温高压，对设备要求很高，因此要大规模应用于工业生产，还需要进一步的研究。[①,②]

第七，工程微藻法，美国国家可更新实验室（NREL）通过现代生物技术建成"工程微藻"，即硅藻类的一种"工程小环藻"。在实验室条件下可使"工程微藻"中脂质含量增加到60%以上，户外生产也可增加到40%以上，而一般自然状态下微藻的脂质含量为5%～20%。"工程微藻"中脂质含量的提高主要由于乙酰辅酶A梭化酶（ACC）基因在微藻细胞中的高效表达，在控制脂质积累水平方面起到了重要作用。[③] 利用工程微藻生产柴油的优越性在于：第一，微藻生产能力高，用海水作为天然培养基可节约农业资源；第二，比陆生植物单产油脂高出几十倍；第三，生产的生物柴油不含硫，燃烧时不排放有毒有害气体，排入环境中也可被微生物降解，不污染环境。[④]

（二）我国生物柴油的发展现状

2000年，被誉为"中国催化剂之父"的闵恩泽院士首次在《绿色化学与化工》一书中明确提出发展清洁燃料生物柴油。自2002年经国务院批示，国家发改委开始推进生物柴油产业发展以来，生物柴油年产量由最初的1万吨发展到现在的近20万吨，总设计产能已达200万吨/年左右（由于数据来源

---

① 李浩南，罗金华，张彩，钟耕．生物柴油技术研究进展［J］．能源研究与利用．2006，(3)：1－4.

② 申桂英．生物柴油的生产技术进展［J］．精细与专用化学品．2007，15(5)：8－17.

③ 诸葛玉香．油脂制备生物柴油的工艺研究［D］．陕西：西北大学，2008.

④ 申桂英．生物柴油的生产技术进展［J］．精细与专用化学品．2007，15(5)：8－17.

不一致，该数据存在较大分歧），生物柴油被纳入《中华人民共和国可再生能源法》的管理范畴。[①] 2002 年 8 月，四川古杉油脂化学公司成功开发出以植物油下脚料为原料生产的生物柴油，主要性能指标达德国 DIN 51606 标准；2002 年 9 月，福建省龙岩市卓越新能源公司也建成利用废动植物油生产 2 万吨/年生物柴油装置，标志着我国生物柴油生产实现了产业化，2003 年建成 10 万吨/年生产能力，每吨生产成本约为 2100 元，技术性能指标优于 $0^{\#}$ 矿物柴油。[②] 应该说，我国的生物柴油技术已取得重大成果，海南正和生物能源公司、四川古杉油脂化工公司和福建卓越新能源发展公司都已开发出拥有自主知识产权的技术，相继建成了规模过万吨的生产厂。与此同时，“十五”期间，政府的不同部门分别以不同方式支持了生物柴油产业发展。国家发改委将生物柴油列入可再生能源目录，并在国家关键技术中支持油料树木种植、废弃油脂提取、生物柴油减压蒸馏技术的开发，以及一定规模的生物柴油工厂的建设。科技部在“863”及攻关计划中分别对酶的开发、超临界反应技术、隔油池垃圾生产生物柴油，以及起草生物柴油质量国家标准方面给予了支持。国家自然科学基金委员会资助的项目包括基因修饰含油树木种子、新型催化剂的开发等。中国石油和中国化石分别支持一些大学进行生物柴油应用研究，包括生物柴油的理化性质、超临界技术的中间实验、脂酶催化生产生物柴油等。

需要特别指出的是，2005 年生物柴油写入《中华人民共和国可再生能源法》，为生物柴油产业的跨越式发展奠定了坚

---

① 冀星，王璇．我国生物柴油产业发展应注意的几大问题［J］．国际石油经济．2007，15（2）：27－30.

② 钱伯章．生物柴油产业现状及技术进展［J］．新材料产业，2005（9）：49－52.

实的法律基础。[①] 近年来，国内企业加快生物柴油开发力度，2006~2007 年中石油、中粮油、中海油等企业已经完成了生物柴油的中试，开始进行大规模的生产建设。[②] 2008 年，为鼓励和规范生物柴油产业发展，防止重复建设和投资浪费，根据生物燃料产业发展总体思路和基本原则，结合国家有关政策要求及产业化工作部署与安排，国家发改委批准了中石油南充炼油化工总厂 6 万吨/年、中化石贵州分公司 5 万吨/年和中海油海南 6 万吨/年三个小油桐生物柴油产业化示范项目。[③] 据统计，截至 2007 年年底，我国生物柴油行业年产能超过 300 万吨。据不完全统计，现有产能 1 万吨及以上的生物柴油企业有 26 家，其中，产能小于 5 万吨的有 13 家，5 万~10 万吨之间的有 7 家，产能达到和超过 10 万吨的有 6 家。以每吨生物柴油 7000 元计算，产值在 3 亿元以下的有 13 家，3 亿~10 亿元之间的有 12 家，10 亿元以上的只有 1 家（见图 8－2）。[④] 截至目前，我国生物柴油产业有数十家生物柴油企业，已初步形成以海南正和生物能源公司、四川古杉油脂化工公司和福建卓越新能源发展公司等民营公司、外资公司以及中粮集团、航天科工集团和三大石油集团共同参与的格局。各地都在大力建设生物柴油项目（见图 8－3、表 8－1），2008 年、2009 年中国生物柴油产量将快速增长，到 2010 年中国生物柴油产量

① 冀星，陈冠益，李丽．我国大型石油公司如何应对生物乙醇与生物柴油发展潮流［J］．国际石油经济．2008，16（2）：50－55.

② 2008 年中国生物能源行业研究报告简介［R/OL］. http：//www. chinaccm. com/48/4816/481602/news/20080328/085217. asp.

③ 发改委工业司．生物柴油产业化示范项目启动［EB/OL］. http：//www. sdpc. gov. cn/zjgx/t20080710_223557. htm.

④ China Venture. 2008 年中国生物柴油行业投资价值研究报告［R/OL］. http：// tech. sina. com. cn/chuangye/y/2008－09－25/10252478611. shtml，2008－09－25.

将达 200 万吨/年。[①]

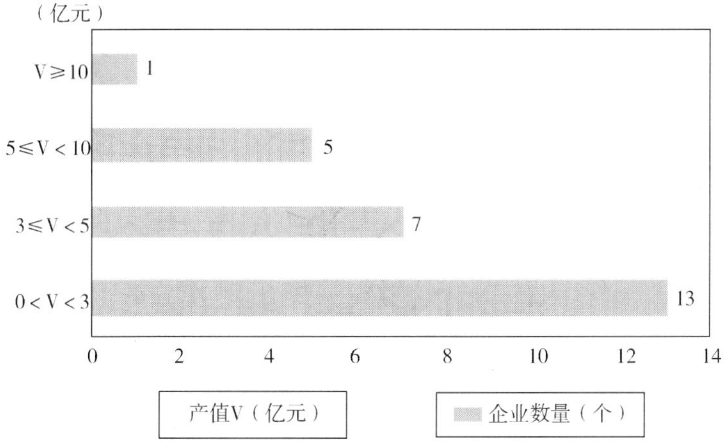

图 8-2 2007 年中国产能万吨以上生物柴油企业产值分布

资料来源：ChinaVenture 投资数据库，2008 年 8 月。

表 8-1 我国部分在建、拟建生物柴油项目情况

地　　区	建设规模（万吨/年）	建设单位	建设周期
内蒙古	25	天宏（通辽）生物能源科技发展有限公司	2007～2008 年
广 西	20	广西柳州明惠生物燃料有限公司	2008～2009 年
河 南	10	洛阳天昌生物工程有限公司	2006～2008 年
上 海	15	上海中生化能源科技有限公司	2007～2008 年
河 北	10	河北中天明生物燃油有限公司	2006～2007 年
河 南	10	济源市中亿石油实业有限公司	2006～2008 年
河 南	10	罗山县金鼎化工有限公司	2006～2010 年

资料来源：2008 年中国生物能源行业研究报告简介。

① 2008 年中国生物能源行业研究报告简介［R/OL］. http：//www. chinaccm. com/48/4816/481602/news/20080328/085217. asp.

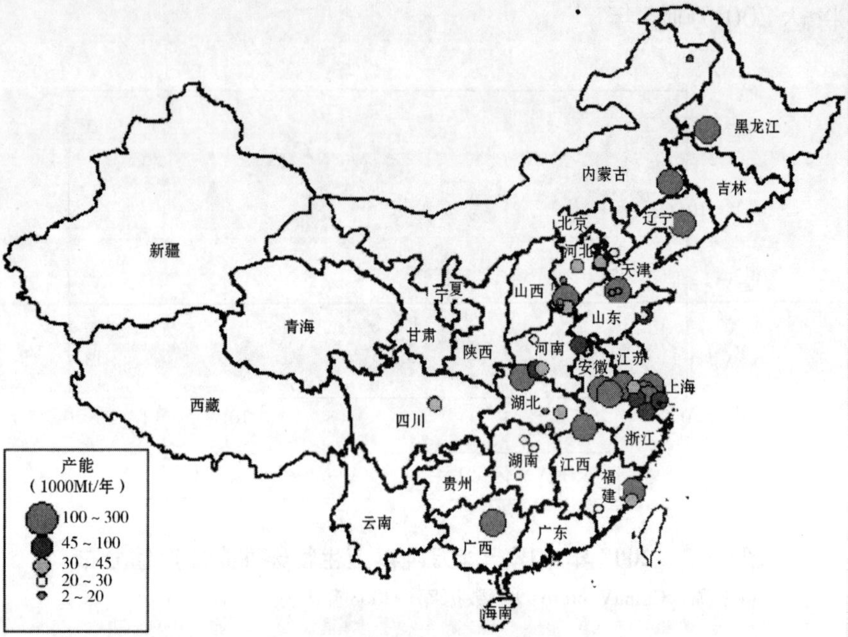

图 8－3　我国生物柴油加工厂分布图

资料来源：曹智．中国植物油及棕榈油供需状况及趋势分析［R/OL］．2007 年 10 月．

（三）制约我国生物柴油开发利用的主要因素

目前，我国生物柴油开发利用面临许多困难，涉及原料资源供应、产业发展的技术瓶颈、商业化应用市场和政策、市场环境不完善等问题，如果不妥善解决，将阻碍我国生物质能产业的快速健康发展。

1. 原料资源供应问题

目前，制约我国生物柴油开发利用面临的首要问题就是“无米下锅”。生物柴油项目是否可行，关键在于能否建立稳定的原料供应体系。就现状看，国内仅有的几个项目都是以地沟油、植物油脚等废弃油脂做原料，而全国一年的废弃油脂也只有 600 万～700 万吨，其中相当比例还要用于化工生产，可以说原料数量非常有限，而且这些废弃油脂分布在全国各地，搜集和运输成本高昂，厂家一般只能就地取材，由此导致很多企业出现严重的原料短缺现象。以国内较大规模正式投产的生物柴油生产基地福建卓越为例，以地沟油为原料，虽说年产量只有2万吨，但仍需从全国调配原料。现在，不少地区生物柴油项目把目光瞄准以地沟油为主的废弃油脂，但地沟油作为一种可再生资源，其数量也很有限，如一座百万人口的大城市一年产生的地沟油也只在1万吨左右。[①]此外，由于我国对地沟油的回收管理不善，每年可供生物柴油企业利用的废弃油脂不足50万吨。按照1.2吨废弃油脂生产1吨生物柴油计算，40多万吨废弃油脂能满足的产能只有30多万吨。2007年，由于原料短缺及价格高涨等原因，我国生物柴油产量仅有约30万吨，产能利用率只有10%。目前，我国很多企业处于部分停产或完全停产状态，行业发展陷入了困境。[②]

2. 产业发展中的技术、标准瓶颈

目前，我国生物柴油的发展尚处于起步阶段，产业技术基础薄弱，其中产业发展中的生产技术、产品标准、生产设备等问题已成为阻碍生物柴油相关产业快速健康发展的重要问题之一。

我国生物柴油经过多年的研究和实践，生产技术相对成熟，国内已公开的具有自主知识产权的技术专利有10种以上，涉及技术研究的文献有30余篇，内容包括生物柴油生产技术

① 中国企业报．原料供应问题制约生物柴油发展［N/OL］．http：//www. bioon. com/biology/bioengery/241846. shtml，2006－11－08.

② China Venture. 2008年中国生物柴油行业投资价值研究报告［R/OL］．http：//tech. sina. com. cn/chuangye/y/2008－09－25/10252478611. shtml，2008－09－25.

和应用研究的各个方面。[①] 目前，我国主要采用化学酯化法生产生物柴油，该技术就是将动植物油脂进行化学转化，改变分子结构，生成粗脂肪酸甲脂或乙酯，再经分离甘油、水洗、干燥等适当后处理而生成生物柴油。经过多年发展，化学酯化法已经形成较完备的技术体系和方法，但由于酯化过程要进行水洗、除渣、酯化、分离、蒸馏、洗涤、干燥、脱色等一系列过程，因此，转化率低，成本较高，而且产品质量难以保障。此外，虽然我国在2007年颁布了《柴油机燃料调和用生物柴油（BD100）国家标准》（GB/T 20828—2007），但由于生物柴油的酸度、灰分、残炭均高于石油类柴油，生物柴油在国外并不独立使用，而会以B5或B20等BX类生物柴油与化石柴油混用。而我国至今没有B5或B20标准，更没有对生物柴油企业的生产设计和运行进行技术规范，鉴于生物柴油原料的不同和生产工艺的差异，在没有统一的质量标准体系情况下，生物柴油质量难以保证，不少劣质产品也冒充生物柴油，在市场上造成不良影响，严重损害了生物柴油的市场声誉，导致生物柴油很难进入中石油、中化石的销售终端，大量生物柴油卖给企业用作烧锅炉等用途，极大地制约了我国生物柴油产业的快速健康发展。

3. 生产成本过高，商业化应用缺乏市场前景

由于生物柴油开发利用的投资规模较大、运营成本相对较高，因此，不依靠政府补贴，大规模的商业化应用缺乏市场前景。近年来废弃油脂价格快速上涨。据统计，地沟油价格已由2006年的2000元/吨上涨至目前的5400元/吨；植物油脚价格也从2006年的800元/吨上涨到现在的3500元/吨，价格暴涨

① 中国生物能源化工网，全国生物柴油行业协作组. 生物柴油：从入门到精通［R/OL］. http：//download. cbbf. cn/bencandy－6－285－1. htm，2007－12.

导致很多生物柴油企业亏损和停产。[1] 在原料价格高峰时，生物柴油的生产成本是每吨接近 7000 元，而售价是 6000 元左右。[2] 而生物柴油项目 75% 来自原料成本，项目敏感度中原料价格因素占绝对比重，所以，原料价格上升直接影响企业的生产成本和盈利能力。此外，由于国家对成品油监管十分严格，生物柴油无法正式大规模地销售到中石油、中化石的销售网络中，大多卖给企业用作烧锅炉等用途，严重限制了生物柴油的市场应用。

4. 政策法规和市场环境不太完善

虽然我国在 2005 年 2 月 28 日通过了《可再生能源法》，并于 2006 年 1 月、2 月先后颁布了《可再生能源发电价格和费用分摊管理试行办法》（发改价格（2006）7 号）和《可再生能源发电有关管理规定》，在 2007 年 8 月出台了《可再生能源中长期发展规划》，但和欧盟、美国等国家在生物质能方面的法律规定和政策支持相比，我国的法律法规还比较笼统，需要颁布进一步的配套细则来补充和完善。第一，上述法律法规主要是围绕着利用可再生能源（含生物质能等在内）发电这一核心进行展开和规范的，缺乏对生物柴油等生物燃料开发利用的明确规定。第二，我国在生物质能开发利用方面的相关政策法规缺乏系统性。我国生物质能产业的配套还很不完善，示范推广和产业服务体系建设不完善，在生物质能利用的终端缺乏相关支持，导致生物质能的综合使用成本高。例如，发达国家在生物质能开发利用的研发、原料供应、生产、生产设备制

---

① China Venture. 2008 年中国生物柴油行业投资价值研究报告［R/OL］. http：//tech. sina. com. cn/chuangye/y/2008 – 09 – 25/10252478611. shtml，2008 – 09 – 25.

② 李攻．山东生物柴油产业集体陷断粮困境［N/OL］. http：//www. qthdaily. com/news/content/2008 – 08/04/content _11844. htm，2008 – 08 – 04.

造、生物质能销售和使用的整个链条中的各个环节都出台了相关配套政策以鼓励生物质能产业的发展。第三，在生物质能开发利用方面缺乏利用税收减免、投资补贴、价格补贴、政府收购等市场经济杠杆和行政手段促进发展的政策性法规。例如，针对生物柴油生产企业的投资补贴和税收减免，目前我国仅出台了指导性文件，并没有出台详细措施，而发达国家都以立法形式，强制要求在车用柴油中按一定比例添加生物柴油，并对生物柴油生产企业和使用生物柴油的企业或个人给予税收减免。而我国正和、古杉、卓越等民营企业质量合格的生物柴油却无法通过官方系统销售到中国石油天然气集团公司以及中国石油化工总公司两大集团的销售网络中。第四，从事生物质能开发利用的部分企业很难享受到目前已出台的部分优惠政策。例如，按照相关规定，生物柴油生产企业可以向税务部门申请减免部分营业税，但这种减免是有条件的，也就是说，企业向税务部门申请时，必须拿到已经减免的“案例”才可能获得批准，[①] 而这种“案例”却很难找到。另外，生物柴油生产企业收购废油很难获得增值税进项发票，因此无法抵扣增值税，增加了生产成本。

三、未来我国生物柴油的发展方向

（一）我国生物柴油产业发展必须坚持的战略原则

坚持政府推动和市场驱动相结合的原则。政府必须有目的地介入和引导，制定和实施相应的投资、税收、人才、金融、

① 李攻．山东生物柴油产业集体陷断粮困境［N/OL］．http://www.qthdaily.com/news/content/2008-08/04/content_11844.htm，2008-08-04.

市场和技术政策及措施，创造有利于产业发展的机制和有序的竞争环境，但政府实行各种政策的立足点都是要充分利用市场作为资源配置的基础性手段，充分调动企业的积极性和主观能动性，在产品研制、技术开发和市场开拓等方面发挥主导作用。

坚持中长期战略推广和近期示范试点相结合的原则。发展生物柴油产业是我国的一项长期战略举措，从中长期看，要创造有利条件，全面推动；从近期看，又要结合我国发展生物柴油的优劣势，不能不顾资源条件限制盲目开发，必须以经济可行性为前提，根据国情理性看待生物柴油产业发展。

坚持立足“三农”和服务“三农”相结合的原则。生物柴油的开发利用必须确保国家粮食安全基础上稳步推进，要在满足“三农”生产、生活需求基础上按工业化生产的要求组织农业生产，调整农业产业结构，延长产业链，促进农产品的增值，带动农民增收。

坚持统筹兼顾和因地制宜相结合的原则。必须处理好能源需求与其他用途之间的关系，发挥资源优势，实现生物柴油的合理有效利用。在生物质原料选择上，应根据生物质资源分布情况开发不同的生物质利用模式，坚持多元化发展。发展生物柴油单体项目也应因地制宜，不一定片面追求规模化生产。

坚持开发与保护相结合的原则。生物质资源既是生态环境的重要基础和重要条件，也是可再生能源的重要资源，在生物柴油开发利用中，应以不占用粮食、棉花等战略物资生产用地，不开垦草原、森林为前提，积极开发利用低质地、荒地、盐碱地等种植生物质品种，开发培育适应不同土质和环境的高效生物质品种，做到发展生物柴油不破坏森林、不破坏湿地、不破坏生态环境。

坚持自主创新和对外合作相结合的原则。必须加大对原料品种培育、产品生产工艺等技术研发的力度，努力掌握拥有自主知识产权的核心技术和关键技术，提高技术转化应用能力，提升产业发展质量，促进生物柴油产业的可持续发展。在充分发挥利用国内资源的同时，还必须加强与发达国家政府与企业间的交流与技术合作，促进信息交流和技术人才培训，通过合作解决制约生物质产业发展的重大瓶颈问题，提高产品质量和生产的经济合理性。

（二）我国发展生物柴油的方向

发展生物柴油既是各国缓解资源瓶颈，保证能源可持续供应以及能源安全的根本出路，也是各国减少环境污染、改善生态环境、实现《京都议定书》约定目标的重要途径，因此，生物柴油产业在世界范围内快速发展，生物燃料在一些国家已实现规模化生产和应用。目前，为加快我国生物柴油的开发利用，有必要结合我国的基本国情，吸取美国、欧盟、巴西等先行者的经验和教训，努力形成后发优势，以科学合理地发展生物柴油产业。

从生产技术角度看，生物柴油的生产方法主要有物理法、化学法、生物酶法、工程微藻法等，目前，我国生物柴油主要采用化学酯交换法，少数几家企业采用生物酶法（见图 8－4）。

从原料角度看，生物柴油的生产原料主要是含油植物的种子、动植物油脂、微生物油脂与工程微藻和一些废弃油脂。中国现已查明的油料植物种类为 151 科 697 属 1554 种，其中种子含油量在 40% 以上的植物为 154，但是，分布广、适应性强、可用作建立规模化生物柴油原料基地的乔灌木种接近十

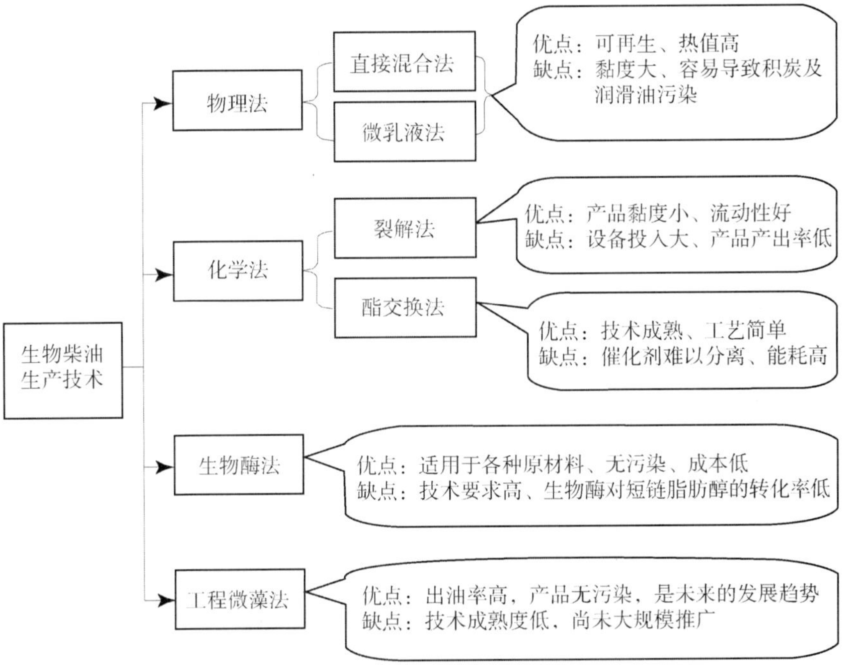

图 8－4　生物柴油的主要生产技术

资料来源：ChinaVenture 投资数据库，2008 年 8 月。

种，能够利用荒山、沙地等宜林地进行造林建立起规模化的良种供应基地的生物柴油木本植物仅几种，如漆树科的黄连木，无患子科的文冠果，大戟科的麻风树，山茱萸科的光皮树等。这些油料植物在未来的生物柴油生产中都将具有巨大的开发潜力。

原料油脂的成本决定了生物柴油的成本和市场竞争能力，原料油脂的性质与组成决定加工流程与产品方案，原料油脂的资源量和收集运输决定生产规模和厂址选择。因此，根据不同地区的土地资源与气候等情况，选择合理的生物柴油生产原料是保障生物柴油产业健康发展的关键因素。从世界范围看，菜籽油、豆油、棕榈油等为生物柴油的主要原料

(参见表8－2)。

表8－2 不同原料生产生物柴油利润比较 单位：元/吨

原料	原料价格	产品成本	生物柴油价格	毛利润
菜籽油	10000	10800	7000	－3800
豆油	9000	9800	7000	－2800
棉籽油	8600	9600	7000	－2400
动物油	8000	8800	7000	－1800
棕榈油	7500	8300	7000	－1300
麻风树油	6000	6800	7000	200
地沟油	5400	6600	7000	400
植物油脚	3500	6400	7000	600

资料来源：ChinaVenture 投资数据库，2008年8月。

综合比较表8－2中不同原料生产生物柴油的技术可行性和社会经济效益，笔者认为，在我国，短期内仍将维持以废弃油脂为主，以林木油果等为辅的原料供给结构。从经济角度看，在国外被广泛采用的菜籽油、豆油、棕榈油等，在中国不适合作为生物柴油原料；从原料供应角度看，我国生物柴油用的豆油和棕榈油多为进口。一方面，这些原料的出口国也在大力发展生物柴油。对原料的争夺势必引起价格上涨和出口量下降；另一方面，进口时的高运输成本也将增加生物柴油的生产成本，削弱其竞争力。从政府政策看，以菜籽油等为原料不符合国家产业发展政策。尤其是2007年国内食用油价格的暴涨，促使政府出台了一系列法规严控油菜转化生物柴油的项目。受此影响，一些生物柴油项目纷纷转产或改用其他原料。以上因素决定了一定时期内，我国生物柴油原料仍将以废弃油脂为主。但从长期看，我国以黄连木、麻风树等木本油料植物果实作为生物柴油主要原料具有较大发展空间。黄连木、麻风树等具有野生、不占用耕地等特点。据统计，我国有大量山地适宜黄连木等油料植物生长，若充分利用，每年生产的果实可满足500万吨/年生物柴油装置的原料需求。此外，随着工程微藻法的日益成熟，在我国浅海区种植藻类作为原料也是可行的方法之一。①

四、国外生物柴油发展现状和相关政策分析

近年来，生物柴油产业在世界范围内快速发展，生物燃料在一些国家已实现规模化生产和应用。尤其是进入21世纪，随着国际石油价格的不断攀升以及《京都议定书》的生效，生物质能的发展得到世界许多国家的广泛关注，成为国际可再生能源领域的热点。许多国家都颁布了促进生物质能产业发展的政策法规并制定了相应的生物质能开发研究计划，如美国的“先进能源计划”、欧盟的“可再生能源路线图”、日本的“新能源创新计划”、巴西的“全国生物柴油计划”等。下面，我们将对美国、欧盟等具有代表性的国家和地区的生物质能开发利用现状和政策进行分析。

（一）美国生物柴油产业发展现状和相关促进政策的分析

1. 美国生物柴油发展现状

美国于20世纪90年代初开始商业性生产生物柴油。2006

① China Venture. 2008年中国生物柴油行业投资价值研究报告［R/OL］. http://tech. sina. com. cn/chuangye/y/2008-09-25/10252478611. shtml，2008-09-25.

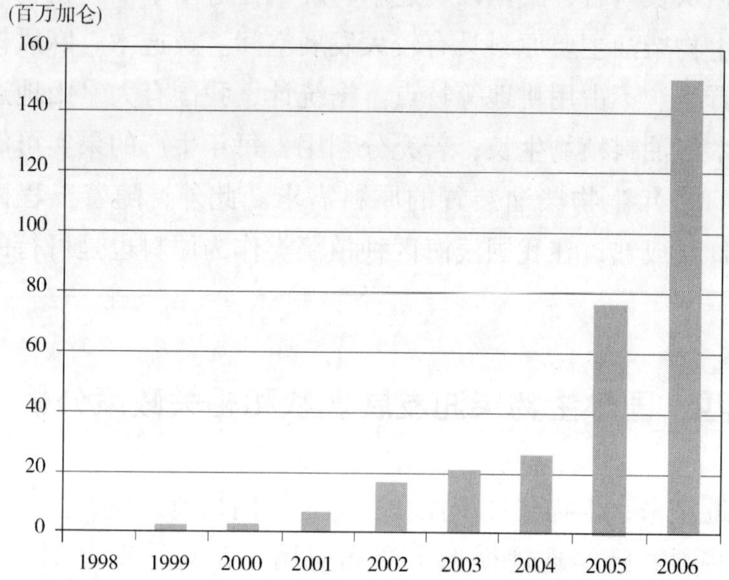

图8-5　美国生物柴油产量1999~2006年增长示意图

资料来源：曾国揆，查国君．生物质柴油产业现状与动态［J］．科技成果管理与研究．2007，(3)：53-58.

年，生物柴油生产能力为260万吨，实际产量为125万吨，截至2007年年底，美国现有生物柴油生产企业171家（见图8-6），生物柴油产量4.5亿加仑，比2006年提高80%。生物柴油生产的主要原料是豆油（占85%）、菜籽油以及其他油脂，生物柴油掺烧比例为15%~20%。如果在建和计划之中的厂家投入生产（见图8-7），生物柴油生产能力预计将达890万吨。根据美国国家生物柴油委员会的计划，到2015年，生物柴油产量将占全国运输柴油消费总量的5%，达到610万吨。[①,②]

---

① 南京粮网．美国生物燃料产业持续扩张［N/OL］．http：//www. ah. xinhuanet. com/swcl2006/2008-07/23/content＿13910120. htm.

② 美国的“未来能源”之路［EB/OL］．http：//hi. baidu. com/5ooo/blog/item/2939be7e1122ab3d0cd7dab7. html.

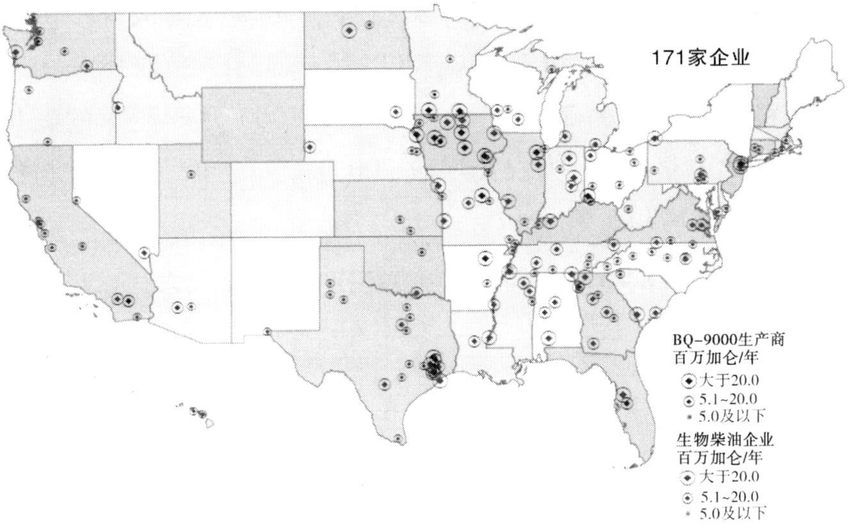

图8－6　美国现有生物柴油加工厂分布图

资料来源：National Biodiesel Board.

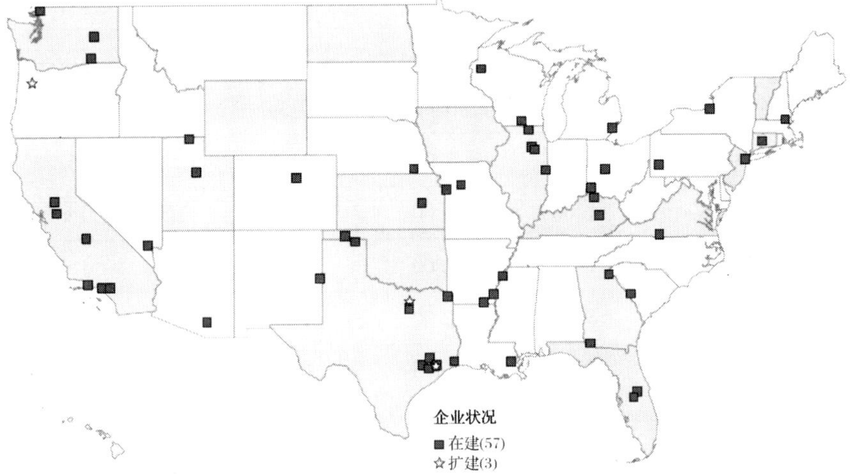

图8－7　美国在建和扩建生物柴油加工厂分布图

资料来源：National Biodiesel Board.

2. 促进生物柴油产业发展的政策法规

美国为促进生物柴油产业发展，早在2002年12月出台了《生物质技术路线图》（Roadmap for Biomass Technologies in the United States)，提出到2020年，生物燃油取代全国燃油消费量的10%（到2050年可以替代50%）；取代全国化石原料制成材料的25%；减少相当于7000万辆汽车的碳排放量（约1亿吨）；为农民增收200亿美元/年，发展农村经济（见表8－3）。

表8－3　2006～2022年美国可再生燃料需求

单位：亿加仑/年

年份	传统可再生燃料	先进生物燃料				全部可再生燃料
		纤维素生物燃料	生物柴油	其他先进生物燃料	合　计	
2006	4.00					4.00
2007	4.70					4.70
2008	9.00					9.00
2009	10.50		0.50	0.10	0.60	11.10
2010	12.00	0.10	0.65	0.20	0.95	12.95
2011	12.60	0.25	0.80	0.30	1.35	13.95
2012	13.20	0.50	1.00	0.50	2.00	15.20
2013	13.80	1.00	1.00	0.75	2.75	16.55
2014	14.40	1.75	1.00	1.00	3.75	18.15
2015	15.00	3.00	1.00	1.50	5.50	20.50
2016	15.00	4.25	1.00	2.00	7.25	22.25
2017	15.00	5.50	1.00	2.50	9.00	24.00
2018	15.00	7.00	1.00	3.00	11.00	26.00
2019	15.00	8.50	1.00	3.50	13.00	28.00
2020	15.00	10.50	1.00	3.50	15.00	30.00
2021	15.00	13.50	1.00	3.50	18.00	33.00
2022	15.00	16.00	1.00	4.00	21.00	36.00

资料来源：The Energy Independence and Security Act of 2007.

《2004年美国创造就业法案》（American Jobs Creation Act of 2004）对生物柴油给予税收鼓励并对燃料酒精扩大了课税扣除的范围，对生物柴油的税收抵免从2005年1月开始。2005年8月布什签署的《国家能源政策法案》中制定了可再生燃料标准（Renewable Fuel Standard，RFS），RFS明确指出必须在汽油中加入特定数目可再生燃料且每年将递增。美国可再生燃料消费量将从2006年40亿加仑/年（占汽油总量约2.8%）增加到2012年75亿加仑/年（2300万吨），此后将保持2012年可再生燃料与全部汽油的比例。按照要求，美国近50%的汽油将需要调和乙醇，典型调入量为10%。

2006年2月9日，美国总统布什在国情咨文中首次提出“先进能源计划”（Advanced Energy Initiative），其重点是加大对清洁能源技术的投资力度，以摆脱对国外能源的依赖，保障国家能源安全。该计划中很重要的一部分就是要通过发展生物燃料和燃料电池来解决交通运输对石油的依赖。指出生物燃料可以采用将糖或淀粉作物转换为乙醇的方法生产，也可用大豆或其他植物油转换为生物柴油的方法生产。美国能源部和农业部近期的一项研究认为，通过重大的技术进步，在不对环境及粮食产量造成影响的情况下，每年可以供应600万加仑生物柴油，是美国当前汽油消费量的30%。美国计划到2017年，生物燃油等替代油料的产量达到350亿加仑（1美制加仑合3.785升），相当于当年美国机动车总油耗量的15%。

2007年12月美国的《能源自主和安全法案》（The Energy Independence and Security Act of 2007）又制定了更为严格的可更新燃料标准（Renewable Fuel Standard，RFS），该法规定，到2022年用于运输的可再生燃料至少要达到360亿加仑/年，并明确指出在2008～2015财年间，准备动用5亿美元发展高级生物燃料（advanced biofuels），以确保机动车用燃料生命周期内，较2005年减少80%的温室气体排放；在2008～2010财年间，每年用2500万美元支持生物燃料技术的研究开发和产品的商业化应用，并规定2008年可再生燃料占美国运输燃料消费总量的比例将从上年的4.66%提高至7.76%，也就意味着2008年用于运输的可再生燃料将达54亿加仑（1654万吨）。

2008年3月，美国总统布什在第三次国际可再生能源大会上继续重申“20－10”能源战略和《能源自主和安全法案》相关促进生物质能发展的重要内容，指出美国燃料消耗目标是今后10年减少汽油消耗20%，为实现这一目标，一方面要提高燃油效率，即到2020年将燃油经济标准提高到每加仑35英里以上；另一方面要增加生物质柴油和乙醇的生产和使用，提出到2022年生物液体燃料达到360亿加仑。同时，为扩大生物液体燃料市场需求，必须提倡使用新的汽车驱动方式，减少车用燃油消耗。①

（二）欧盟生物柴油产业发展现状和相关促进政策的分析

1. 生物柴油产业发展现状

欧盟多年来一直重视生物质能的开发利用，生物质能利用较多，特别是在生物柴油开发利用方面在世界处于领先地位。2001年欧盟15国生物质能的消费量为56.567×10^6吨，占可再生能源消费量的61.59%，占欧盟能源消费总量的4%。其中，生物质能消费量最高国依次为法国（12.019×10^6吨）、瑞典（8.109×10^6吨）和德国（7.092×10^6吨）。荷兰可再

① 美国的“未来能源”之路［EB/OL］. http：//hi. baidu. com/5ooo/blog/item/2939be7e1122ab3d0cd7dab7. html.

生能源绝大部分为生物质能，占可再生能源产量的94.35%，比利时为94.12%，卢森堡为92%。占国内能源消费总量高的国家依次为芬兰（19.44%）、瑞典（15.75%）、奥地利（9.98%）和丹麦（9.14%）。[①]

欧洲作为生物柴油发源地，21世纪以来产量快速增长（见图8-8）。2001年为78万吨，2002年达106万吨，2003年则上升为142万吨，2004年进一步提高到193.3万吨，年增长率达35%~40%，2006年已经超过600万吨，并计划于2010年达到830万吨，占柴油市场份额的5.75%，于2020年达20%。目前欧盟内已有近40套生产装置，最大装置产能达25万吨/年。[②] 欧盟中德国、法国、意大利、英国和西班牙生物柴油的产能最大（见表8-4），但有些国家的产量远远小于其产能，其中，超过90%的生物柴油以油菜籽为原料。在欧洲和全世界，德国都是产量最大的生物柴油生产国，2000年德国生物柴油年产量达45万吨，产量呈逐渐上升趋势，2004年生产能力达109.7万吨，占欧盟15国总生产能力50%以上，2006年德国生物柴油的年产量达260万吨，十分接近其最大生产能力（270万吨），目前德国共有30家生物柴油生产厂，还有9家生物柴油生产厂处于待建期，据估计，到2010年德国生物柴油产量将达420万吨。在2001年前，法国一直都是世界最大的生物柴油生产国，但经历了2001~2004年产量逐步下降的过程，目前，法国是欧洲第二大生物柴油生产国，随着2005年新的生物柴油生产厂建设，2005年，生物柴油产量达49.2万吨，2006年产量达

① 姚向君，王革华，田宜水．国外生物质能的政策与实践［M］．北京：化学工业出版社，2006：(23)．

② 曾国揆，查国君．生物质柴油产业现状与动态［J］．科技成果管理与研究．2007，(3)：53-58.

74.3万吨，15家生物柴油厂正在建设过程中，如果上述生产厂的全部产能都能实现的话，到2010年法国的生物柴油产量将达330万吨。意大利2005年生物柴油产量为39.6万吨，2006年的生物柴油产量快速增长到44.7万吨，意大利拥有欧洲第二大生物柴油产能（138万吨），但其产能并未充分利用，目前有6家生物柴油生产厂处于待建过程中，将增加40%的产能；奥地利有3个生物柴油生产厂，年生产能力5.5万吨；比利时有2家生物柴油生产厂，年生产能力24万吨；西班牙、丹麦、匈牙利、爱尔兰各有1家生物柴油生产厂，年总生产能力达10万吨。[①,②]

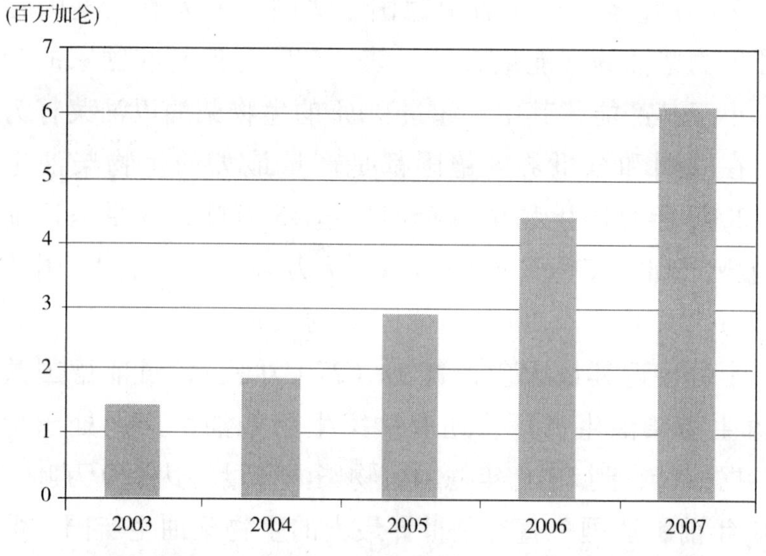

图8-8　欧洲生物柴油产量2003~2007年增长示意图

资料来源：生物质柴油产业现状与动态。

① 房俊民．生物柴油在世界各国的发展情况［EB/OL］．http：//www. vecc-sepa. org. cn/news/news _detail. jsp？newsid=22658#，2008-02-01.

② The International Institute for Sustainable Development. Government support for ethanol and biodiesel in the European Union［R/OL］. www. earthtrack. net/earthtrack/library/BiofuelsUSupdate2007. pdf，2007-10.

表 8-4 欧盟部分国家生物柴油生产装置

国 家	生产装置（套）	产能（10^4 吨/年）	税 率
德国	10	120	不收税
法国	7	40	税率为0
比利时	2	24	
丹麦	3	3.2	税率为0
意大利	9	75.2	税率为0
奥地利	3	5.5	税率为石油柴油的4.6%
爱尔兰	1	0.5	税率为0
西班牙	1	5	税率为0

资料来源：生物质柴油产业现状与动态。

2. 促进生物质能产业发展的政策法规

为减小各国能源短缺压力和因化石能源带来的环境问题，欧盟委员会及成员国将发展生物质能作为重要解决路径，并为促进生物质能产业发展制定了一系列的政策法规和指令性文件，使生物质能开发利用技术居于世界先进水平。

1991 年奥地利公布了第一个有关用油菜籽油甲酯制备生物柴油的最终标准（RME；ON C 1190），随后法国（1993 年以政令形式颁布）、意大利（CUNA NC 635－01）、瑞典（SS 15 54 36）和德国（DIN E 51606）等国家也相继颁布了有关生物柴油的标准。1997 年奥地利又制定了允许用更广泛原料制备生物柴油的产品标准（ON C 1191）。通过为生产者和消费者制定持续和稳定的生物柴油质量标准，欧洲生物柴油产业快速发展。

1992 年欧盟委员会通过法律，统一各种矿物油消费税，对于以可再生资源为原料生产燃料的试验性项目，成员国可采取免税政策，包括燃料乙醇都有税收优惠。由于燃料乙醇生产成本较汽油高，税收优惠的原则是将乙醇汽油价格调到与汽油相当的水平。①

1996年，出台了《汽油和柴油燃料的质量规范》(Quality of petrol and diesel fuels)（98/70/EC指令），主要目的是减少尾气排放物（硫、氧化氮、未完全燃烧的氢和颗粒物、一氧化碳等）以及温室气体排放物，但生物柴油作为一种超低硫的可再生燃料，可以达到严格指标要求，因此起到了促进生物燃料发展的效果。

欧盟在1997年11月颁布了可再生能源发展白皮书《未来的能源——可再生能源》（Energy for the Future：Renewable Sources of Energy)，提出2010年可再生能源要占欧盟总能源消耗的12%（是1997年比值的两倍），2050年达到50%。其中，液体生物燃料的市场份额要从1997年的0.3%提升到一个比较可观的高份额。

2003年3月，为进一步提高空气质量标准（将硫含量减少为最大10毫克/千克)，包括非公路移动机械和社区平均二氧化碳排放量不超过120克/千米的目标，对1996年出台的《汽油和柴油燃料的质量规范》做了进一步修改，出台了2003/17/EC指令（Amending directive 98/70/EC relating to the quality of petrol and diesel fuels)。同年5月欧盟颁布了《生物燃料条例》（EC 2003/30)，规定以参考价格计算的生物燃料市场占有率2005年应达到2%，2010年应达到5.75%。欧盟委员会2003年还出台了《能源税指令》（EC 2003/96)，允许各成员国免除生物燃料的消费税以促进生物燃料的生产和使用。

① 张晓阳．国际燃料乙醇工业发展概况［J］．玉米科学，2003，11（F07)：88－91.

2005年12月欧盟出台了生物质行动计划（Biomass Action Plan），提出分阶段促进生物质能发展。委员会在2006年制定出新的生物燃料指令，鼓励各成员国在生物燃料义务中加大对第二代生物燃料应用的条款，完善“生物柴油标准”等。

欧盟委员会在2006年8月提出了《欧盟生物燃料战略》（An EU Strategy for Biofuels）确立了发展生物燃料的三个主要目标：第一，推广生物燃料未来在欧洲与发展中国家的使用，确保使用方式正确，并合乎环境保护的要求；第二，提出成本控制计划，包括原材料、燃料再生、增加垂直市场普及率以及技术性障碍的排除；第三，援助发展中国家生物燃料技术的使用，以及思考欧盟如何参与持续性生物燃料的生产。

（三）巴西生物柴油发展现状和相关促进政策的分析

为促进生物质能的进一步快速发展，巴西政府专门成立了一个跨部级的委员会，由总统府牵头、14个政府部门参加，负责研究和制定有关生物柴油生产与推广的政策与措施。2002年5月，巴西科技部、技术和企业政策秘书处合作颁布巴西生物柴油技术开发计划，提出截至2004年年底，在巴西有关城市试验使用生物柴油，并计划投资8000万雷亚尔实施B－5计划，即在柴油中添加5%的植物油。[①] 该计划为生物柴油的生产发展建立了法律框架。2004年12月，巴西政府又颁布了有关使用生物柴油的法令：在2007年前，允许柴油批发商在柴油中添加一定比例的生物柴油；从2008年起，全国市场上销售的柴油必须添加2%的生物柴油；从2013年起，添加生物

① 商务部驻里约热内卢总领馆经商室．巴西集中科技优势加大力度开发生物柴油［N/OL］．http：//www.oilnews.com.cn/gb/misc/2004－02/16/content_561912.htm，2004－02－16.

柴油的比例应提高到5%。[①]

（四）各国生物柴油发展对我国的启示

发展生物质能既是各国缓解资源瓶颈，保证能源可持续供应以及能源安全的根本出路，也是各国减少环境污染、改善生态环境、实现《京都议定书》约定目标的重要途径，更是我国促进农村经济发展，解决“三农”问题，建立和谐社的重要物质载体。根据上述具有代表性的国家和地区的生物柴油开发利用的发展状况，可以得到以下几点启示：

1. 出台支持生物柴油产业发展的政策法规

为促进生物柴油的开发和利用和发展，各国都提供了政策和法律的支持，确定了生物柴油发展的重要地位。美国1970年通过《空气清净法》后，连续出台了《公用事业管制政策法案》、《地面交通法》、《赤字削减法案》、《空气清净法修正案》、《能源政策法1992》、《发展和推进生物质基产品和生物能源》、《美国农业法令》、《美国创造就业法案》、《国家能源政策法案2005》、《能源自主和安全法案》等法案。欧盟则通过85/536/EEC指令性文件、《共同农业政策1992》、《未来的能源——可再生能源》、《促进可再生能源发电指令》（2001/77/EC）、《生物燃料条例》（EC 2003/30）、《欧洲共同农业政策改革2003》、《能源税指令》（EC 2003/96）、《凝聚政策2004》（EU cohesion policy）、《欧盟生物燃料战略》等法案和指令性文件，将利用生物柴油的量化发展目标以及相应的激励政策纳入其中，在法律和法规的约束和保护下促进生物柴油的开发和利用。因此，制定、完善和实施促进我国生物柴油开发和利用的政策法规，并使各项政策协调一致、有机配合，营造

① 吴志华．巴西的能源农业战略［J］．求是．2006，（10）．

一个体系化、规范化的政策环境，对推动我国生物柴油产业发展，提升产业竞争力具有重要作用。

2. **重视生物柴油的技术发展和研究开发**

技术进步是促进生物柴油产业发展的前提，只有通过各种开发利用技术的发展突破才能降低生物柴油产业发展的成本，提高生物柴油产业的市场竞争力。美国2002年出台《生物质技术路线图》、2007年又出台了《美国生物能源和生物基产品路线图》，从影响生物柴油产业发展的原料供应，处理和转化，运输、储存和分配基础设施，最终用途市场和交叉处理过程及技术等方面对生物柴油的技术发展给予了必要指导。此外，美国还加大了生物柴油技术研究开发的资金支持力度。1997年，美国将生物质能源研究经费由1.96亿美元增加到4.42亿美元；继而再追加2.4亿美元和提出未来10年减免税收21亿美元的政策；2000年国会通过了《生物质研发法》；2002年对纤维素法制备燃料乙醇给予1亿美元的直接支持；2006年的《先进能源计划》提出，2007财年能源部生物质能研究经费增加65%，达1.5亿美元，并计划在2008~2010财年间，每年用2500万美元支持生物燃料技术的研究开发和产品的商业化应用；2008年推出的《生物质能的多年项目计划》更是提出美国能源部拨付10亿美元用于生物质纤维素乙醇的研究开发。欧盟也高度重视生物柴油技术的研究开发，1992年发起的生物柴油计划（Eurobiodiesel Project）证明了在不需要进行大量技术改造的前提下，在交通工具中应用生物柴油在技术和经济上的可行性，从而为生物燃料的发展开辟了道路。此外，欧盟建立了工业导向的生物燃料技术平台（Biofuels Technology Platform），致力于提供生产和使用生物能源的欧洲共同愿景和策略。欧盟委员会计划未来的科技开发能够使2010年后欧盟生物燃料的生产成本降低30%或更多，并在欧盟第7期研究架构（2007～2013）（Framework Programme）计划中继续支持生物燃料的发展，加强欧盟生物燃料产业的竞争力。[①] 因此，针对我国生物柴油研发能力不强，技术发展速度不快的现状，必须加大对我国生物柴油的技术研发投入力度，特别是要解决产业化关键技术，增强我国生物柴油的市场竞争力。

3. **加大政府财政税收的支持力度**

从国外经验看，政府的财税支持主要分为供给侧财税支持和需求侧财税支持。

一方面，加大生物柴油生产企业和为生物柴油提供原料的生产抵税和生产补助，如美国农业部2006年提供3800万美元贷款和补助，其中1900万美元作为无偿补助资金支持可再生能源生产计划，鼓励美国的农场主与中小企业从事可再生能源项目的开发和高附加价值农产品的研发，其中再生能源项目可优先获得贷款。[②] 瑞典则从1997年到2002年对生物质能项目提供25%的投资补贴，5年总计补贴4867万欧元。德国联邦政府从1999年到2001年在生物质能领域的投资补贴总计为2195亿欧元。[③] 欧盟在2003年《欧洲共同农业政策改革》中对能源作物的资金补助是以不超过150×10^4公顷为上限，农民每栽种1公顷的能源作物可以享受45欧元的补助。2006年，欧盟提出加大对生物燃料作物种植的扶持力度，自2004年起实行的生物燃料作物45欧元/公顷的补贴，将从17个成员国

① 赵建，李春梅．欧盟发展生物燃料的有关政策及其启示［J］．中外能源．2006，11（4）：101－103.

② 中国驻美国使馆经商参处．美国鼓励农业再生能源研发［EB/OL］．http：//chanye. finance. sina. com. cn/zy/2006－02－09/276554. shtml.

③ 孙凤莲，王雅鹏．我国与欧盟发展生物质能的比较和启示［J］．经济纵横．2007，（5）：52－54.

扩大到所有的25个成员国，获得直接补贴的生物燃料作物种植面积从150万公顷扩大到200万公顷；允许各成员国为多年成材的生物燃料作物提供50%的种植成本补贴，并针对新加盟的8个成员国，将补贴制度期限从2008年延长至2010年。①

另一方面，加大对购买生物质能消费者的财政税收支持力度，具体而言包括两方面：一是利用财政支出扩大生物质能的消费需求，如美国联邦政府有关法律要求政府必须购买国产高能效产品和“绿色”产品，要求联邦政府在2005年购买10万辆洁净汽车，其中就包括生物质燃料汽车。② 二是对消费者使用生物质能给予税收优惠。如美国能源政策法规定，对安装清洁燃料（包括生物燃料）汽车加油设施的纳税人可减免30%的固定资产投资税。③ 因此，我国必须建立有利于生物柴油长期发展的财税政策，包括对生产企业的投融资支持以使企业投资具有盈利的稳定性与可预见性，对消费者使用生物柴油的税收优惠以促进生物柴油需求扩大并形成中长期稳定增长的市场，从而促使生物柴油的投资生产者和消费使用者间双向互动，形成促进生物柴油产业大发展的循环互动。

4. 因地制宜地发展生物柴油产业

对于生物柴油产业的发展而言，除产业技术外，为产业发展提供原料也是生物柴油产业发展的一个重大影响因素。例如，美国为发展生物柴油，自20世纪80年代起就开始了能源植物物种的选择，引种栽培了大量富油物种，并建立了“柴油

---

① 国家能源局．欧盟拟加大对生物燃料作物种植的扶持力度［EB/OL］．http：//nyj. ndrc. gov. cn/nydx/t20061020 _89269. htm.

② 满相忠，王珊珊．国外开发生物质能优惠政策及其经验启示［J］．地方财政研究．2007，（8）：58－63.

③ 寇建平，田宜水，张玉华．美国生物质能的发展状况及对我国的启示［J］．可再生能源．2007，25（6）：112－115.

林林场”。国际上已有40多种不同的植物油在内燃机上进行过评价试验，其中包括大豆油、油菜籽油、棉籽油、葵花籽油、棕榈油、蓖麻籽油和麻风果油等。目前，美国大规模种植的能源作物主要是大豆、玉米和向日葵，另外还有银合欢树和黄鼠草等。① 而欧盟国家则根据油料作物供给量远大于食用量的特点，主要种植油菜、杨树等，还高效利用农作物秸秆。巴西则大量种植可生产乙醇燃料的甘蔗。因此，我们也必须根据我国的自然和资源条件，在确保国家粮食安全的前提下，充分利用盐碱地、荒山和荒地等未利用土地，加强原料的多元化，发展以非粮能源作物为原料的生物柴油产业。

五、保障我国生物柴油发展的政策建议

在生物柴油产业的发展过程中，先行者未必能取得最后的胜利，后来者也可能后来居上，因此，作为后来者的中国，可以吸取美国、欧盟、巴西等先行者的经验和教训，从而形成后发优势。为实现我国生物柴油产业又好又快的发展，我们认为应主要采取如下重点措施与相关政策。

（一）统一思想，合理规划，有序推进

尽管近年来生物柴油的开发利用引起很多争议，但由于生物柴油具有资源种类多、分布范围广的特点，可转化为液体燃料这种高品位能源，因此，世界各国都十分重视生物柴油的开发利用，并努力推动生物柴油产业的快速发展。鉴于生物柴油开发利用对我国的重要意义以及生物柴油产业还是一个新兴产

① 顾钢．农林植物也能替代石油：生物质液化燃料的发展前景及应关注问题［N］．科技日报，2005－11－04.

业的现实，其发展需要得到广大社会的关心和认可。因此，我们必须加大宣传力度，采取多种形式向全社会广泛宣传发展生物柴油产业的重要意义，统一思想，切实提高对开发利用生物柴油重要性的认识，把生物柴油产业的发展提高到国家经济和社会发展的战略高度。与此同时，我们也要借鉴先发国家在生物柴油产业发展过程中的经验和教训，仔细分析生物柴油发展过程中可能出现的问题，防微杜渐。我们必须以科学发展观为指导，按照可持续发展的要求，从我国实际出发，立足本国原料，选择适宜技术，制定出符合我国国情的生物柴油产业发展规划，推动我国生物柴油产业的稳步发展。此外，各地区也要按照因地制宜、统筹兼顾、突出重点的原则，做好生物柴油开发利用规划工作，根据生物柴油资源状况、技术特点、市场需求等条件，研究制定本地区生物柴油开发利用规划，提出切实可行的发展目标和要求，充分发挥资源优势，实现生物质能的合理有序开发，[①] 走出一条具有中国特色的生物质能产业发展路径。

（二）加强财政、税收和金融政策的引导和扶持

我国生物质资源丰富，近年来我国生物柴油的开发利用也取得了很大成绩，但总体看，我国生物柴油的开发利用仍处在发展的初期阶段，还存在许多问题。从世界各国生物柴油产业的发展经验看，运用财政、税收和金融政策引导和支持生物柴油产业发展是各国普遍采用的政策手段。因此，我们应该借鉴先发国家的发展经验，加大财政、税收和金融政策的引导和扶持力度。

① 陈德铭．全面贯彻落实科学发展观 加快生物质能的开发利用——在全国生物质能开发利用工作会议上的讲话［N/OL］．http：//www.sdpc.gov.cn/ldjh/t20060824 _81520.htm，2006－08－19.

一是适当给予财政投资或补贴。建立风险基金制度，实施弹性亏损补贴、对原料基地给予补助、具有重大意义的技术产业化示范补助和加大面对生产生物柴油产品企业的政府采购等措施，以保证投资主体合理的经济利益，使投资主体具有发展生物柴油项目的动力。

二是加大对投资生物柴油项目的税收优惠。对投资生物柴油项目的企业实行投资抵免和再投资退税政策，对生产生物柴油产品企业的固定资产允许加速折旧，对科研单位和企业研制开发出的生物柴油开发利用的新技术、新成果及新产品的转让销售在一定时期可以给予减免营业税和所得税等优惠措施，以鼓励和引导更多的企业重视、参与生物柴油的开发利用。

三是积极引导金融资本投向生物柴油产业。对生物柴油龙头企业实施贷款贴息，支持有条件的生物柴油企业发行企业债券和可转换债券，支持符合条件的生物柴油企业以现有资产作为抵押到境外融资，以获得国际商业贷款和银团贷款，鼓励和引导创业投资增加对生物柴油企业的投资，鼓励以社会资本为主体按市场化运作方式建立面向生物柴油产业的融资担保机构，以降低生物柴油企业的融资成本，扩充和疏通生物柴油企业的融资渠道。在运用财政、税收和金融政策促进生物柴油产业发展的过程中，也应注意国家财税、金融扶持政策必须根据经济发展的要求和一定时期内产业的现状和变动趋势，以市场机制为基础，限定支持对象、控制支持范围、把握支持力度，以引导社会资源在产业部门之间以及产业内部的优化配置，促进生物柴油产业健康有序发展。

（三）加大生物柴油前沿技术研究和产业化示范工作

技术进步是促进生物柴油产业发展的前提。生物柴油先发国家的经验表明，只有加大生物柴油前沿技术和技术产业化的研究，依靠技术突破才能降低生物柴油产业发展的成本，才能提高生物柴油产业的市场竞争力。目前，我国生物柴油的开发利用还主要是传统的直燃式炊用方式，其能源利用效率只有10%～20%，此外，由于生物质资源具有分布分散和能量密度低的特点，开发利用难度相对较大，因此，逐步将生物柴油由传统的直燃式转变为高效现代化的利用方式，必须加大生物柴油前沿技术研究和产业化示范工作。当前生物柴油利用技术种类很多，技术成熟度也各不相同，我国与先发国家还存在着较大的技术差距，我们必须坚持点面结合、整体推进的原则，将近、中、远期目标相结合，并结合我国生物质资源特点，加大对生物柴油前沿技术和技术产业化研究的支持力度，既要支持前景好的基础性研究，也要推动技术相对成熟的项目进入中试阶段或产业化，争取短期内取得部分技术的突破。具体发展措施：

一是制定生物柴油产业发展的技术路线图。通过政府、企业和研究机构的共同工作，提出中长期技术发展战略，有利于帮助企业或研发机构识别、选择和开发正确的技术，并帮助引导投资和配置资源。

二是加强生物柴油新技术的引进。重点跟踪、积极引进国外生物柴油开发利用的先进技术，特别是那些适宜低成本、规模化开发利用的先进技术，并积极参与国外相关领域的国际交流、研究合作。

三是加强生物柴油技术的试点和产业化示范工作。设立生物柴油研究发展专项资金，增加研究开发投入，加大生物柴油开发利用技术的研发力度，加快推进生物柴油开发利用技术的科技进步与产业化发展。对于目前已经比较成熟的生物柴油技术，要结合我国的具体国情，选择有发展潜力的生物柴油技术进行试点和示范，加速实现技术产业化。

四是重视生物柴油技术和产品的标准体系建设。制定生物柴油技术和产品标准，发挥标准的技术基础、技术准则、技术指南和技术保障作用，并建立国家级的质量监测系统加强市场监督工作，促进生物柴油产业的健康发展。

（四）开展资源评价，发展能源作物

根据现有资料可以推断，我国生物质资源十分丰富，但究竟有哪些类别的生物质资源，资源量究竟有多大，分布在哪些区域，资源采集成本究竟是多少，种植能源作物的潜力究竟有多大，哪些地区适合种植哪类能源作物，这一系列问题直接关系到我国生物柴油产业如何开发利用、开发利用技术路径的选择、开发利用规模等发展生物柴油产业的基本问题，而目前我国还没有做过较详细的调查和评价工作。因此，我们必须通过生物质资源的调查和评价工作，搞清各种生物质资源总量、用途及其分布，为做好生物柴油开发利用工作奠定良好基础。

一是开展调查研究，做好资源评价。生物质资源用途广泛，除可用于能源生产外，还是工业生产、牲畜饲料等方面的重要原料。从土地资源来看，大多数农田既可以生产粮食，也可以种植能源作物。因此，要处理好生物柴油开发利用与生物质其他用途的关系，处理好能源作物种植与粮食生产的关系，科学评价可利用的生物柴油资源。通过生物质资源调查和评价工作，搞清各种生物质资源总量、用途及其分布，为做好生物柴油开发利用工作奠定良好的基础。①

二是在生物质资源普查与科学评价基础上，制定切实可行

① 陈德铭．全面贯彻落实科学发展观　加快生物质能的开发利用——在全国生物质能开发利用工作会议上的讲话［N/OL］．http：//www. sdpc. gov. cn/ldjh/t20060824＿81520. htm，2006－08－19.

的能源作物发展规划，以确定在什么地方具有大规模种植何类能源作物的条件。在不毁坏林地、植被和湿地，不与粮争地，不与民争粮的原则下，调整种植业比例，优化种植结构，根据主要能源作物品种的性能、适宜的边际性土地等资源数量、区域分布现状，科学制订能源作物的种植规划。在种植基础好、资源潜力大的地区，规划建设一批能源作物种植基地，为生物燃料示范建设和规模化发展提供可靠的原料供应基础。①

（五）加强部门间合作，建立产业服务配套体系，完善市场体系建设

生物柴油的开发利用作为国家一项战略性举措，政策性强，难度大，与市场发育关系紧密，涉及农业、林业、工业、能源、科技、环境等行业和部门，可以说，生物柴油产业发展是一个事关能源问题、三农问题和生态环境问题的庞大系统工程，需要各有关部门和单位齐心协力，密切协作，共同促进生物柴油产业的发展。

一是建设和完善服务保障体系。整合资源，建立和完善产业服务配套体系，针对生物质资源分布广、收集运输难等问题，建立生物质资源收集配送等产业服务体系；积极引导农民发展能源作物种植、农作物秸秆收集与预处理等专业合作组织，建立生物质原料生产与物流体系；②尽快建立完善生物柴油技术的推广服务体系、行业质量标准和产品检测中心等配套服务体系，加强生物柴油产业技术、管理人才队伍的建设。

二是必须尽快开发具有自主知识产权的生物柴油开发利用的国产设备。生物柴油产业的发展充分利用了当代工业技术，

①、② 农业部．农业生物质能产业发展规划（2007～2015 年）［EB/OL］．http：//www.agri.gov.cn/jhgb/.

是以现代制造技术为基础的新型产业，因此要重点开发有利于生物柴油产业发展的装备设计与制造技术，包括大型专用成套设备和成熟的生产工艺路线。

三是完善市场体系建设。要通过市场带动，积极发展上下游企业和相关配套产业，整合资源，优化结构，建立完善的市场体系。

参考文献

1. 钱伯章. 新能源——后石油时代的必然选择［M］. 北京：化学工业出版社，2007：(25).

2. 李京京，任东明，庄幸. 可再生能源资源的系统评价方法及实例［J］. 自然资源学报，2001，16（4）：373－380.

3. 刘刚，沈镭. 中国生物质能源的定量评价及其地理分布［J］. 自然资源学报. 2007，22（1）：9－19.

4. 农业部. 农业生物质能产业发展规划（2007～2015年）［EB/OL］. http：//www. agri. gov. cn/jhgb/.

5. 匡廷云，白克智，杨秀山. 我国生物质能发展战略的几点意见［J］. 化学进展. 2007，19（7/8）：1060－1063.

6. 国家发展改革委员会. 大力促进生物质发电产业发展积极探索生态文明建设新途径［R/OL］. http：//www. sdpc. gov. cn/zjgx/t20071123 _174054. htm，2007－11－26.

7. 赞恩. 2008世界生物质能发展现状有前景分析［N/OL］. http：//energy. worldenergy. com. cn/2008/0613/content _ 38396. htm，? 2008－06－13.

8. 国家发改委. 可再生能源发展规划［EB/OL］. http：//www. sdpc. gov. cn / zcfb / zcfbtz / 2007tongzhi / W020070904607346044110. pdf，2007－08.

9. 2008年中国生物能源行业研究报告简介［R/OL］. http：//

www. chinaccm. com/48/4816/481602/news/20080328/085217. asp.

10. 冀星，王璇．我国生物柴油产业发展应注意的几大问题［J］．国际石油经济．2007，15（2）：27－30.

11. 钱伯章．生物柴油产业现状及技术进展［J］．新材料产业，2005（9）：49－52.

12. 曹智．中国植物油及棕榈油供需状况及趋势分析［R/OL］．2007－10.

13. 冀星，陈冠益，李丽．我国大型石油公司如何应对生物乙醇与生物柴油发展潮流［J］．国际石油经济．2008，16（2）：50－55.

14. 2008年中国生物能源行业研究报告简介［R/OL］．http：//www. chinaccm. com/48/4816/481602/news/20080328/085217. asp.

15. 发改委工业司．生物柴油产业化示范项目启动［EB/OL］．http：//www. sdpc. gov. cn/zjgx/t20080710＿223557. htm.

16. China Venture. 2008年中国生物柴油行业投资价值研究报告［R/OL］．http：//tech. sina. com. cn/chuangye/y/2008－09－25/10252478611. shtml，2008－09－25.

17. 2008年中国生物能源行业研究报告简介［R/OL］．http：//www. chinaccm. com/48/4816/481602/news/20080328/085217. asp.

18. 生物燃料乙醇产业生态调查［N/OL］．http：//www. china－bioenergy. cn/article/article＿251. html，2008－04－23.

19. 中国企业报．原料供应问题制约生物柴油发展［N/OL］．http：//www. bioon. com/biology/bioengery/241846. shtml，2006－11－08.

20. 中国生物能源化工网，全国生物柴油行业协作组．生物柴油：从入门到精通［R/OL］．http：//download. cbbf. cn/bencandy－6－285－1. htm，2007－12.

21. 陈其珏．报告称中国乙醇成本较美国高17%效率更低［N/OL］．http：//finance. sina. com. cn/chanjing/b/20070717/04403790712. shtml，2007－07－17.

22. 李玫．山东生物柴油产业集体陷断粮困境［N/OL］．http：//www. qthdaily. com/news/content/2008－08/04/content＿11844. htm，

2008－08－04.

23. 姚向君，田宜水．生物质能资源清洁转化利用技术［M］．北京：化学工业出版社，2006：(97)．

24. 黄英超，李文哲，张波．生物质能发电技术现状与展望［J］．东北农业大学学报．2007，38 (2)：270－274.

25. 郑戈，李景明等．中国沼气发电技术发展现状与前景展望［A］．2000年国际沼气技术与持续发展研讨会论文集［C］．2000：152－154.

26. 国家发改委能源局子站．沼气发电为社会主义新农村建设助力［N/OL］．http：//www. sdpc. gov. cn/nyjt/zhdt/t20061215 _100550. htm，2006－12－15.

27. 蔡树文．生物质发电效益评估及对策研究［J］．经济纵横．2007，(1)：23－25.

28. 贾小黎，丁航，李晓真，逢锦福．中国生物质发电产业现状、问题和建议［J］．太阳能．2007，(5)：10－13.

29. 阴秀丽，周肇秋，马隆龙，吴创之．生物质汽化发电技术现状分析［J］．现代电力．2007，24 (5)：48－52.

30. 田宜水，孙丽英，赵立欣．我国生物燃料乙醇产业发展条件分析［J］．中国高校科技与产业化．2008，(3)：72－75.

31. 宋安东，裴广庆，王风芹，闫德冉，冯冲．中国燃料乙醇生产用原料的多元化探索［J］．农业工程学报．2008，24 (3)：302－307.

32. 沈恒超．［国研专稿］生物乙醇项目的经济性分析［R/OL］．http：//gxgc. wzlib. cn/detail？ record = 97&channelid = 50421，2008－01－24.

33. 宋安东，裴广庆，王风芹，闫德冉，冯冲．中国燃料乙醇生产用原料的多元化探索［J］．农业工程学报．2008，24 (3)：302－307.

34. 陈德铭．全面贯彻落实科学发展观　加快生物质能的开发利用——在全国生物质能开发利用工作会议上的讲话［N/OL］．http：//www. sdpc. gov. cn/ldjh/t20060824 _81520. htm，2006－08－19.

35. 农业部．农业生物质能产业发展规划（2007～2015年）［EB/OL］．http：//www. agri. gov. cn/jhgb/.

第九章　生物质能源产业发展国际经验研究

张宇辉　原松华

内容提要：

20 世纪 90 年代以来，随着不可再生能源逐渐减少，出于对能源安全和保护环境等方面的考虑，世界各国开始大力倡导和扶持生物质能源产业。世界各国对生物质能源领域研究的重要举措和成功经验，对我国制定正确的能源多元化与生物质能源发展规划，寻求经济与社会、资源与环境的可持续发展具有重要指导意义。

20 世纪 90 年代以来，不可再生能源枯竭问题开始真正威胁能源驱动型的世界经济，尤其是发达国家的经济。目前，全世界实现石油替代主要通过两个途径，一是煤制油；二是发展生物质能源。由于煤制油是一次性能源之间的转化（且转化效率不足 50%，不如直接用煤发电），无法从根本上保证能源的可持续供应。美欧和巴西等农业及农产品贸易大国开始以农产品为主要原料，大力扶持生物质能源产业的发展，随后世界上许多国家都将发展生物质能源作为国家能源战略的重点。能源与农业及农产品因此被直接联系起来。2003 年以来，随着粮价的快速上涨，各界普遍认为生物质能源的发展是高粮价的"罪魁祸首"，第一大生产国美国更是成了众矢之的。多数国家出于粮食安全的考虑，对农产品特别是粮食贸易采取了限制性政策，这给农产品贸易自由化和缺粮国家的社会稳定蒙上了新的阴影，也引发了各界对生物质能源发展的质疑。

一、国外生物质能源产业发展现状

生物质能是人类最早利用的能源，古人钻木取火、伐薪烧炭，实际上就已开始了对生物质能源的使用。但传统的生物质能利用方式是低效而不经济的，随着工业革命的进程，化石能源的大规模使用，使生物质能逐步被以煤和石油天然气为代表的化石能源所替代。时过境迁，随着化石能源的枯竭和科技的发展，利用高新技术手段开发生物质能源成为可能，生物质能正在成为替代化石能源的主要可再生能源之一，受到世界各国能源领域的关注。①

（一）世界各国生物质能源产业的历史发展现状

1. 美国生物质能源产业的历史发展现状

美国是目前世界上第一大能源消费国，而美国的石油储量仅占世界总储量的 3%，原油进口量达 60% 以上。同时美国是世界上燃料乙醇的主要生产国，正在推动实施规模空前的生物液体燃料计划。

自 20 世纪 70 年代石油危机后，美国就加强了新能源探索，

① 王仲颖，赵勇强，张正敏．中国生物液体燃料发展战略与政策［M］．北京：化学工业出版社，2010：2－3.

如大规模开展乙醇发展计划，利用玉米生产燃料乙醇，推广在汽油中掺混10%乙醇的混合车用燃料[①]，并实行减免联邦消费税的优惠政策。1990年，美国燃料乙醇产量已从1979年的1000万加仑（约3万吨）迅速增加到8.7亿加仑（约270万吨）。美国在1990年通过《空气清净法（修正案）》及90年代末以来对可能污染水体的MTBE添加剂的禁用令，使得燃料乙醇作为汽油含氧添加剂的需求快速增加。2002年，美国能源部（DOE）和农业部（USDA）联合提出了《生物质技术路线图》，期望到2020年生物燃料取代全美燃油消费量的10%，生物基产品取代化石原料制品的25%。2005年美国国会通过《能源政策法案2005》，建立了再生燃料份额制度（RFS），要求美国可再生燃料（在可预见期内主要是生物液体燃料）利用量逐年递增到2012年75亿加仑（约2320万吨）。[②] 在国际油价屡创新高的背景下，美国政、产、学、研各界人士和投资者对大力发展生物质能产业的热情空前高涨，引起了整个国民经济的巨大转变，现已超过巴西成为世界上生物质能产业最发达的国家。2006年，美国燃料乙醇产量约1742万吨，比上年增长了24%，消耗玉米约5461万吨。截至2010年，全美正在运营的乙醇厂有119家，年生产能力约1970万吨。正在建设的乙醇生产项目有86个，投产后产能约2289万吨，其中超过80%的生物柴油是以大豆为原料生产的。目前，全美正在运行的生物柴油厂约165家，总产能约740万吨。[③]

奥巴马上台后，提出了7000多亿美元的巨额经济刺激计

---

① 即E10燃料。

② 王仲颖，赵勇强，张正敏．中国生物液体燃料发展战略与政策［M］．北京：化学工业出版社，2010：42.

③ 寇建平，田宜水，张玉华．美国生物质能的发展状况及对我国的启示［J］．可再生能源，2007（6）．

划，发展新能源被作为其中的重要举措。2010年，奥巴马政府表示，将会确保实现国会设定的2022年美国生物燃料年产量达到360亿加仑的目标。面对人们对生物燃料威胁粮食安全的担忧，奥巴马指出，在帮助美国能源独立方面，玉米乙醇是一种重要的过渡性技术，并承诺要加速向先进生物燃料的转变，努力付诸实施。①

为减轻粮食负担，美国已经做好了向非粮的二代生物燃料过渡的部署，到2030年，生物燃料将替代30%的化石运输燃料，其中玉米原料只占6.7%，九成以上将是非粮原料。其最新举措是加快纤维素燃料乙醇的研发和产业化（见表9－1）。为尽快实现第二代生物燃料技术的产业化和商业化，美国政府采取了一系列刺激和鼓励政策，包括在美国国家可再生能源实验室设立一项1480万美元的项目，专门研究玉米秸秆和农作物废弃物生产乙醇技术；美国能源部投入2.5亿美元成立两个生物能源研究中心，负责研究纤维素乙醇；支持国家可再生能源实验室与企业合作，对纤维素催化酶进行优化以大大降低其成本；农业部、能源部支持Broin等三家大公司纤维素燃料乙醇产业化示范项目；提供21亿美元纤维素燃料乙醇专项担保贷款；并实行纤维素燃料乙醇免税政策；甚至直接向全美最大的总资产4亿美元、年产纤维素燃料乙醇5000万吨的Logen公司投资8000万美元等资金支持。

2. 巴西生物质能源产业的发展历史和现状

20世纪70年代中期的石油危机给巴西经济以沉重打击，为减少对石油进口的依赖，实现能源多元化，巴西政府因地制宜制定了以甘蔗为主要原料的酒精燃料发展计划。1975年巴

① 邓勇，陈方，等．美国生物质资源研究规划与举措分析及启示［J］．中国生物工程杂志，2010.30（1）．

西启动实施“全国乙醇项目（Proálcool）”，并规定在全国所有地区销售的汽油中必须添加2%～5%的乙醇，到20世纪80年代末，其年使用量已达到约1000万吨，乙醇汽车销售已占汽车产量的94.4%。但是在20世纪80年代末，巴西政府因为较重财政负担停止了对全国乙醇项目的支持。①

1990年“海湾战争”后国际原油价格高涨，巴西政府又对全国乙醇项目给予高度关注和支持，于1993年出台法律规定汽油中掺加乙醇的比例为20%～25%，推动了甘蔗燃料乙醇的扩大生产使用，使得1997年巴西燃料乙醇生产使用量达到约1200万吨，是世界上生产和消费燃料乙醇最多的国家之一，约占世界产销量的35%。

20世纪90年代中后期，随着国际原油价格逐步回落到10美元/桶以下，巴西甘蔗乙醇的产量又一次逐步下降。但近年来国际油价的迅速飙升又推动了巴西燃料乙醇的产量。2007年，巴西利用340万公顷甘蔗生产了大约1500万吨燃料乙醇，扣除出口后约替代了国内48%的汽油。

经过努力，巴西已建成完整的燃料乙醇产业链：从种植甘蔗到生产燃料乙醇，从制造燃料酒精汽车到建立燃料乙醇供应站，形成了一个遍布全国各地的产销网络。目前巴西拥有329家糖和乙醇厂，估计2012年将增加到400家。巴西15%的轻型汽车使用燃料乙醇，其余85%的轻型汽车使用添加25%燃料乙醇的混合汽油，每年消费燃料乙醇14亿升左右。为了提高燃料乙醇的生产能力，满足未来市场的需求，巴西正在新建41个甘蔗乙醇厂，建成后可增加7000万吨的甘蔗加工能力，原有的甘蔗乙醇厂也在改建和扩建。

① 王仲颖，赵勇强，张正敏．中国生物液体燃料发展战略与政策［M］．北京：化学工业出版社，2010：43.

3. 欧盟生物质能源产业的历史发展现状

欧洲主要国家的生物质能源开发利用均以丰富的森林资源为基础，具有政府重视、起步较早、以市场运作和龙头企业带动为主等特点，主要利用形式有供暖、发电和生物柴油三种，其中以供暖为主，发电次之，生物柴油所占比例较小。

（1）芬兰。芬兰是森林资源非常丰富的国家，全国森林覆盖率达68%。该国对可再生能源的开发利用处于世界领先地位。全国年能源总消耗量4000×10^8千瓦时，其中810×10^8千瓦时由生物质能源提供，占20%，由林业提供的生物质能源所占比重超过农业。芬兰生物质能源原料主要来自纸浆厂废料，其他还包括木材、泥炭等。芬兰生物质能源提供方式以建立燃烧站为主，较小规模的燃烧站仅提供暖气，大型燃烧站则同时提供暖气和电力。目前，生物质能源的开发利用主要通过市场机制运作，政府提供资金开展生物质能源研究刚刚起步。芬兰发展生物质能源的潜力巨大，据预测，芬兰用林业生物质能源可增加300×10^8千瓦时的能源。在开发利用林业生物质能源的同时，芬兰还注重生物质能源的开发利用对森林及整个生态环境影响的研究，以寻求生态与经济良性发展的途径。

（2）瑞典。瑞典也是可再生能源开发利用处于世界领先地位的国家之一。近30年来，生物质能源发展在瑞典呈稳步增长趋势，生物质能源在瑞典总能源量中的比例从1980年的10%增加到2004年的17%，达到1100×10^8千瓦时，对满足瑞典的能源需求有很大贡献。生物燃料的构成中，纸浆生产废料占35%、林产工业废料占13%，采伐剩余物占11%，皮材占11%，固体成型燃料占6%，城市垃圾、活性炭等占24%。瑞典的1100×10^8千瓦时生物质能源中，330×10^8千瓦时以区域供暖的形式提供，530×10^8千瓦时供给工业，130×10^8千瓦时供给居民及服务部门，16×10^8千瓦时供应交通部门。瑞典的生物质能源利用主要实行市场化运作，其中颗粒燃料市场在近几年增长了100%，总需求量达150×10^4吨，价值达2.5亿欧元。据预测，瑞典的颗粒燃料生产将继续增长，2006年生产能力将达到130×10^4吨，计划投入资金达3000万欧元，投资全部来自企业，生产网点已布设到北欧各国。由于政策、技术等因素的限制，目前仅利用了生物质能源的一小部分，其巨大潜力尚未得到充分发挥。据测算，瑞典全国生物质能源总潜力1220×10^8千瓦时，要充分发挥这些潜力还需要克服政策、技术等各种限制因素。

（3）德国。德国非常重视可再生能源的开发利用，是世界上可再生能源开发利用最先进的国家之一。目前，德国年能源供应总量中，石油占37.7%，天然气占32%，煤占9.4%，核电占8.7%，风能、水能、木材等可再生能源占6.4%。全国有1/3的农业用地种植油菜、土豆等可再生能源原料，种植面积从1993年的20×10^4公顷扩大到2006年的160×10^4公顷。木材也是可再生能源的重要原料，2004年用于燃料的木材约占年木材产量的21%。在目前使用的可再生能源中，生物质能源供暖占47%，风力发电占17%，生物柴油占12%，生物质能源发电占7%。据统计，目前德国在供暖能源利用方面，生物质能源占94%，在发电方面，生物质能源占22%，其中58%以木材为燃料发电，41%为制造、燃烧沼气发电，3%通过液体生物质燃料燃烧发电（如生物柴油等）。目前，德国生物质能源发电站装机容量10×10^8千瓦以上的有350家，超过7万户家庭使用以木材颗粒燃料为原料的供暖机、发电机。生物柴油由于可直接作为汽车燃油等使用，近年增长速度较快。德国政府从2007年开始在柴油中添加一定比例的生物柴油，即在100升柴油中加入20～30升的生物柴油，以扩大生物柴油使用量。为解决矿物燃料资源不足的问题，德国政府采取措施提倡和鼓励使用可再生能源。今后，德国使用生物质能源的比重将越来越大。据预计，到 2015 年生物柴油使用量将从现在的 60×10^4 吨增加到 155×10^4 吨，乙醇使用量将从现在的 20×10^4 吨增加到 152×10^4 吨。到 2030 年，德国生物质能源占年能源总消耗量的比例将达到 17.4%。另外，德国还注重风能、太阳能及氢气能源等的开发利用。①

（二）世界各国生物质能源产业的核心发展动机

不同国家面临的内外部环境不同，其发展生物质能源的核心动机也存在较大差异。各国发展生物质能源产业的基本动机如下：

第一，减少温室气体排放，保护环境，促进可持续发展。众所周知，化石能源燃烧时所产生的有害物质不仅污染环境，而且产生温室气体，导致温室效应加剧，进而引起生物物种多样性降低和荒漠化进程加快等问题。因此，发展生物质能源有利于保护人类赖以生存的环境。这是美欧等发达国家提出发展生物质能源的核心动机。然而生物质原料的转化同样会产生大量温室气体，生物质能源发展诱发的土地用途改变和过度经营也会导致生态系统自身修复能力的下降。这样，这个核心动机的可靠性就很值得商榷，因而合理解释应该只是一个转移其所应承担的国际减排义务的借口。特别值得一提的是，作为世界上最大的温室气体排放国和最大的生物质能源生产国，美国在 2001 年宣布退出《京都议定书》，这更加令人怀疑其真正的动机。②

---

① 钱能志，尹国平，陈卓梅．欧洲生物质能源开发利用现状和经验［J］．中外能源，2007（12）．

② 闫逢柱，乔娟．国际生物质能源发展的评价———动机、支持措施及对世界粮食供求影响视角［J］．财贸研究，2009（3）．

第二，降低能源进口依赖，保障国家能源安全。能源短缺问题影响全球，但是不同国家受其影响的程度存在很大差异。美欧等发达国家发展生物质能源的核心动机除了应对能源危机，更重要的是抢占未来可再生能源市场。2007 年 3 月，美国和巴西签署了一项协议，主要内容，一是在新型生物燃料技术研究开发领域进行更加紧密合作；二是促进生物燃料在发展中国家特别是中美洲和加勒比海国家的生产和消费；三是通过联合国主办的国际生物燃料论坛，制订出统一的生物燃料标准和规范，从而进一步扩大生物燃料市场。[①] 这个例子就是很好的诠释。

第三，培育新兴产业，刺激经济发展，增加就业。世界产业结构正在发生重大变化，传统产业面临升级换代，各国正在抢占经济与科技制高点，以生物、环保、新能源等战略性新兴产业为代表的产业受到各国的高度重视。生物质能源产业的快速发展，使得生物技术、生物化工、装备制造等其他产业发展得到推动，这些都在孕育和催生新的产业革命，加速新的国际产业分工格局的形成，刺激国内经济发展。同时由于生物质原料的种植、加工和转化具有劳动密集型特征，有利于增加就业。

第四，培育新的农产品市场，促进农村经济发展，这是巴西等少数热带发展中国家提出的发展生物质能源的核心目标。巴西联邦政府专门成立了多部门的“生物质能源委员会”，由总统府文官事务部负责，同时鼓励各州政府积极参与并倡导生物质能源产业的发展，将生物质能源产业发展作为可持续发展战略的重要内容，并且与消除贫困紧密结合。巴西在发展生物

① 欧阳晓光．巴西生物质能源发展情况概览及启示［J］．中国科技信息，2008－01－08.

质能源产业的过程中，通过对较落后地区发展生物质能源产业给予特别优惠和补贴以及对种植农户的支持，使分配的天平向贫困阶层倾斜，取得了很好的效果。

二、鼓励生物质能源产业发展的政策、经验和问题

（一）各国政府鼓励生物质能源产业的具体政策和成功经验

由于目前生物质能源的生产成本普遍高于化石能源，因此，各国尤其是美欧等主导国都制定了系统的支持与保护政策体系。这些措施涉及从原料生产到最终消费整个产业链条。在实践中，具体支持政策体系集中于六个方面：

1. 对原料生产进行直接补贴

为了降低农业能源作物和其他生物质原料的生产成本，一些国家采用直接补贴形式。该支持政策最具有代表性的就是欧盟（EU）2003 年共同农业政策（CAP）改革方案中的“能源作物援助计划（ECA）”。在该计划中，欧盟根据 2003 年的产出水平建立了一个分离支持给付系统，该系统将已经存在的多种给付形式合并为一种单一农场给付形式（SFP），要求其各成员方按照 45 欧元/公顷的标准对农业生物质原料和林木生物质原料生产者提供直接补贴（OECD，2008b）。除此之外，对那些不适合种植食用农产品的土地，由政府提供机械，鼓励农民种植能源作物。

2. 对原料转化的各种支持

由于生物质原料转化的初始投资成本高于化石能源，而其收益具有不确定性，因而许多企业不愿投资生物质原料的转

化。为解决这一问题，不少国家采用资本拨付的形式，由政府直接承担转化设备或其他固定资产的一部分投资，或为企业提供无需备案的信贷担保，以刺激生产者的积极性。这种支持最典型的国家就是美国。美国在1980年能源法案中就建立了乙醇燃料的生产转化支持系统。根据该系统，联邦政府通过免税、许可证和有条件选择投标人等办法对生产者提供支持，鼓励企业提高转化效率。近年来，美国一方面借鉴欧盟的模式，对达到质量要求的能源按产量单位提供直接补贴，另一方面要求企业转化的原料中必须有一定比例的农业原料（即原料定额计划），对达到要求的企业给予额外支持。

3. 对成品燃料的价格予以支持和保护

为了保证生物质能源生产企业的利润，美国、欧盟和巴西均对生物质能源提供了最低价格保护，要求经销商对生产者支付的价格不得低于最低价格。这种价格有两种形式：一是不变的季度最低价格，这种价格一般多个季度保持不变，目的是为了降低生产者的不确定性；二是可调整的最低价格，该价格可以经常性调整，以防止不可测因素引致的生产成本变化。在多数情况下，对因不可测因素引起的成本增加和批发价销售造成的损失，政府通过环境改善奖励和绿色奖励的形式进行追加补偿。

4. 消费环节的税费优惠政策

为了鼓励生物质能源产业部门的发展，美欧等国还在消费环节制定了一系列的强制性政策措施，为本国生物质能源产业的发展提供市场支持。为了刺激消费，多数国家以强制消费的方式，要求公共运输部门和消费者必须购买一定数量的生物燃料，并对购买者免征燃料消费税。根据美国联邦政府的规定，所有汽油销售企业必须销售一定比例的乙醇汽油或直接要求这些企业按照一定比例将乙醇汽油和传统汽油混合后销售（比例一般为5%)，同时对销售者征收燃料特许税。被征税的企业接下来就可以以销售混合燃料为由，获得政府的税收信贷支持。对于那些完全享受税收信贷支持的企业，政府还为之提供所得税抵免。巴西也规定了汽油中必须添加的燃料乙醇比例，如于1993年出台法律规定汽油中掺加乙醇的比例为20%～25%。德国对可再生能源实行低税率的优惠政策，如对乙醇、植物油燃料免税，对生物柴油每升仅征收9欧分的税费（而汽油则每升征收45欧分)，以提高企业市场竞争力，扶持企业发展。芬兰政府对每利用1立方米的木屑（片）燃烧供暖或发电给予10欧元的补助。瑞典对利用生物质燃料供暖和发电的企业免征二氧化碳排放税，对生产企业给予一定的资金补贴，对居民使用木材颗粒燃料的，政府一次性补贴购买燃烧设备费用的30%。[①]

5. 对生物质原料和能源的进出口采取限制措施

进出口限制也是各国扶持生物质能源产业发展的一个重要举措。2007年欧盟各国对加入甲醇的成品乙醇进口每百升征收10.2欧元进口税，没有加入甲醇的成品乙醇每百升征收19.2欧元的进口税，生物柴油进口每百升征收6.5欧元的进口税。除了成品燃料进口税外，为保障国内生物质原料尤其是农业原料的生产，鼓励地方生产企业使用国内原料，欧盟各国对农业原料和农产品（主要是小麦、糖类、玉米、油菜籽）进口也广泛征收进口税。特别值得指出的是，欧盟还专门制定了限制生物质能源及其原料进口的非关税壁垒，这就是2007年出台的燃料品质标准（FQS)。[②] 由于目前各国乙醇汽油和生

---

① 钱能志，尹国平，陈卓梅．欧洲生物质能源开发利用现状和经验［J］．中外能源，2007（12）．

② FQS指的是液态燃料中可再生燃料与不可再生燃料的混合比例，这一比例不是固定不变的，而是根据EU生物燃料的生产成本和生产技术变化经常调整。

物柴油的主要原料是玉米、小麦、糖类和油菜籽（菜籽油），因而这种贸易限制实质上就是农产品贸易保护。

6. 大力支持生物质能源技术研发

未来生物质能源的市场前景取决于其竞争力的高低。为了降低生产成本，增强生物燃料的价格竞争力，许多国家都制定了庞大的 R&D 支持计划。计划的主要目标是改进现有的生物质能源生产技术和开发以农业秸秆和其他有机废物为原料的第二代生物质能源技术。美国在生物质资源研发领域的资金投入逐年递增，这其中包括2008 年 12 月能源部投资 2 亿美元支持利用生物质原料生产先进生物燃料的商业化研究与实践，2009 年 1 月能源部与农业部联合支持有关生物燃料、生物质能及生物基产品生产技术与过程的研发项目等。金融危机发生之后，生物质资源研究仍然成为美国经济复兴和再投资计划的重要组成部分。2009 年 5 月，美国能源部宣布，复兴计划中将有7. 865 亿美元用于加快先进生物燃料的研究和开发以及商业规模的生物精炼示范项目等。加拿大 2008 年也为生物质能源的发展提供了 22 亿美元的巨额支持，其中很大一部分用于第二代生物质能源技术的商业化推广。德国在新技术推广方面对兼有发电和供暖功能的燃烧站给予 2 欧分/千瓦时的功能补贴，对采用新技术的给予 2 欧分/千瓦时的新技术补贴，以此鼓励企业采用新技术及向综合功能发展，增强企业的综合竞争能力。此外，德国对为可再生能源提供服务的机构给予一定奖励，以加强地区、企业及政府间在可再生能源利用方面的交流与合作。

（二）各国政府鼓励生物质能源产业存在的问题

生物液体燃料虽然在近年来发展迅速且初步展示了远期发展潜力，但是近年来也引发了许多争论。近年来国际农产品供求形势日益严峻，粮食供求矛盾尤为突出，部分国家甚至爆发粮食抢购风潮。国际上普遍认为这种状况的出现是由于生物能源产业的发展。国际谷物理事会的统计资料显示，2007 年全球生物乙醇谷物耗费量为 9490 万吨。其中，美国是最大的消耗国，其消耗量高达 7680 万吨（相当于世界总消耗量的 81.0%）。粮食的能源化趋势还导致世界粮食储备—产量比的急剧下降和粮价的成倍上涨。2007 年世界小麦、大米和玉米的储备—产量比仅相当于 2000 年的 53.1%、49.2% 和 51.8%，而价格则为同期的 2.2 倍、1.6 倍和 1.9 倍。[①] 从逻辑上推理，现行的农业原料导向型生物质能源发展模式对粮食安全的影响主要表现为“数量安全”、“结构安全”和“贸易安全”问题。首先，由于多数国家的生物质原料以玉米为主，在产量增长有限的情况下，生物乙醇的大规模发展将直接导致世界粮食需求得不到有效满足，“数量安全”问题就会形成。其次，生物质能源发展引致的生物质原料价格上涨，使得种植能源作物的比较利益上升，稀缺的耕地资源将会大量转向玉米、大豆等能源作物的种植，稻谷、小麦等主要粮食作物的种植面积和产量将会下降，“结构安全”问题就会出现。最后，高度集中的国际粮食生产与贸易格局，使得多数国家尤其是亚、非、拉一些缺粮国的粮食进口来源保障程度下降，“贸易安全”问题因此凸显。随着少数主导国特别是美国新能源法案的实施，生物质能源引发的粮食安全问题将会面临前所未有的挑战。

Richard Doornbosch 和 Ronald Steenblik 在 2007 年 9 月向经合组织可持续发展圆桌会议提交的报告中对生物液体燃料产业

① http：//www. fao. ovg/es/esc/pvices/prices Servlet. jsp？Lang = en&ccode = 0. 转引自闫逢柱，乔娟．国际生物质能源发展对中国的启示［J］．探索与争鸣，2009（2）．

的未来发展提出了两个根本问题。第一，从技术层面看，生物液体燃料能否以“更加可靠，更少威胁”的方式在满足全球交通燃料需求方面发挥重要作用，而不至于威胁向全球不断增长的人口提供食物的能力？第二，从政策层面看，目前世界各国推动生产应用生物液体燃料的相关政策措施是否是利用生物质资源和解决交通燃料需求的最恰当有效方式？Richard Doornbosch 和 Ronald Steenblik 最后认为，在技术层面上，发展能源植物的热潮加剧了粮食短缺并破坏了生物多样性，却只能得到十分有限的收益；第二代生物液体燃料技术带来了新的希望，但仍有赖于重大技术突破；在经济层面上，生物液体燃料的经济前景比较脆弱；在政策层面上，目前一些国家支持和保护国内生物液体燃料生产的政策不是成本有效的方式，而激进的强制性使用配额目标更加剧了不可持续的生产供应。[①]

三、国际经验对我国推进生物质能源产业发展的启示

（一）我国推进生物质能源产业发展存在的问题

作为一个发展中经济大国，中国是目前世界第五大原油生产国和第二大消费国，经济发展对能源的依赖程度较高。为了积极应对能源危机的挑战，我国政府从 2001 年开始以政府直接投资等方式发展生物质能源。但现行的生物质能源发展模式所诱发的粮价上涨和其他不确定性，使得中国政府不得不对生物质能源的发展进行严格限制，中国生物质能源发展于是陷入

① 王仲颖，赵勇强，张正敏．中国生物液体燃料发展战略与政策［M］．北京：化学工业出版社，2010.

多重困境。

第一，生物质能源的发展模式与粮食安全的冲突问题。美国、巴西的生物质能源发展模式都是基于优势耕地资源，以土地密集型的玉米和甘蔗为主要原料。但中国的耕地资源禀赋与之存在天壤之别，其生物质能源是以土地密集型的粮油作物为主要原料，因而这一模式或路径是逆资源优势的，生物质能源发展不可避免地影响其“数量安全”和“结构安全”。从“贸易安全”角度看，中国玉米进口量虽然不大，却对美国高度依赖，而大豆进口对巴西和美国同样高度依赖。随着美国、巴西生物质能源发展规模的急剧扩张，中国玉米和大豆的进口来源面临挑战，“贸易安全”风险将不断加大。

第二，生物质能源生态价值与经济、社会价值的冲突问题。大量的研究表明，中国生物质能源的合理发展路径就是以各种海藻、林木及其残留物和农业生产过程中的废弃物为主要原料，走非粮化道路。但因这些生物质原料同样担负着维系生态系统平衡的重要角色，利用这些原料发展生物质能源将不可避免地对生态系统的完整性造成潜在的不确定影响。而中国这些生物质原料充裕的地区多是生态较为脆弱和经济发展较为落后的中西部地区，[①] 利用这些原料发展生物质能源就难免产生经济社会价值与生态价值之间的冲突问题。

第三，竞争、规模与效率冲突问题。目前中国的生物质能源发展主要是政府主导下试点，这种模式下生物质能源的发展规模小、竞争程度低，因而成本居高不下、经济效率不高，这直接导致政府财政压力加大。

---

① Weyerhaeuse H. Tennigkei T. Kahrl F. Biofuels in China：An Analysis of the Opportunities and Challenges of Jatropha Curcas in Southwest China. CRAF Working Paper, 2007, 53：6 - 16. 转引自闫逢柱，乔娟. 国际生物质能源发展对中国的启示［J］. 探索与争鸣，2009（2）.

综合上述矛盾和冲突，中国必须理性审视生物质能源发展问题，确立合理、适度和有序的发展原则。

（二）国际经验对我国推进生物质能源产业发展的重要启示

1. 将发展生物燃料放在能源战略位置予以高度重视，尽快制定明确的生物质能源发展目标和发展战略，完善刺激生物质能源发展的具体经济政策和相关立法。

1999 年美国发布了《开发和推进生物基产品和生物能源》总统令，制定了一个关于到 2030 年以生物质燃料替代目前石油消费总量 30% 的发展目标，占国家电力的 5%、交通运输燃料的 20% 和化工产品的 25%。[①] 分别于 2005 年、2007 年、2008 年和 2009 年经国会通过的《美国能源政策法案》、《能源自主与安全法案》、《农业法案》和《美国清洁能源安全法案》均以法律形式确定了生物质能源的主导地位和具体发展指标。

欧盟委员会在 2006 年 2 月发布了《生物液体燃料战略》，提出了一系列鼓励生产应用生物液体燃料——特别是二代生物液体燃料的发展战略和政策措施，涵盖目标引导、土地供应、市场拉动、技术支持、财政扶持等方面。2008 年年底，欧盟委员会通过的 RED 又提出新的生物液体燃料发展目标，拟在 2020 年达到约 3460 万吨油当量。一系列的立法和相关举措促进了生物质能源产业在美欧的快速发展壮大。

生物质能源的开发利用目前尚处于成长发展阶段，需要有一个切实可行的生物质能源发展目标和发展战略。我国应借鉴美欧经验，在全面开展生物质能源调查研究的基础上，科学编

① 唐红英，胡延杰．国外生物质能源产业发展的经验及启示［J］．世界林业研究，2008（3）．

制生物质能源发展规划，明确生物质能源的发展方向、发展目标、发展战略、发展重点、发展措施。生物质能源是具有战略性、长期性、高风险、低收益的新能源产业，必须大力依靠政府力量进行推动。

2. 技术研发和进步是提高生物燃料经济性和可行性的关键，要加大对生物质能源相关技术和设备研发投入力度

目前，技术障碍是生物质能源产业发展的最大瓶颈。一方面，国家要增加对科技研发的投入，建设国家级相关技术和设备研发机构，创建适合国情的生物质能源技术创新体系，积极投入第二代生物乙醇技术，即纤维素乙醇技术的研发，为全面推广打下基础。同时抓好生物质能源项目的试点示范和科技成果的转化工作，促进产业形成，尽快实现商品化生产和推广应用。另一方面，要引进国外生物质能源开发利用的先进技术和设备，并做好先进技术和设备的消化吸收和再创新工作。还要做好生物质能源研发、转化、推广所需人才的教育和培养工作。

3. 加大政府扶持力度，出台一系列产业促进政策，加快生物质能源产业化和商业化进程

生物质能源产业作为一个处于商业化与产业化发展初期的新兴行业，其开发利用不可能完全依靠市场进行自发调节。目前我国仅制定实施了封闭区域使用E10燃料的政策，还缺乏更广泛、灵活、便民的市场应用渠道和政策。我国要加快生物质能源的快速健康发展，应不断加大对生物质能源生产、加工企业的支持力度，形成一批以自主知识产权武装起来的生物质能源生产加工企业，以产业化促进规模化，加快生物质能源的商业化进程，迅速提高生物质能源在能源结构中的比例。[①] 同时

① 韩伟．推进可再生能源和新能源产业化——记中国可再生能源和新能源产业化论坛［J］．电力设备，2006（7）．

应制定全面系统刺激生物质能源发展的经济政策与相关措施，包括：①税收减免政策。对生物质能源产品转化、制造进行税率优惠或减免甚至补贴，对生物质能源产品使用实行优惠或价格补贴。②投融资政策。鼓励金融机构向生物质能源项目提供信贷支持，有条件的可以提供有财政贴息的优惠贷款，积极支持生物质能源项目和公司发行企业债券、可转换债券，乃至直接上市融资。③费用分摊制度。生物质液体燃料与石油产品相比，产量低，成本高，性能存在一定差异，无法进行公平竞争，通常需要财政支持，即通过财政的分配职能在全国范围分摊生物质能源开发利用的高成本，解决生物质能源开发利用高成本对局部地区的不利影响，保证地区之间、企业之间负担的公平性。

4. 加强生物质能源领域的国际合作

美国在生物质能领域拥有世界领先的技术和经验，巴西已成为世界上唯一不供应纯汽油的国家，也是世界上使用以乙醇为汽车燃料最为成功的国家之一。开展中美、中巴在生物质能领域的合作，对促进我国生物质能产业发展具有积极作用。为此，建议以我国的大学和研究机构为依托，与美国的大学或研究机构在高效能源作物、藻类生产生物柴油、纤维素降解制取乙醇以及生物制氢等方面开展合作研究，推进我国生物质能技术的发展。

参考文献

1. 闫逢柱，乔娟．国际生物质能源发展的评价——动机、支持措施及对世界粮食供求影响视角［J］．财贸研究，2009（3）．

2. 刘险峰，沈西林．发展生物质能源存在的问题与对策研究［J］．

天府新论，2009（5）.

3. 孙凤莲，王雅鹏．中国与欧盟发展生物质能的政策比较研究［J］．世界农业，2007（10）.

4. 钱能志，尹国平，陈卓梅．欧洲生物质能源开发利用现状和经验［J］．中外能源，2007（12）.

5. 寇建平，田宜水，张玉华．美国生物质能的发展状况及对我国的启示［J］．可再生能源，2007（6）.

6. 汪瑞清，方美兰，杨国政，等．中巴发展生物质能源的比较研究［J］．世界农业，2007（1）.

7. 周光明．美国可再生能源发展情况考察［J］．能源工程，2000（3）.

8. 满相忠，王珊珊．国外开发生物质能优惠政策及其经验启示［J］．地方财政研究，2007（8）.

9. 朱增勇，李思经．美国生物质能源开发利用的经验和启示［J］．世界农业，2007（6）.

10. 王仲颖，赵勇强，张正敏．中国生物液体燃料发展战略与政策［M］．北京：化学工业出版社，2010.

11. 韩伟．推进可再生能源和新能源产业化——记中国可再生能源和新能源产业化论坛［J］．电力设备，2006（7）.

12. 国际竹藤网络中心唐红英．中国林业科学研究院林业科技信息研究所胡延杰．国外生物质能源产业发展的经验及启示．

13. 闫逢柱，乔娟．国际生物质能源发展对中国的启示［J］．探索与争鸣，2009（2）.

第十章 当前我国生物质能源发展的政策评述

王君婷

内容提要：

近年来我国政府高度重视生物质能源的研究与开发利用，先后出台了一系列促进生物质能源发展的政策措施以及法规标准，良好的宏观政策环境在中国已逐渐形成，生物质能产业也得到快速发展。然而，现存的政策、法规体系仍需不断完善，政策可操作性需要进一步加强，需理顺管理体制和统筹管理职能以提高管理、决策效率，以正确的产业引导和严格的市场准入来促进生物质能产业的健康发展。

生物质能源是可再生能源的重要组成部分，是太阳能以化学能形式贮存在生物质中的能量形式，可转化为常规的固态、液态和气态燃料，以替代传统的煤炭、石油和天然气等化石能源，取之不尽、用之不竭，是一种可再生能源，同时也是唯一一种可再生的碳源。从广泛定义来看，农作物秸秆林木能源、燃料乙醇、生物柴油和沼气等都属于生物质能源的范畴。生物质能源产业是具有环境效益的弱势产业，政府支持是生物质能源市场发育初期的原始动力。发展生物质能源已经成为国际能源产业和农业发展的一个趋势。

一、现有政策法规总结

随着化石能源的枯竭和科技的发展，利用高新技术手段开发生物能源成为可能，生物质能正在成为替代化石能源的主要可再生能源之一，受到世界各国能源领域的关注。目前，很多国家都在积极研究和开发利用生物质能。我国是一个人口大国，又是一个经济迅速发展的国家，21 世纪将面临着经济增长和环境保护的双重压力。因此改变能源生产和消费方式，开发利用生物质能等可再生的清洁能源资源对建立可持续的能源系统、促进国民经济发展和环境保护具有重大意义。

我国政府一直重视生物质能的研发工作，先后出台了一系列政策和措施以促进生物质能的开发和利用。从广义而言，这些政策措施的载体和体现形式归纳起来可大体分为以下三种类型。第一类是国家级发展战略规划和计划。这类政策和措施的优点是明确表明了政府及主管部门对生物质能发展的立场和态度，明确了未来发展方向、目标、重点以及布局，有利于调动积极性，增强投资信心。缺点是这类政策措施通常较为宏观，如果缺少与之配套的具体保障措施，则实施难度较大，会因无执行条件半途而废。第二类是法律、法规和行业标准规范。这类政策的特点是强制性高，刚度大，是我国生物质能产业健康发展的基本保证。缺点是这类政策做出的规定比较笼统、原则、宏观，如果没有相应的实施细则，可操作性不强，贯彻实施难度依然较大。第三类是经济激励和财税优惠。这类政策是基于前两类政策的基础，从投资以及财税等经济角度制定的一系列较为具体的措施，其目的是保证上述政策目标的实现，具有较大的促进作用。

上述三类政策是一个有机整体，既相辅相成，又紧密联系。第一、二类政策为第三类政策提供了法律基础和宏观政策环境，第三类政策则为前两类政策的具体实施提供了保证，缺一不可。

（一）第一类政策：国家级发展战略规划和计划

为生物质能源的发展制定战略规划和发展计划以达到促进技术产业发展的目的是世界上许多国家的共同做法，也是一项成功的经验。我国政府也十分重视生物质能源发展规划的制定，多次将其列入国民经济长远发展规划，并且制定了多项专项发展计划。

1996 年年初，第八届全国人民代表大会第四次会议批准《中华人民共和国经济和社会发展“九五”计划和 2010 年远景目标纲要》，《纲要》强调科教兴国和可持续发展战略，指出中国能源发展要“以电力为中心，以煤炭为基础，加强石油、天然气资源的勘探开发，积极发展新能源，改善能源结构”。在电力发展一节中指出“积极发展风能、海洋能、地热能等新能源发电”，在论及农村能源时再次强调“因地制宜，大力发展小型水电、风电、太阳能、地热能、生物质能”。

2006 年 3 月，第十届全国人民代表大会第四次会议批准《国民经济和社会发展第十一个五年计划纲要》，进一步明确提出要发挥我国特有的生物资源优势和技术优势，面向健康、农业、环保、能源和材料等领域的重大需求，重点发展生物医药、生物农业、生物能源、生物制造。加快开发生物质能，支持发展秸秆、垃圾焚烧和垃圾填埋气发电，建设一批秸秆和林木质电站，扩大生物质固体成型燃料、燃料乙醇和生物柴油生产能力。

2007 年 4 月，国家发展和改革委员会发布了《高技术产业发展“十一五”规划》和《生物产业发展“十一五”规划》，对加快开发生物质能表示了明确的支持态度。《高技术产业发展“十一五”规划》提出要积极发展生物能源，充分利用非粮作物、植物和农林废弃物，大力开发低成本、规模化、集约化生物能源技术，积极培育生物能源产业。选育发展一批速生、高产、高含油、高淀粉含量的能源植物新品种，实现规模化种植。重点建设以甜高粱、木薯等非粮作物为原料的燃料乙醇示范工程，加快木质纤维素生产燃料乙醇技术研发和产业化。积极推动以麻风树、黄连木等农林油料植物为原料的生物柴油规模化生产。开展秸秆、木屑等农林业废弃物汽化、固化供热与发电、大型沼气示范。建设年产10万吨级非粮原料燃料乙醇、生物柴油和年处理10万吨级以上生物质的发电示范工程。初步形成我国生物能源的技术基础和产业基础。《生物产业发展“十一五”规划》明确提出要突出区域特色、技术创新和节能环保，加快培育我国生物能源产业。《生物产业发展“十一五”规划》还对能源植物、燃料乙醇、生物柴油、生物质发电和供热以及生物质致密成型燃料等领域的工作提出明确的目标和给予积极的支持。

2007年8月，国家发展和改革委员会发布的《可再生能源中长期发展规划》进一步明确了我国生物质能近期和中长期的发展方向和具体目标，要求根据我国经济社会发展需要和生物质能利用技术状况，重点发展生物质发电、沼气、生物质固体成型燃料和生物液体燃料。确定目标为到2010年生物质发电总装机容量达到550万千瓦，生物质固体成型燃料年利用量达到100万吨，沼气年利用量达到190亿立方米，增加非粮原料燃料乙醇年利用量200万吨，生物柴油年利用量达到20万吨。到2020年，生物质发电总装机容量达到3000万千瓦，生物质固体成型燃料年利用量达到5000万吨，沼气年利用量达到440亿立方米，生物燃料乙醇年利用量达到1000万吨，生物柴油年利用量达到200万吨。

2009年6月，国务院办公厅颁布了《促进生物产业加快发展的若干政策》，明确将生物质能领域确定为现代生物产业发展的重点领域，要求加快培育速生、高含油、高热值、高产专用能源植物品种，合理利用荒山荒地，推进规模化、基地化种植；积极开展以甜高粱、薯类、小桐子、黄连木、光皮树、文冠果以及植物纤维等非粮食作物为原料的液体燃料生产试点，推动生物柴油、集中式生物燃气、生物质发电、生物质致密成型燃料等生物能源的发展。

2011年3月，第十一届全国人民代表大会第四次会议通过《国民经济和社会发展第十二个五年规划纲要》，《纲要》再次明确提出要加强农村能源建设，继续加强水电新农村电气化县和小水电代燃料工程建设，实施新一轮农村电网升级改造工程，大力发展沼气、作物秸秆及林业废弃物利用等生物质能和风能、太阳能，加强省柴节煤炉灶炕改造。在推动重点领域跨越发展一节中指出新能源产业重点发展新一代核能、太阳能热利用和光伏光热发电、风电技术装备、智能电网、生物质能。在推进能源多元清洁发展一节中再次提出积极发展太阳能、生物质能、地热能等其他新能源。

（二）第二类政策：法律、法规和行业标准规范

国内外实践经验表明，通过立法和制定规章条例，是促进生物质能源发展最有力的武器。2005年2月，我国第一部《可再生能源法》经十届人大第十四次会议通过，于2006年1月1日正式开始实施。《可再生能源法》的颁布实施标志着生物质能的开发利用得到法律认可，正式成为国家能源发展的一项基本国策。《可再生能源法》支持和鼓励农村生物质能源的发展，第十六条规定："国家鼓励清洁、高效地开发利用生物

质燃料，鼓励发展能源作物。”同时规定“利用生物质资源生产的燃气和热力，符合城市燃气管网、热力管网的入网技术标准的，经营燃气管网、热力管网的企业应当接受其入网”。第十八条中规定：“国家鼓励和支持农村地区的可再生能源开发利用。县级以上地方人民政府管理能源工作的部门会同有关部门，根据当地经济社会发展、生态保护和卫生综合治理需要等实际情况，制定农村地区可再生能源发展规划，因地制宜地推广应用沼气等生物质资源转化、户用太阳能、小型风能、小型水能等技术。县级以上人民政府应当对农村地区的可再生能源利用项目提供财政支持。”《可再生能源法》的实施为我国政府支持生物质能的发展提供了政策和法律保障。

2005 年 11 月，为配合《可再生能源法》的实施，国家发展和改革委员会颁布了《可再生能源产业发展指导目录》。该《目录》对生物质发电、生物燃料生产、生物质能开发利用的系统设备、装备制造以及能源植物的种植、选种等给予支持，对相关部门制定支持政策和措施进行指导，引导相关研究机构和企业的技术研发、项目示范和投资建设方向。对于该《目录》中具备规模化推广利用的项目，国务院相关部门将制定和完善技术研发、项目示范、财政税收、产品价格、市场销售和进出口等方面的优惠政策。

2004 年 2 月，国家发展和改革委员会等八部委联合发布《车用乙醇汽油扩大试点方案》和《车用乙醇汽油扩大试点工作实施细则》，在我国部分地区开展车用乙醇汽油扩大试点工作。同时，为了规范燃料乙醇的生产，国家质量技术监督局于 2001 年 4 月和 2004 年 4 月分别发布 GB 18350—2001《变性燃料乙醇》和 GB 18351—2001《车用乙醇汽油》两个国家标准及新车用乙醇汽油强制性国家标准（GB 18351—2004），这是促进生物质能源发展的典型行业规范。

（三）第三类政策：经济激励与财税优惠

经济激励与财税优惠类政策的基本方法就是利用各种形式的补贴，包括投资补贴、生产补贴、销售补贴、税收减免、价格优惠等经济手段，对生物质能源产业发展给予一定扶持，以实现其引导和促进生物质能源产业健康发展的目的。我国政府十分重视这方面政策的研究与制定，出台了一批政策。

2006 年 1 月，国家发展和改革委员会颁布了《可再生能源发电价格和费用分摊管理试行办法》，规定“生物质发电项目上网电价实行政府定价的，由国务院价格主管部门分地区制定标杆电价，电价标准由各省（自治区、直辖市）2005 年脱硫燃煤机组标杆上网电价加补贴电价组成。补贴电价标准为每千瓦时 0.25 元。发电项目自投产之日起，15 年内享受补贴电价；运行满 15 年后，取消补贴电价。自 2010 年起，每年新批准和核准建设的发电项目的补贴电价比上一年新批准和核准建设项目的补贴电价递减 2%。发电消耗热量中常规能源超过 20% 的混燃发电项目，视同常规能源发电项目，执行当地燃煤电厂的标杆电价，不享受补贴电价”。

2006 年 5 月，财政部颁布了《可再生能源发展专项资金管理暂行办法》，规定以无偿资助和贷款贴息的方式支持发展可再生能源，并明确规定对替代石油的可再生能源开发利用提供专项资金支持，重点扶持发展用甘蔗、木薯、甜高粱等制取的燃料乙醇，以及用油料作物、油料林木果实、油料水生植物等为原料制取的液体燃料。

2006 年 9 月，由财政部、国家发展和改革委员会、农业部、税务总局、林业局联合发布的《关于发展生物能源和生物化工财税扶持政策的实施意见》，提出国家将采取弹性亏损补贴、税收优惠等财税政策鼓励生物能源的发展。根据该实施意见，国家将从四方面对发展生物能源予以扶持：一是建立风险基金制度，实施弹性亏损补贴。企业应当建立风险基金制度，以盈补亏，如果油价长期低位运行，国家将对企业给予适当补贴。二是原料基地补助。国家鼓励开发荒山、荒地等未利用土地建设原料基地，开发原料基地要与土地开发整理等项目相结合，并对龙头企业给予适当支持。三是示范补助。国家鼓励具有重大意义的生物能源及生物化工生产技术的产业化示范，以增加技术储备，对示范企业予以适当补助。四是税收优惠。对确实需要扶持的生物能源和生物化工企业，国家给予税收优惠政策，以增强企业竞争力。

同时，《可再生能源法》也提供了有关优惠支持政策。第十二条规定："国家将可再生能源开发利用的科学技术研究和产业化发展列为科技发展与高技术产业发展的优先领域，纳入国家科技发展规划和高技术产业发展规划，并安排资金支持可再生能源开发利用的科学技术研究、应用示范和产业化发展，促进可再生能源开发利用的技术进步，降低可再生能源产品的生产成本，提高产品质量。"第二十四条规定："国家财政设立可再生能源发展专项资金。"第二十五条规定："对列入国家可再生能源产业发展指导目录、符合信贷条件的可再生能源开发利用项目，金融机构可以提供有财政贴息的优惠贷款。"第二十六条规定："国家对列入可再生能源产业发展指导目录的项目给予税收优惠。具体办法由国务院规定。"

二、政策实施效果

（一）良好的宏观政策环境逐渐形成

1. 法规及行业标准规范体系逐渐完善

2006 年《中华人民共和国可再生能源法》的颁布实施标

志着生物质能的开发利用得到法律认可，正式成为国家能源发展的一项基本国策。自 2006 年《中华人民共和国可再生能源法》生效以来，国家有关部门又相继出台了《可再生能源产业发展指导目录》、《车用乙醇汽油扩大试点方案》以及《车用乙醇汽油扩大试点工作实施细则》，出台两个国家标准《变性燃料乙醇》和《车用乙醇汽油》。

2. 政策及规划体系日趋成熟

一方面，国家高度重视生物质能源的发展，多次将其提到国民经济长远发展规划的高度，在《中华人民共和国经济和社会发展“九五”计划和 2010 年远景目标纲要》，《国民经济和社会发展第十一个五年规划纲要》以及《国民经济和社会发展第十二个五年规划纲要》中，均将生物质能源的开发利用写入规划纲要中。此外，国家相关部门还制定了一系列专项规划，进一步明确生物质能源的发展方向和战略布局，如《高技术产业发展“十一五”规划》、《生物产业发展“十一五”规划》、《可再生能源中长期发展规划》和《促进生物产业加快发展的若干政策》等。另一方面，国家积极出台相关经济激励与财税优惠政策，支持生物质能源的大力发展，如由国家发展和改革委员会颁布的《可再生能源发电价格和费用分摊管理试行办法》，财政部颁布的《可再生能源发展专项资金管理暂行办法》以及由财政部、国家发展和改革委员会、农业部、国家税务总局、国家林业局联合发布的《关于发展生物能源和生物化工财税扶持政策的实施意见》等。

这些在国家层面发布的生物质能发展规划及相关政策，不仅明确了我国生物质能发展目标、发展方向、主要任务等，也明确了加快我国生物质能发展的政策措施，形成了我国生物质能发展的良好宏观政策环境。

（二）各项政策、法规的实施助推生物质能产业快速发展

在国家出台各项政策、法规的引导、扶持下，生物质能产业呈现快速发展态势。燃料乙醇方面，2004 年我国开始大规模产业化生产，“十五”及“十一五”期间，国家发展和改革委员会先后建设了 5 套燃料乙醇生产装置，成为继美国、巴西之后世界第三大燃料乙醇生产国。2010 年，我国陈化粮乙醇和车用乙醇汽油推广应用项目继续实施，4 个陈化粮燃料乙醇生产项目和广西木薯乙醇项目估计合计生产约 186 万吨燃料乙醇。目前国内燃料乙醇已在黑龙江、吉林、辽宁、河南、安徽、广西六省区及湖北、山东、河北、江苏四省的 27 个市试点车用乙醇，实现了燃料乙醇汽油封闭运行，乙醇汽油市场占有率达到约 25%。

生物柴油方面，由于原料供给不足，目前我国虽有数十家生物柴油企业，但实际开工项目较少。根据有关资料，2010 年生物柴油产能超过 100 万吨，全年产量约为 40 万吨。近年来中国三大石油能源公司以及中粮集团有限公司等大型国有企业已经开始涉足生物柴油领域，生物柴油产业正在经历从小型向大中型、从不规范向规范化发展的阶段，形成了民营和国有大公司共同参与的格局，中国生物柴油产业正在形成。

生物质发电方面，2010 年年底，全国建成投产各类生物质发电装机合计约 670 万千瓦，其中蔗渣发电 170 万千瓦，秸秆林木废弃物发电 226 万千瓦，碾米厂稻壳发电 5 万千瓦，城市垃圾发电 223 万千瓦，沼气和垃圾填埋气发电 50 万千瓦。

沼气方面，2010 年年底，我国农村户用沼气 4000 万户，农业废弃物沼气工程将达 68000 处。户用沼气池和大中型沼气工程的年沼气利用总量约为 140 亿立方米，折合标准煤

1000 万吨。

（三）国家注入资金攻克生物质能产业发展瓶颈

尽管我国在生物质能源的开发利用方面取得了一些成效，但由于生物质能源在产业化、规模化应用方面仍处于起步阶段，还面临诸多困难和问题，归纳起来主要有以下几方面：一是原料短缺限制了生物质能源的大规模生产；二是还没有建立起完备的生物质能源工业体系，研究开发能力弱，技术产业化基础薄弱；三是生物燃油产品市场竞争力较弱；四是政策和市场环境不完善，缺乏足够的经济鼓励政策和激励机制。针对以上问题，国家注入资金攻克生物质能产业发展瓶颈，助推产业发展。

国家发展改革委办公厅发布的“关于组织实施生物质工程高技术产业专项的通知”和《国家高技术产业发展项目管理暂行办法》，对各相关部门和各地方申请的生物质工程高技术产业化专项项目，国家发展改革委在组织专家评审并委托专业咨询机构进行评估论证的基础上，开通了生物质工程高技术产业化示范工程项目资金申请报告审批程序，并要求相关主管部门加强管理和组织协调，加快项目实施。国家将“专项”重点支持一批非粮植物为原料的生物能源、生物材料和生物质原料的产业化示范工程项目。

国家发展改革委实施该专项的目的是加速我国生物质开发利用技术的产业化进程，促进生物质开发工业化成套技术的集成和应用，为我国能源结构的重大调整提供技术支撑和应用示范。专项突出自主创新和集成创新、技术开发和产业化相结合，以提高生物质产品的经济性和形成成套工业化生产技术为核心，以生物质原料的开发、生物质产品工业加工、生物材料的重要应用为主要内容，促进重点技术和产品的新突破，加速我国生物质产业技术基础和优势产业领域的形成。

（四）生物质能产业的发展使替代和减排效果明显

2010年在延续“十一五”前4年节能减排努力的基础上，我国“十五”期间能源消耗强度和污染物排放大幅上升的势头得到扭转，较好地完成了节能减排目标，其中生物质能产业的发展发挥了重要作用。以生物乙醇为例，2006年，我国生产销售132万吨燃料乙醇和1544万吨乙醇汽油，直接替代车用汽油约123万吨，已成为世界上继巴西、美国之后第三大生物燃料乙醇生产使用国，并在减少汽车尾气排放方面发挥了一定作用。此外，生物质发电、生物柴油以及沼气等生物质能的发展和利用，对我国调整能源消费结构，建立可持续发展的能源系统，促进国民经济发展和环境保护均起到重要作用。

此外，在政策、规划、法律以及行业标准规范等颁布实施后，各级政府齐抓共管，我国在加强生物质能领域自主创新能力建设、促进重大生物技术创新成果实现产业化、促进生物质能产业集聚发展以及推动生物质能产业开展国际合作等方面均取得积极进展。

三、存在的问题

（一）政策体系仍不完善

尽管我国针对生物质能的发展已经出台和颁布了一系列有关法规和政策，但相互之间的配套存在较大的“缝隙”。政策环境体系不完善，缺乏良好的产业发展指导，财政激励力度较弱，政策的稳定性和协调性较差，未能形成支持生物质能持续发展的长效机制，导致产业呈现出一定程度的无序发展、畸形发展，没有形成良好的产业发展模式和机制。目前我国在生物质能产品定价、补贴机制以及项目的审批制度等方面仍需要进一步完善。此外，由于尚未建立健全生物质能的技术标准体系，导致生物质能市场准入困难，而且出现混乱。

以生物柴油为例，我国还未能形成生物柴油的产业化。国家虽然制定了相关法律法规以及产业发展规划，但尚未针对生物柴油提出一套具体的扶持、优惠政策办法，没有形成支持生物柴油产业持续发展的长效机制。因此，与其他新兴产业一样，我国生物柴油能否大规模发展主要取决于国家的政策。生物柴油政策问题主要表现为在成品油价格管制的前提下，我国缺乏对生物柴油生产企业的扶持政策。政府一直保持着对能源行业的强力管制，生物柴油行业也不例外，使得生物柴油生产企业无法通过提价转移成本压力，生物柴油的定价机制尚未体现出环境效益的因素。

此外，《可再生能源法》虽然已经生效，还缺乏其他方面的实施细则，尤其没有针对农村、农民的优惠扶持政策，影响了农民利用生物质能的积极性。农村生物质能产业是有巨大环境效益和社会效益的弱势产业。从国外的经验看，政府支持是农村生物质能产业发育初期的原始动力。不论是发达国家还是发展中国家，农村生物质能的发展均离不开政府的支持，如投融资、税收、补贴和市场开拓等一系列的优惠政策。我国农村生物质能正处于发展的关键时期，今后 5 ~ 15 年能否出现突破性发展，形成规模效益，关键就在于政策的支持。国内外有关机构已经对我国农村生物质能发展状况进行了一些研究，初步的分析表明，农村生物质能在我国发展潜力巨大。但目前的研究大多比较泛泛，不够深入，而且有的已时过境迁，对当前我国发展农村生物质能的具体指导性不强，导致目前难以提出具体的农村生物质能发展战略、规划和有针对性的政策措施。

（二）补贴政策有失公平

现有的经济政策扶持力度不够，规定不尽公平、合理。以沼气为例，在农村沼气建设中，国家每年投入大量资金用于户用沼气建设，但是随着产业结构的调整，国家对越来越多的集约化畜禽养殖场和养殖小区建设大中型沼气工程却没有任何专项资金。此外，政府对农村户用沼气的补贴标准自2003年以来未进行调整，而这些年来物价指数已连续上涨许多。

生物燃料方面，以2007年10月财政部印发的《生物能源和生物化工原料基地补助资金管理暂行办法》为例，这是中国第一个专门针对非粮液体燃料产业发展而提出的政策。该项政策确定对林业原料基地补助标准为200元/亩，农业原料基地补助标准原则上核定为180元/亩，且规定这些补贴资金可用于种子繁育、种植、管理管护、土地平整等与原料基地相关的生产性支出，以及技术指导、工程验收、监督检查、方案审批等与原料基地相关的管理费用支出，使用范围很广。然而，从原料基地建设的实际开支来看，上述补助标准偏低，特别是对林业原料基地建设来说明显偏低，大约仅相当于实际成本的1/3～1/4。此外，该政策还忽略了农业原料和林业原料的种植差别。农业原料基本是一年生植物，每年都需要平整土地，重新栽培，如果每年种植一亩原料作物都可享受180元的补助，该补贴标准是相当充足和优惠的。然而对于林业原料来说，则数多年生植物，前三年甚至前五年基本上不能产生收益，第一年种植，后几年仍需投资施肥、浇水和抚育，一年投入，3～5年有效，与农业原料的补助标准相比显然处于不平等水平，且林业原料的培育条件艰苦，难度更大，周边地区农民收入水平更低，该项补助资金政策需要调整。

（三）政策可操作性不强

目前国家和地方政府在可再生能源发展方面只有一般性的鼓励政策，对生物质能没有操作性较强的具体办法，所以政策执行力度不够，落实困难。2006年财政部建立了可再生能源发展专项资金，但是时至今日也没有具体的操作办法，相关企业也不知如何获得资金的支持。而且，国家有关部门已明确规定生物质能发电应该同样享受电价补贴政策，但是沼气发电站却始终得不到电网公司的“收购”，更无从享受电价补贴的优惠政策。此外，在实际应用中生物质电力上网困难，目前政府的定价没有体现生物质能对环保的贡献，电力价格不合理，可再生能源发电上网电价与费用分摊机制不完善，很难吸引投资资金。同时国家和地方对生物质能发电项目没有明确的指引，扶持政策不到位，补贴渠道不畅通，经济优惠政策很难落实。

我国的能源政策重点是在能源供给与开发上，能源发展沿袭了以往的粗放型发展模式。近些年因能源紧缺、环境问题突出，也开始从多角度、多层面制定能源包括生物质能在内的发展政策。自2006年1月1日起实行的《可再生能源法》，以法律形式规定了2010年中国初级能源的5%将来自可再生能源；2020年这一比例将达到10%，同时也规定了相应的财税扶持生物能源政策如弹性亏损补贴、原料基地补助、示范补助、税收优惠四项具体内容，但在提高能源效率，节能方面的配套措施较少。如规定电网企业必须收购所有可再生能源发的电，必须销售一定比例“绿色电力”的强制性规定等都尚未出台（黄速建，郭朝先，2005）。没有形成一套能源与环境、可持续发展相协调的政策措施，缺乏落实政策措施的机制能力。

（四）产业引导时常有误

在我国生物质能政策制定过程中，由于缺乏对资源、技术和市场等的全面客观了解、分析和评价，导致经常出现政策摇摆，使得一些投机性企业盲目投资、资源无序开发、恶性竞争。

以生物质发电为例，近两年随着行业环境和预期改善，一些有行业基础和资金、技术优势的大型国有企业以及民营企业、外资企业纷纷投资参与建设生物质能发电的运营。对于生物质能发电厂而言，燃料供应是生物质能发电项目成本的关键，其风险也贯穿生物质能发电项目的全过程。与其他可再生能源不同，太阳能、水电、风电等的原料成本为零，而生物质能发电的燃料需要从农民手中收购。随着技术进步，设备价格、管理、单位发电量燃耗等成本都有下降空间，而对发电成本影响最大的燃料成本不但不会下降，反而可能随着经济社会发展和农村劳动力成本提高而上升，因而生物质能发电整体运营成本还有上涨的可能。在燃料供应上，由于缺乏对生物质燃料的调查和规范，以及各地区域性生物质能发电规划的缺失，一些项目在开发战略阶段就出现了区域选择失误。如建设在潮湿多雨、燃料不足的地区，或在同一区域内出现多个项目，相互竞争有限的燃料，从而抬高了成本。因此，标准和规范不完善，不利于生物质能发电产业的健康发展。相关的规划跟不上将导致各地继续盲目上马生物质能发电项目，尤其在有关鼓励政策出台以后，更需要通过规划和制定相应的标准来规范行业发展，防止出现建一家亏一家的情况。

（五）缺乏统一的协调机制

长期以来，我国能源产业的各行业企业间缺乏相互协调，相互掣肘；能源管理职能分散在多个部门，造成政出多门、相互推诿；同时，因为没有统一的中央政府能源管理机构，我国在国际能源界声音弱化，甚至屡屡丧失合作机遇。能源产业是一个有机整体，煤炭、电力、石油、天然气等传统能源及核能、风能、太阳能、生物质能等新能源产业的发展，需要在统一的能源政策法规和科学的规划部署下有序推进。然而，由于缺少集中的能源宏观管理部门，缺少统一的能源法律和政策，目前能源行业企业竞争无序，相互掣肘。尽管我国能源行业管理体制历经多次改革，但都没有按照“大能源”的内在要求进行体制再造，各个专业领域各自为政，不仅对整个能源产业的管理缺乏整体设计和运作，能源产业政策和法规的制定也是按照各自为政的思路，从各个专业领域角度考虑问题、制定政策，因而难以收到整体协调发展的预期效果。

目前在我国涉及能源行业管理的部门有十多个：国家发展改革委、国家能源局、国土资源部、国资委、商务部、财政部、科技部、国家环保总局、国家安监总局和煤监局、电力监管委员会，等等。即便是在一个政府部门内部，能源管理职能也被一一拆解。比如在国家发展和改革委，国家能源局负责能源项目的审批和规划；价格司负责能源价格的制定；资源司负责能源矿产资源的开发和综合利用；经济运行司负责能源和运输等行业的协调；经贸司管理进出口总量的计划；基础产业司则负责能源运输的协调等。同样是进行能源投资，有的需要经过投资司，有的则需要通过产业司。此外，财政部负责有关预算和专项资金安排，科技部负责有关重大科技项目和示范，电监会负责可再生能源电力市场监管。没有一个部门能够统筹生物质能的行政管理职能，统一负责和协调有关资源普查、规划，统一负责重大科技研究、技术示范和推广，统一负责扶持产业发展、项目审批、价格制定等事项。

四、相关建议

（一）借鉴国外经验，补充完善我国政策体系

第一，借鉴美国能源法，补充完善我国能源法律体系。美国的新能源法是集能源生产、利用、节约、新能源、清洁等问题于一体，而我国的能源法律比较分散，主要由“节约能源法”、“可再生能源法”、“电力法”、“煤炭法”等构成，这与我国能源管理的分部门化有关。因此，应制定一部包容能源各环节的统一能源政策作为基础性法律，来指导我国分散的能源立法。

第二，建议采取命令控制政策。一方面，我国须建立一个长期的发展生物质能源的强制目标。长期目标可以包含：①生物质能源系统，即未来一段时间内生物质能在总能耗中所占的比例；②生物质运输燃料，即生物质运输燃料占总运输燃料的比例。另一方面，从推行强制市场配额方面来看，结合我国的情况，可以先选择典型省份进行深入调查研究以便了解我国中长期可再生能源利用在不同地区所表现的资源特点、技术发展阶段、发展障碍、政策实施效果以及对各种可再生能源政策的接受意愿，为进一步完善国家生物质能源政策体系做准备。

第三，建议运用经济调节型手段。现阶段可再生能源开发利用的投资成本比较高，为加快技术开发和市场形成，尚需国家给予必要的扶持，可再生能源法可分别就设立可再生能源发展专项资金、为可再生能源开发利用项目提供有财政贴息优惠的贷款、对列入可再生能源产业发展指导目标的项目提供税收优惠等扶持措施做出规定。

第四，细化产业扶持政策措施。比如，生物柴油作为投入

周期长、前期投资大的高新技术和新兴产业，其技术研发和市场培育需要大量资金投入，政府应加大投入和支持力度，但目前我国尚无具体、可操作的产业扶持政策和措施出台，也没有制定促进生物柴油生产、销售、使用等的相关政策，同时缺乏规范生物柴油原料市场的相关措施。建议尽快出台相关政策，促进生物柴油产业健康发展。

（二）加强政策的可操作性，实现补贴公平

第一，在国家及地方政府出台相关生物质能产业发展政策、法规的基础上，进一步完善各项政策、法规的实施细则、具体操作办法。对于生物质能产品的经济激励与财税优惠政策，建议制定配套强制性规定，如规定电网企业必须收购可再生能源发电，必须销售一定比例“绿色电力”等，以确保此类政策的执行力度。

第二，建议确定合理的可再生能源定价原则。一方面适当提高生物质能等可再生能源发电的入网价格。另一方面还可实行全成本定价办法，把与能源生产有关的全部费用考虑进去，这将会提高化石燃料的成本基准，成为鼓励利用可再生能源的一项措施。

第三，建议进一步完善鼓励政策，支持可再生能源产品进入市场。建议要求大型能源、电力企业必须购买一定数量的可再生能源产品；建议要求电力公司所发电中必须有一定可再生能源发电比例。对新能源设备购买者、新能源电力的用户、采用新能源与建筑一体化技术的建筑开发商、推广及应用新能源技术的企业给予一定的财政补贴。

第四，建议发挥政府采购的政策功能，推动生物质能源产品市场发展。可采取三项措施：一是政府采购应集中于生物质能高效产品，在政府统一采购的安排中，可适当向生产有利于

能源节约的新产品或运用有利于能源节约的新工艺的厂商倾斜，这样既可以鼓励企业对可再生能源节能型设备或技术的开发，又可在社会上产生示范效应，从而鼓励、刺激其发展。二是做出相应规定，建议要求各级国家机关、事业单位和团体组织在使用财政性资金采购时，应优先考虑生物质能产品，逐步淘汰低能效产品。三是政府公布采购标准，引导企业向高标准迈进，从而促进全社会能效水平的提高。

（三）严格市场准入，促进产业健康发展

第一，建议严格执行《促进生物产业加快发展若干政策》、《可再生能源发展“十一五”规划》及《可再生能源中长期发展规划》等一系列政策措施，明确产业发展方向，规范市场秩序和投资行为，严格市场准入，防止盲目建设和投资浪费。提高行业门槛，治乱、治散，突出解决原料问题，建立正常有序的发展环境。

第二，重视生物质能技术和产品的标准体系建设。建议标准和技术监督部门做好生物质能技术和产品标准的制定和市场监督工作，发挥标准的技术基础、技术准则、技术指南和技术保障作用，促进生物质能产业的健康发展。

第三，建议尽快出台生物柴油国家标准，以市场准入推动产业发展。有关部门应借鉴欧美等国的生物柴油标准，与《可再生能源法》相互配合，尽快出台我国的生物柴油国家标准，解决投资机构投资生物柴油的市场准入等问题。

（四）理顺管理体制，统筹管理职能

第一，建议成立专门的国家能源宏观管理部门或机构，统筹生物质能的行政管理职能，统一负责和协调有关资源普查、规划，统一负责重大科技研究、技术示范和推广，统一负责扶

持产业发展、项目审批、价格制定、监督管理等事项，提高管理、决策效率。

第二，支持生物质能产业发展的各项投资政策、价格政策、金融政策、财税政策必须与能源领域的法律、法规、标准等相衔接，以法律作为保证，并与能源领域的管理制度调整和改革相配套，各项政策之间必须增强系统性，避免仅注重新时期政策的制定而忽视了政策的完整性和系统性，特别是避免现行各项政策之间相互矛盾。

参考文献

1. 第十届全国人民代表大会第十四次会议．可再生能源法，2005－02.

2. 第八届全国人民代表大会第四次会议．中华人民共和国经济和社会发展“九五”计划和2010年远景目标纲要，1996－03－17.

3. 第十届全国人民代表大会第四次会议．国民经济和社会发展第十一个五年计划纲要，2006－03－14.

4. 国家发展和改革委员会．高技术产业发展“十一五”规划；生物产业发展“十一五”规划，2007－04.

5. 国家发展和改革委员会．可再生能源中长期发展规划，2007－08.

6. 国务院办公厅．促进生物产业加快发展的若干政策，2009－06.

7. 第十一届全国人民代表大会第四次会议．国民经济和社会发展第十二个五年计划纲要．2011－03.

8. 国家发展和改革委员会．可再生能源产业发展指导目录，2005－11.

9. 国家发展和改革委员会等八部委．车用乙醇汽油扩大试点方案；车用乙醇汽油扩大试点工作实施细则；变性燃料乙醇；车用乙醇汽油，2004－02.

10. 国家发展和改革委员会．可再生能源发电价格和费用分摊管理试行办法，2005.

11. 财政部．可再生能源发展专项资金管理暂行办法，2006－05.

12. 财政部，国家发展和改革委员会，农业部，国家税务总局，国家林业局．关于发展生物能源和生物化工财税扶持政策的实施意见，2006－09.

13. 王仲颖，赵勇强，张正敏，等．中国生物液体燃料发展战略与政策［M］.2010.

14. 国家发展和改革委员会高技术产业司，中国生物工程学会．中国生物产业发展报告2009，2010－06.

15. 国家发展和改革委员会宏观经济研究院课题组．走向2011：中国经济展望，2011－03.

16. 中国可再生能源发展战略研究项目组．中国可再生资源发展战略研究丛书——生物质能卷［M］.2008.

17. 王仲颖，任东明，高虎，等．中国可再生能源产业发展报告2009，2010.

18. 中国节能投资公司.2009 中国节能减排产业发展报告——迎接低碳经济新时代.2009－12.

19. 张利华，杨颖，高思扬．促进生物质能源发展的政策探讨［J］．科学对社会的影响，2007（4）.

20. 马昊．促进我国农村生物质能源发展的财税政策研究［J］．生态经济，2010（5）.

21. 傅志华，王向阳，王桂娟．构建支持农村生物质能源发展的政策体系［J］．经济研究参考，2008（7）.

22. 刘宁，张忠法．国外生物质能源产业扶持政策［J］．世界林业研究，2009－02，22（1）.

23. 管天球．我国生物质能源产业发展存在的问题及其优化对策［J］．湖南科技学院学报，2010.4，31（4）.

24. 王军，马中，张异凡．我国生物质能源发展的政策手段分析——基于《可再生能源法》和国外实践经验［J］．环境保护，2009（4）.